SELF CREATION SYSTEM

현재의 미래선택

YOUR FUTURES START FROM YOURSELF

SELF CREATION SYSTEM
현재의 미래선택

1판 1쇄 : 인쇄 2019년 03월 20일
1판 1쇄 : 발행 2019년 03월 25일

지은이 : 신선우
펴낸이 : 신선우
펴낸곳 : 도서출판 해피뷰

출판등록 : 2018년 12월 7일 (제2018-000362호)
주소 : 서울특별시 강남구 언주로30길 10, 819호
전화 : 02-575-1363 휴대폰 : 010-9741-1363
이메일 : hanvit@gmail.com

공급처 : 서영출판사
전화 : 02-338-0117 팩스 : 02-338-7161

디자인 : 이원경

ⓒ2019신선우 happy view printed in seoul korea
ISBN 979-11-965718-2-5 03100

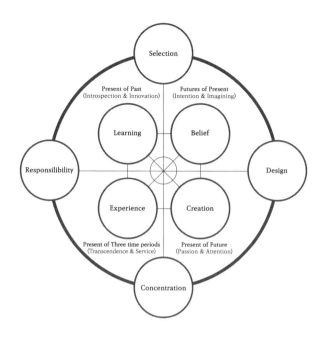

SELF CREATION SYSTEM

현재의 미래선택

YOUR FUTURES START FROM YOURSELF

해피뷰

프롤로그

　인간은 역사와 함께 〈나〉라는 인간 존재의 의미에 대해 탐구해왔다. 인간은 무엇이며 나는 누구인지, 더 나아가 자연과 우주 속에서 〈나〉라는 인간의 사명과 역할은 무엇인지 생각하고 궁구하며 오늘에 이르렀다.

　우리 인간을 행복과 성공으로 이끄는 법칙에 대한 지적 탐구와 그 실행기술은 모든 인류의 간절한 소망이며 일관된 숙제다.

　이 책은 〈나〉라는 인간 존재의 의미와 함께 과거의 현재를 성찰하여 혁신하고, 현재의 미래를 선택하고 설계하며, 미래의 현재를 집중하고 경험하는 방법들을 다루고 있다. 이와 같은 내용은 인간 모두를 행복과 성공으로 이끄는 법칙에 대한 저자의 관점이고 자각이다. 부모와 여러 스승들의 가르침을 좇아 바른 삶을 추구하며, 우주와 자연을 관찰하는 공부과정 속에서 얻게 된 인간의 도리와 행복에 대한 자각이다.

　자각의 내용이 글이라는 형태로 드러나기까지는 두뇌 속에 담겨 있던 부분적인 지식들을 연결하여 통합시키는 경험의 시간이 필요했다. 다양한 경로를 통해 배우게 된 가르침

속의 정수들을 몸으로 부딪쳐 느껴 알 수 있었을 때 비로소 앎이 글로 표현이 되기 시작했다. 특히 동양문화 사상의 원류인 한국, 중국, 인도에 머물면서 얻은 내면의 앎이 통합되어 글이 되었다.

한국에서는 전통무예와 명상, 기공수련을 다양하게 접하면서 두뇌 속 앎과 몸으로 느낀 경험을 연결시키는 데 집중하였다. 그 중 기천(氣天)의 박사규 문주로부터 전통무예인 기천을 전수받으며 육체의 한계상황을 극복하는 경험을 통한 깨달음이 있었다. 몸의 고행을 통해 있는 그대로의 진리체인 자신과 마주함으로써 몸에 깃든 마음을 거머잡을 수 있었던 것이다. 기천 수련의 전수를 마친 후에는 중국으로 건너갔다.

중국에서는 중국철학의 원형[太極思想]이 중국인들의 일상 속에 어떻게 녹아있는지를 태극권 수련을 통해 느낄 수 있었다. 그 과정에서 머리로만 알고 있던 지식이 어떻게 몸으로 표현될 수 있는지를 깨달았다. 태극권처럼 뿌리 깊은 철학의 원형이 몸을 통해 연결되는 또 다른 사례인 요가Yoga를 배우기 위해 인도로 떠났다.

요가의 성지인 리시케시Rishikesh로부터 인도의 최남단인 깐냐꾸마리Kanniyakumari까지 3000여km를 둘러보며 인도가 품고 있는 다양한 역사적, 문화적 배경을 배울 수 있었다. 특히 요가철학과 요가수행을 배우고 익히며 서로 다른 것들이 어떻게 융합될 수 있는지를 몸으로 이해하였다. 그리고 위빠사나Vipassana 수행을 통해서 바라보는 앎이 〈참〉을 어떻게 알아차리고 통찰로 이끌 수 있는지에 대한 실마리를 얻었다.

여정을 마치고 한국으로 돌아온 후에는 연세대학교 교육학과에서 한준상 교수로부터 몸과 마음을 잇는 학문으로서의 '배움'이라는 과제를 받아 석사를 하였다. 그 과정에서 〈자각이 의도한 배움의 중요성〉을 절감하고 배움이 각 개인과 조직의 미래에 어떤 영향을 줄 수 있는지에 대한 답을 구하고자 미래학Futures Studies의 대부로 불리는 하와이 대학교 짐 데이토Jim Dator 교수의 연구실로 들어가게 되었다. 미래학 이론 공부를 마치고 데이토 교수의 추천을 받아 '제 3의 물결', '부의 미래'등의 저서로 잘 알려진 미래학의 대가 앨빈 토플러와 데이토 교수가 함께 설립한 대안미래연구소Institute for Alternative Futures에서 연구원으로 일하면서 미래학이 어떻게 개인과 사회에 적용될 수 있는지에 대해 배울 수 있었다. 이 외에도 다양한 글로벌 기업, 언론, 정부, 교육계와 함께 프로젝트를 기획, 진행하면서 미래학의 다양한 집단과 개인에게 활용될 수 있음을 확인하였다.

이후 한국에 돌아와서 지금까지 저자의 체험과 생각으로 얻은 견식과 부친으로부터 전수받은 동양학, 대학원에서 궁구했던 배움학, 그리고 최근 10여 년간 집중해온 미래학의 논리들이 인연 있는 이웃들에게 자기성찰과 자기창조의 동기부여가 되겠다는 신념이 생겨 이 글을 쓰게 되었다.

이 책에 밝혀진 핵심논리의 대부분은 부친의 평소 가르침과 구술로부터 온 것이다. 저항하면서도 아버지와 함께 토론의 시간을 자주 가질 수 있었던 환경은 저자에게 주어진 최고의 축복이었다. 의식의 혼란기였던 10대부터 전수받아 고민해온 내용들이 20여 년 간 동·서양을 넘나드는 배움과 수행의 경험을 통해 저자와 하나 됨으로써 비로소 〈과거의 현재 성찰, 현재의 미래 선택, 미래의 현재 설계〉라는 논리 체계를 갖추게 되었다.

이 책은 새로운 학설이나 논리를 창작해낸 것이 아니며 기존에 사용하고 있던 동서고금 여러 현인들의 가르침을 모아 편집한 것[述而不作]이다. 저자가 한 일은 여러 스승들의 가르침을 일정한 틀frame에 맞추어 재해석하고 재배열한 것뿐이다. 결국 이 책은 동서고금의 여러 선각자들의 가르침들이 새로운 체계 속에서 스스로 생명력을 갖추고 진화할 수 있도록 의도하면서 창조한 저자의 기획물이다.

이 책을 읽은 이들은 인생과 행복에 대해 새로운 시각과 자신감을 얻게 될 것이다. 더 정확히는 우주자연 속에 존재하는 〈나〉라는 인간의 삶을 새로운 관점에서 지식하고 창조하며 받아들이게 되는 것이다. 이를 바탕으로 인생의 진로를 스스로 설계하고 선택하여 자아실현의 길을 가게 되리라 믿는다.

인간의 행복과 성공의 원리를 다루면서 우주와 자연의 도(道)와 덕(德)을 총체적으로 다루고 있는 이 책은 전 4장으로 구성하였다.

1장 새로워짐의 법칙에서는 우주의 도와 덕을 밝히면서 드러나지 않은 순수의식과 드러난 자연현상 그리고 급변하는 세상에서 인간이 창조놀이의 주체라는 자각을 통하여 새로워지는 자기 진화의 방법들을 다루었다.

2장 주고받음의 법칙에서는 자연의 도와 덕을 밝히면서 하나 속에 둘이 갖춰져 있는 태극원리(太極原理)와 서로 짝을 이루고 주고받음 하는 존재의 상호작용, 주고받으며 선을 지향하고 번성하는 존재의 창조원리, 관계의 인연과보(因緣果報)와 함께 너희가 곧 '나'라는 인생관을 다루었다.

3장 바로챙김의 법칙에서는 인간의 도와 덕을 밝히면서 고요한 빔의 우주의식과 지어내는 앎의 현재의식, 선택하고 집중하는, 선택하고 설계하는 자아의식의 뜻을 다루면서 자신과 세상의 비전과 목표들을 챙기는 방법들을 다루었다.

4장 받아들임의 법칙에서는 행복의 도와 덕을 밝히면서 바라는 것을 이루는 방법과 이룬 것을 이웃과 함께 나누는 '행복한 인생사계 가상 대안시나리오 쓰는 법', 자신의 성장과 노화를 받아들이고 빛과 사랑을 나누며 감사하는 일상생활의 법칙들을 다루었다.

각 장은 장마다 완결된 내용을 갖추고 독립적으로 구성되어 있는 동시에 네 개의 장이 유기적으로 연결되어 〈현재의 미래 선택, 미래의 현재 설계, 과거의 현재 성찰〉이라는 의도된 주제를 드러내고 있다. 그러므로 현재 자신이 처해 있는 상황의 문제점과 선택한 의도를 주의하고 있는 가치관에 따라 책의 활용 방안은 얼마든지 달라질 수 있다. 하지만 어떻게 활용된다 해도 내용 전체를 관통하는 의도는 하나, 모든 사람이 의미 있고 즐거운 삶을 누리도록 자아의식을 깨우는 것이다. 독자들이 자신에게 주어진 단 한 번의 기회뿐인 현재의 삶을 현명하게 사는 지혜와 기술을 습득하고 선택한 소원을 성취하길 바라는 마음이다.

끝으로 이 책을 읽은 모든 이가 현명한 미래선택을 통해 사회적 성공을 이룰 수 있는 자기창조 시스템을 구축하고 자아실현을 함으로써 풍요와 평온을 누리며 행복하기를 두 손 모아 기도한다.

자신과 이웃을 사랑하는 모든 분들께 이 글을 바친다.

- 2019년 저자 신선우 근서

차 례

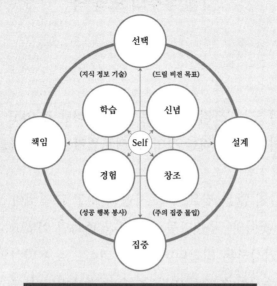

YOUR FUTURES START FROM YOURSELF

제1장·새로워짐의 법칙

1절 우주의 도와 덕

우주의 도는 '드러나지 않은 것이 드러난 것'이고
우주의 덕은 '드러난 것이 늘 새로워지는 것'이다.

드러나지 않은 것은 우리 사람이 보고 부딪히며 느껴 알 수 없는 것이다. 우주만물의 본질적 존재인 이법(理)이요 정신이며 의식하는 의식너머의 순수의식으로 무의식의 장(場)이며 우주지성(宇宙知性)이다. 순수한 잠재력이다. 참으로 텅 빈 없음[眞空]이면서도 가능한 모든 것을 두루 다 갖추어 머금고 있는 우주만물의 근원의식이다. 비유하자면 사람의 정적인 마음과 같은 것이다. 정신세계다.
시간너머의 공간에서 자재하는 것을 〈드러나지 않은 것〉이라고 한다.

드러난 것은 우리 사람이 보고 부딪히며 느껴 알 수 있는 것이다. 우주 만물의 현상적 존재인 기(氣)요 물질이며 쉬지 않고 움직이며 변화하는 현재의식으로 에너지의 장이며 삼라만상이다. 다양한 존재물이다.
언제나 기묘하게 있음[妙有]하면서도 현재한 모든 것은 저절로 변화하여 사라지고 마는 우주만물의 자연현상이다. 비유하자면 사람의 동적인 몸과 같은 것이다. 물질세계다.

시간선상의 공간에서 운동하는 것을 〈드러난 것〉이라고
한다.

새로워지는 것은 매 순간 매 찰나마다 더 나은 더 좋은 것
으로 바뀌는 것이다.

우주 만물의 창조적 과정인 법(法)이요 놀이며 서로 주고
받는 가운데 생기는 신바람이고 진화운동이다. 무궁무진한
조화상(造化相)이다.

형상이 있든 없든 감정이 있든 없든 존재는 다 새로워지는
놀이를 통하여 성장하고 발전한다. 늘 새로워지는 창조놀이
는 우주 만물의 존재법칙이다. 비유하자면 사람의 일상적인
삶과 같은 것이다. 문화세계다.

공간선상의 시간에서 놀이하는 것을 〈새로워지는 것〉이
라고 한다.

2절 우주지성(宇宙知性)의 체(體) 상(相) 용(用)

우주지성의 체는 '순수의식으로 드러나지 않은 것'이고
우주지성의 상은 '자연현상으로 드러난 것'이며
우주지성의 용은 '진화운동으로 새로워지는 것'이다.

우주지성의 체(體)란 드러난 우주만물의 근원이 되는 드러 나지 않은 본연(本然)의 원상(原象)이다. 무한가능성의 순수잠 재력이고 무한창조성이며 순수의식이다.

없음[無]에서 있음[有]하는 조화(造化)의 주인을 우리는 우 주지성 또는 신성, 불성, 〈참나〉라고 한다. 혹자는 창조주, 절대자, 진여자성, 우주의 질서라고 하며 보는 자를 보는 자, 함이 없이 하는 자, 무한한 가능성, 온전한 행복, 순수한 기 쁨, 완벽한 고요, 순수한 사랑의 시작이라고 한다.

시작도 끝도 없으며 모양도 색깔도 없으면서 우주만물을 창조하고 변화시키는 바탕이 되고 질료가 되는 것이 우주지 성이다.

위아래도 없고 사방팔방도 없으면서 더해도 넘치지 않고 덜어도 부족함이 없으며 더럽거나 깨끗하지도 않고 좋거나 나쁘지도 않은 것이 우주지성이다. 어디에나 있지 않는 곳이 없고 무엇이나 끌어당기고 용납하지 않는 것이 없으며 무엇 이든 훤히 알고 능히 하는 것이 우주지성이다. 창조와 진화놀이의 주체가 우주지성이다.

우주지성은 우주만물의 본성이고 인간정신의 본질이다. 우리 사람의 마음과 뇌의 임자[主宰者]로서 언제나 사람의 생각과 함께하며 우리 몸의 60조 세포 낱낱에 깃들어 있으며 들고나는 숨결과도 함께한다.

우주지성을 알려면 마음을 고요히 하고 자신을 살피고 느끼는 명상을 하면 자연스럽게 알 수 있을 것이다.

우주지성의 상(相)이란 드러나지 않은 본연의 원상인 우주지성이 천태만상으로 피어나고 드러난 것이다. 스스로 모든 것을 갖추어 머금고 있던 고요 속의 우주지성이 하나, 둘, 셋, 넷, 다섯.. 하는 창조놀이를 통하여 이럼하고 저럼하며 생겨나고 나타난 것이 우주만물이다. 헤아릴 수 없는 우주만물의 모양과 색깔은 어느 것 하나 똑같은 것이 없다. 이는 조화무궁한 우주지성의 의도로써 순수한 기쁨을 얻기 위한 창조놀이요 사랑의 발로다.

우주만물은 저마다가 독특한 개성진리체로 자기만의 아름다운 모습과 색깔을 지니고 있다. 서로가 다르게 드러난 것은 참 좋은 우주지성의 바람[願]이요 사랑이며 놀이다.

무한소의 특이점singularity이 폭발하여 무한대의 우주로 팽창하고 다시 수축하며 붕괴하는 여러 차원의 화학작용과 물리과정을 통하여 물질우주가 드러난 것도 우주지성의 바람이고 사랑이며 놀이다.

145억 년을 운동하고 진화하여 생명우주가 드러나고 인간이라는 소우주(小宇宙)가 출현한 것도 우주지성의 바람이고 사랑이며 놀이다.

완벽한 고요 속에 영겁의 세월을 자재(自在)하던 정신우주의 우주지성이 순수한 기쁨, 온전한 행복을 느끼려고 한 생각[一念]을 일으키자 그 한생각 에너지의 파장이 물질우주의 삼라만상으로 드러난 것이다.

시작도 없고 마침도 없는 정신우주의 우주지성이 운동하고 놀이하는 가운데 시작도 있고 마침도 있는 물질우주의 삼라만상을 지음하고 정신과 물질을 아우른 생명우주로 거듭 발전하여 푸른 지구촌global village으로 진화하였다.

지구라는 이 생명우주에 존재하는 사람은 우주지성의 무궁무진한 창조에너지와 우주만물의 변화무쌍한 진화에너지를 머금어 갖추고 있다.

우주지성과 하나 된 사람[宇我一體]이 우주지성을 대신하여 푸른 우주를 개척하는 창조놀이를 계속 즐기게 될 것이다.

앞으로 생명우주의 모든 존재는 사랑의 빛 가운데 혁신되고 통합된다. 밤하늘에 빛나는 별처럼 헤아릴 수 없이 많은 수천억 개의 은하계까지도 푸른 지구처럼 생명이 살 수 있는 은하계로 바뀐다. 진화한다. 이것이 우주지성과 우리 인간의 위대한 사업이요 즐거운 놀이다.

새로워지는 창조놀이는 의식너머의 행위다. 의도된 앎 이전의 순수한 기쁨이다. 우리 인간이 우주지성과 함께하는 고요 속의 몰입이 놀이요, 놀이의 몰입 속에서 온전한 행복, 순수한 기쁨을 느끼는 것이 창조놀이의 목적이다. 우리가 어린이의 놀이를 음미하고 감상하다 동참하는 순간에 순수의식과 하나 되어 온전한 행복, 순수한 기쁨을 느끼는 것과 같다.

우주지성의 용(用)이란 드러난 우주만물의 자연현상이 우주지성의 창조놀이에 의하여 새로워지는 것이다. 새로워지는 것은 더 나은, 더 좋은 것으로 진화하는 것이다. 우주지성은 놀이를 통하여 진화한다.

허공(虛空)의 실상(實相)이 만유(萬有)의 현상(現狀)으로 놀이를 통하여 진화한다. 놀이도 운동이고 진화도 운동이다. 우주에 존재하는 모든 존재 그 자체가 운동이므로 운동이 멈추면 존재할 수 없다. 운동이 멈추는 순간 그 존재는 분해되고 소멸된다. 유정물이든 무정물이든 존재한다는 것은 운동하는 것이다.

보고 만질 수 있는 모든 것은 운동하는 물체들의 집합이 아니라 운동 그 자체이다.

우리 인간을 비롯한 삼라만상 우주만물들은 진화운동 즉 창조놀이를 즐기며 매 순간, 매 찰나마다 새로워지고 있다. 존재의 모든 운동은 자연선택의 우주법칙에 의하여 더 나은 더 좋은 방향으로 나아간다. 이것이 진화다.

우리 인간을 비롯한 모든 존재는 시작도 없고 마침도 없는 운동에 의하여 늘 새로워지고 있다. 우주지성은 온전한 행복, 순수한 기쁨을 느끼려고 창조놀이라는 진화운동을 한 순간도 멈추지 않고 지속하고 있다. 이것이 드러나지 않고 있던 정신계의 우주지성이 물질계의 삼라만상으로 드러나게 된 연유다. 우주지성이 바라던 놀이의 목적이고 스스로 지키는 창조놀이의 룰rule이다.

진화운동을 통해 새로워지는 것보다 더 의미 있고 즐거운 일은 없다. 만약에 존재하는 생명체가 새로워지는 변이(變異) 과정의 진화를 못하게 되면 냉엄한 적자생존의 원칙만이 통하는 자연선택natural selection의 룰rule에 의해 도태되고 만다.

생존하려면 점차 진화하여 더 나은 변종(變種)으로 새로워져야하고 세대유전(世代遺傳)을 통해 종의 영생을 도모해야 한다.
함이 없이 하는 청정한 우주지성의 원만한 사랑이 새로워지는 것이기에 **새로워지는 진화놀이가 생존의 으뜸수단이 된다.**

인간은 생존을 위해 지금 여기서 진화운동을 통해 늘 새로워져야 한다. 새로운 종을 다음 세대로 유전시켜야 하고 다음 세대를 무조건의 사랑으로 음미하고 감상하며 번성하고 생육하여 더욱 새로워지도록 보살펴야 한다.
그것은 인간의 자유의지가 선택하고 책임져야 하는 창조놀이다.

••• 3절 모든 놀이는 새로워지는 과정이다

우주지성은 늘 새로워지는 창조놀이를 즐긴다. 우리 인간이 경험하지 않은 미지(未知)의 놀이를 경험하려는 호기심을 지닌 것도 우주지성을 닮아 나왔기 때문이다.

미지의 놀이는 새로운 놀이로써 연속되는 창조요 진화다.

모든 놀이는 〈늘〉이 있을 뿐 그 〈끝〉은 없다. 늘은 과정이다. 언제나 한결같이 새로워지는 운동이다.

모든 놀이는 시작과 함께 과정이 있을 뿐 그 마침은 없다. 놀이는 영원하다. 놀이의 막이 내리고 끝난 것처럼 보여도 〈일시 멈춤〉일 뿐이다.

그 놀이 자체가 끝난 것이 아니다. 잠시 멈추었다가 또 다시 더 새로워진 놀이로 이어진다.

각종 스포츠는 물론 정치, 경제, 사회, 제도, 문화, 예술, 철학, 과학, 종교까지도 〈새로워지는 놀이〉다. 우주지성이 지켜보는 가운데 〈활동과 정지〉를 반복하며 더 나은 더 좋은 방향으로 〈새로워지는 과정〉에 있다. 어떤 분야의 놀이든 그 궁극의 마침은 없다. 완결은 없다. 완성도 없다. 오직 새로워지는 과정이 있을 뿐이다. 유정물이든 무정물이든 모든 존재나 이치는 새로워지는 과정에 있다. 보다 더 나은 것으로 변화하고 번성하며 유전하고 생존하며 영원할 수가 있다.

우주지성의 창조놀이는 과정을 즐기는 놀이다. 우주는 특이점의 빅뱅big bang 이후 145억 년을 스스로 학습하고 예측하며 성주괴멸(成住壞滅)의 순환을 거듭하였다. 물질우주가 생명우주로 진화하게 된 과정을 살펴보아도 참신하게 새로워지는 놀이의 연속이었다. 환경변화에 의하여 나타나는 변이를 수용하고 자연선택에 의한 적자생존을 용납한 것도 놀이의 과정이다. 미세조정과 세대유전의 변화과정을 시비하지 않으며 꾸준히 오늘날까지 지속적으로 진화해온 것도 무한 시간선상의 창조놀이였다.

앞으로도 그 놀이는 영원히 계속될 것이다.

우주지성의 새로워지는 놀이는 마침[終映]이 없는 영원한 연속극이다. 거대한 공룡이 이 지구상에서 사라진 것도 새로워지는 종의 창조놀이에 실패했기 때문이다.

새로워지는 과정의 '변화 기회를 상실'하면 자연선택은 그 종을 '놀이의 장에서 퇴장'시킨다. 놀이차원에서는 창조놀이나 파괴놀이나 다 같은 놀이일 뿐이다.

드러나지 않은 것이 드러난 것도 창조과정의 놀이요 드러난 것이 새로워지는 것도 창조과정의 놀이다. 빅뱅으로 열린 우주open universe가 거듭 폭발하고 팽창하여 밤하늘의 별처럼 수많은 은하계가 생긴 것도 놀이의 과정이었다. 우리 사람들이 살고 있는 태양계의 푸른 지구행성이 생겨난 것도 새로워지는 창조놀이의 과정이었다.

일부학자들의 염려처럼 우주가 수축을 거듭하다 붕괴되어 '대함몰big crunch의 오메가 순간'이 도래하여 전 우주가 블랙홀로 빨려 들어가고 마는 '닫힌 우주closed universe'의 종말은 오지 않는다. 그 이유는 드러나지 않은 것이 드러나고 드러난 것이 새로워지는 이 모든 창조놀이가 과정이기 때문이다. 설령 현존하는 우주가 블랙홀로 빨려 들어가서 우주의 종말을 고한다고 해도 그것은 새로운 '아기우주baby universe'의 탄생을 위한 창조과정의 새로운 놀이일 뿐 진정한 우주의 종말은 아니다.

우주지성이나 우주지성을 닮아 나온 우리 인간은 언제 어디서나 새로워지는 창조놀이의 과정을 음미하고 즐길 수 있다. **모든 놀이는 새로워지는 과정일 뿐이다.**

4절 오늘날은 놀이의 과정이 급변하고 있다

오늘날 21세기는 우주지성의 염원을 닮아 나온 인간신(人間神)의 성숙으로 말미암아 '자연선택에 의한 미세조정의 진화놀이'가 '인간선택에 의한 기획조정의 진화놀이'로 급변하고 있다.

진화의 놀이속도가 우리 일반인이 인식할 수 없을 정도로 빨라지고 있다. 새로워지는 창조의 놀이 패턴이 눈부실 정도로 급변하고 있는 것이다.

우주지성이 주도하던 놀이는 〈미세조정으로 느린 놀이〉였다. 앞으로 전개될 인간지성이 주도하는 놀이는 〈기획조정으로 빠른 놀이〉가 될 것이다.

자연선택에 의한 미세조정 놀이과정이 인간선택에 의한 기획조정으로 전환되면 새로워지는 놀이의 차원이 우리의 상상을 뛰어넘을 수 있다.

우리 인간사회의 변천사를 살펴보아도 우리는 새로워지는 창조놀이의 과정을 쉽게 가늠해 볼 수가 있다.

인류사의 시작을 투마이Toumai 시대로까지 거슬러 올라가지 않고 호모 사피엔스Homo Sapiens 시대로만 보아도 수렵사회가 수만 년 지속이 되었다. 그 다음의 농경사회가 수천 년이었고 이후의 산업사회는 수백 년에 불과했지만 엄청난 사회상의 변화를 가져왔다. 가장 최근의 정보화 사회는 겨우

수십 년이었으나 우리가 수천 년 동안 공들여 이룩한 문명과 문화를 송두리째 흔들어 놓고 있다. 하루하루가 깜짝 놀랄 정도로 급변하고 있다.

앞으로의 사회는 어떻게 어떤 방향으로 새로워지고 변화할 것인가? 더 좋아질 것인가? 상상에 한계를 느낄 정도로 무한가능성의 미래그림이 다양하게 그려지고 있다. 참신하면서도 예상을 벗어나는 황당한 미래도 나타날 수 있는 것이다.

지금까지 과학자나 미래학자들의 전망은 지금까지 진행되어온 산업사회의 기술 발전과 정보화 사회의 신지식, 신정보, 신기술들이 통합되고 활용되어 4차 산업사회로 진입할 것으로 본다. 네트워크로 정보를 공유하는 유비쿼터스Ubiquitous사회에서 ICT, IoT서비스와 함께 인공지능AI을 기반으로 한 자동 정보처리기술이 일반화되어 모든 분야에서 지능화된 자동서비스 편의를 제공받을 수 있을 것으로 전망된다. 고도로 지능화된 스마트 시티Smart City의 형태로 사회가 변화해가고 있는 것이다.

전혀 새로운 형태의 전환Transformation이 일어날 수도 있다. 구글Google의 이사인 레이 커즈와일Ray Kurzweil은 모든 인간이 120년을 살 수 있는 트랜스휴먼Transhuman 시대를 거쳐 영생에 가까운 삶을 살게되는 포스트휴먼Posthuman 시대가 열린다고 한다.

녹색환경 에너지운동으로 푸른 지구가 영구 보존되고 지구인이 우주인이 되어 태양계 밖의 은하계까지 생명이 살 수 있도록 재창조terra-forming한다는 것이다. 황당무계한 것으로 여겨졌던 공상과학 소설의 〈우주인간〉시대가 금세기내로 우리의 현실이 된다는 것이다.

이미 현실이 되고 있는 공상과학같은 변화도 있다. 지난 20여년 간 전세계로 퍼진 인터넷망을 기반으로 한 블록체인 네트워크를 활용하여 기존의 가치 교환 시스템의 근간을 바꾸어 놓는 크립토-네이티브crypto-native 사회가 움트고 있다.

인터넷을 활용한 IT 업종이 1990년대 붐을 일으키며 빠르게 전세계에 자리를 잡아나간것처럼 크립토기반의 화폐시스템cryptocurrency 역시 빠르게 기존의 사회 시스템을 대체해가고 있다. 누구보다 변화에 민감한 IT기업들과 금융기업들이 크립토에 기반한 crypto-native 환경을 구축하고 있는 것이 그 증거이다.

앞으로 우리사회의 중심은 디지털 문화에 대한 적응력을 타고난 세대Digital native들이 될 것이다. 그들은 암호학cryptography, 경제학economics, 컴퓨터 과학computer science, 법학law 등의 다양한 분야를 자연스럽게 융합하여 크립토 경제crypto economy를 만들어가고 있다. 지난해 비트코인 투자 열풍이 보여준 모습은 블록체인이 가지고 올 새로운 사회 변화의 1%에도 미치지 못한다.

기술과 과학 중심으로 세상의 변화가 이루어지는 지금, 다가올 미래세대가 사용하게 될 모국어는 영어도 한국어도 아닌 크립토crypto가 될 것이다. '사피엔스'의 저자 유발 하라리Yuval Harari 교수가 경고한 것처럼 이 새로워지는 창조놀이에서 도태되는 사람은 가까운 미래에 무용계급useless class으로 전락하게 될 가능성이 높다.

이와 같은 우주지성의 새로워지는 창조놀이는 생각만의 상상으로 끝나는 놀이가 아니다. 무궁무진한 가능성 속에서 끝이 없이 진화한다. 이것은 현재에서 경험할 수 있는 창조법칙이 새로워짐의 법칙이기 때문에 충분히 가능한 것이다. 늘 새로워지는 창조놀이는 과정이 있을 뿐이다. 앞으로 이 우주는 무한 시간선상에서 더 나은 더 좋은 놀이로 점차 새로워진다고 보는 것이 당연하다.

지금 여기의 나와 너 우리들도 새로워져야 한다. 성장 마인드셋mindset으로 변화를 적극 수용하고 새로운 미래를 준비·설계하여 성장 발전해야 한다. 새로워지는 창조놀이의 급변하는 과정을 외면하고 구태의연한 타성에 젖어 세월을 허송하지 마라. 머뭇거리며 헤매는 삶을 살다가는 푸른 지구에서 저절로 사라지고 말 것이다. 삶에서 의미와 즐거움을 찾을 수 없는 무용계급useless class이 되어 가차 없이 도태되고 말 것이다.

우주차원에서 생명을 지닌 종 하나가 사라지는 것은 다양한 놀이 가운데 하나의 놀이에 불과하다. 그러나 우리 인간차원에서는 참으로 심각한 일이다. 우주지성의 사랑과 소망과 믿음을 저버리는 일이다.

우리 인간은 지금 여기에서 변화해야 한다. 보다 더 나은 차원으로 새로워져야 한다. 자신의 앎과 능력을 다각도로 확장해야 한다.

우주지성의 사랑과 소망과 믿음을 온전하게 받아들이고 보답하기 위해서라도 지금 여기에서 새로워지는 놀이에 마음을 모으고 전력을 다해야 한다.

'미래의 현재'에서 낙오된 과거인간이 되어 부족을 감수하며 불평하는 삶을 살지 않으려거든 나와 너, 우리 모두는 지금 여기에서 새로워져야 한다.

새로워진 '현재의 미래인간'으로 거듭나야 한다. 성장 마인드셋으로 변화와 발전을 주도해야 한다.

●●●
5절 인간이 우주지성의 창조놀이를 대신한다

'우주의 블랙박스인 인간의 뇌'는 빅뱅이후 145억 년이라는 무한시간의 우주 진화과정을 낱낱이 프로그래밍programming 하고 있다.

수십억 년 동안 생명의 진화과정을 고스란히 간직하고 있는 '생명체의 비밀지도인 DNA'까지 지닌 우리 인간은 우주지성의 단순한 놀이의 대상이 아니다. 놀이의 부산물이 아니다. 우주지성이 지음하여 부리는 종이 아니다. 소유물이 아니다. 우주지성의 의도를 져버린 배신자도 아니고 죄인도 아니다.

지난날 잠시 어둠 속을 헤매던 무명인간(無名人間)이었으나 우주지성과 함께 새로워지는 놀이를 통하여 성장한 위대한 존재다. 우주지성을 닮아 나온 존재다. 우주만물의 영장이다. 창조신의 화신Avatar이다.

조화무궁한 놀이 가운데 학습하고 경험하며 깨어나고 거듭나며 성장해온 우주지성의 상속자요 대신자다. 지금은 자비한 우주지성의 소망대로 훤히 알고 능히 할 수 있는 존재로 성숙하였다.

우리의 인간지성이 우주지성의 의도를 읽고 느끼며 하나되는 경지에 이르렀다. 언제 어디서나 참되고, 선하고, 아름다운 창조놀이의 지식, 정보, 기술을 끌어당겨 쓸 수 있고 즐길 수 있다. 눈물겹도록 험난하고 지루한 진화놀이의 과정을 거친 인간지성이 비로소 우주지성과 정합(整合)하게 되었다. 망령된 거짓을 참으로 돌이키고 근원의 빛[神]과 하나가 될 수 있었다. 우리 인간은 누구나 의도하고 주의하면 근원과 하나 될 수 있다.

우리 인간은 제멋대로 보고 듣고 느끼는 '밖의 나'ego를 바라보고 지켜보며 깨어난 '안의 나'superego를 지식할 수 있는 깨달음의 경지에 이르렀다. 거짓 나와 참나를 지식할 수 있다.

누구나 다 무소부재하고 전지전능하며 자비한 우주지성의 무한 잠재력, 순수 창조력을 자신의 의도대로 사용하는 놀이를 즐길 수 있게 되었다.

심사숙고하고 집중몰입하면 우리 인간은 누구나 조화무궁한 놀이의 주인이 될 수 있다.

모든 '놀이의 책임'도 인간 스스로 져야 한다. 우주만물의 생존환경까지 책임져야 한다.

우주지성을 대신한 우리의 인간지성이 의도하고 설계한 창조놀이를 즐기면서 우주만물을 보다 더 나은 더 좋은 차원으로 진화시키는 사명과 역할을 다해야 한다.

지금 여기서 이 글을 읽고 있는 사람, 곧 내가 우주의 주인이다. 사람의 현재와 미래는 물론 우주만물의 현재와 미래까지 사람 스스로 책임져야 한다. 우주지성의 사랑과 소망이 사람을 통하여 온전한 행복과 순수한 기쁨으로 보상받아야 한다.

우주지성은 지금 여기의 나와 당신이 우주의 주인이 되도록 145억 년이라는 무한시간을 함이 없이 역사하고 진화하였다. 이제부터 그와 같은 엄청난 사실을 깨닫고 거듭난 나와 당신이 우주의 변화를 읽고 새로워지는 진화놀이를 열정적으로 주도해야 한다.

우주지성을 대신하여 나와 당신이 창조와 진화 놀이의 주체가 되었다. 우리는 물론 푸른 지구너머의 은하계까지 사랑하고 책임져야 한다. 새로운 창조와 진화의 놀이를 마음껏 즐겨야 한다.

우주에는 눈에 보이는 물질적 실체가 있고 눈에 보이지 않는 비물질적 실체가 있다. 드러난 물질적 실체를 물질계의 저차원 존재라고 하며 드러나지 않은 비물질적 실체를 정신계의 고차원 존재라고 한다.

드러난 광물계, 식물계, 동물계, 인간계의 육체 등은 느리고 낮은 진동 장에 의해 형성된 저차원의 존재들이다.

드러나지 않은 유령계, 정신계, 인과계, 인간의 영체 등은 빠르고 높은 진동 장에 의해 형성된 고차원의 존재들이다.

물질계의 저차원 존재는 시간과 공간의 한계 아래 존재하며 정신계의 고차원 존재는 시간과 공간을 초월하고 존재한다.

물질계는 시작과 끝이 있으며 삶과 죽음이 있다.

정신계는 시작과 끝이 없으며 삶과 죽음이 없다.

오직 새로운 차원으로 진화하는 놀이를 계속할 뿐이다.

인간의 육체는 물질적 환경과 물리적 현상에 공명(共鳴)하면서 보다 높은 진동 장의 존재들과도 상호작용하고 있다.

인체의 낮은 정전기장 오라를 둘러싼 높은 배수의 진동체인 유령체, 정신체, 인과체들과도 상호 간섭하며 리듬 편승하고 있다.

인간의식은 다양한 차원의 존재들과 교류할 수 있다. 서로 주파수만 같으면 높은 차원의 존재와 즉시 연결된다.

인간의식이 선명하게 깨어나면 정신계의 고급 정보도 쉽게 활용할 수 있다. 인간의식이 하나의 의도를 주의하고 몰입하면 높은 차원의 정보가 수신된다. 우주지성과 하나 되어 물질계를 살기 좋은 문명세계로 재창조한다.

인간의식이 혼미하여 어둠을 헤매고 있으면 혼탁한 유령계의 저급 정보를 수신하고 그것을 참이라고 믿는다. 그리고 주변의 많은 사람들을 오도(誤導)하게 된다.

낮은 진동수의 조잡한 파동이 저차원의 존재를 형성하고 높은 진동수의 섬세한 파동이 고차원의 존재를 형성한다.

인간의식이 높은 진동수의 고요함에 이르러 '완전한 정지에 가까운 무한진동수 차원'이 되면 우주지성의 창조놀이를 대신할 수 있다. 정신계의 모든 고급 정보를 알아차리고 활용하게 된다.

상대계의 인간이 완벽한 고요에 이르면 절대계의 우주지성과 하나 되어 공명한다. 그리고 진화하고 있는 상대계의 삼라만상을 바라보고 음미하며 감상할 수 있다.

새로워지는 변화를 지켜보고 기뻐하면서 우주지성을 대신하여 우주만물을 빛 가운데 사랑하게 된다.

6절 새로워지는 놀이는 선(善)이다

선(善)은 좋은 것이다. 그저 좋은 것이다. 우주지성의 〈창조놀이 목적〉이 선이고, 우주 만물의 〈진화놀이 과정〉의 궁극이 선이며, 인간의 〈인생놀이 가치〉도 선이다. 놀이는 참 좋은 것이다.

새로워지는 〈놀이에 몰입〉하면 그곳에 지고지순한 선이 나타난다. 온전한 행복, 순수한 기쁨이 함께 한다. 저녁이 되고 아침이 되어도 그저 좋다. 티 없이 맑고 순수한 어린이가 먹고 자는 것을 잊고 놀이를 즐기는 것도 그 놀이가 좋기 때문이다.

위대한 업적을 남긴 사람들도 자신의 창조놀이에 몰입함으로써 좋은 성과를 얻었다. 선택한 새로운 놀이에 몰입하는 순간은 착하고 올바른 것을 뛰어 넘는다. 우주적인 선은 착하고 올바른 것만을 고집하지 않는다.

창조놀이를 통하여 새로워지는 것이 선한 놀이요, 진화운동을 통하여 새로워지는 것도 선한 놀이다. 변화과정을 통하여 새로워지는 것은 우주적인 선한 놀이다.

놀이과정을 통하여 새로워지는 것은 참 좋은 일이고 아름다운 일이다. 의미 있고 즐거운 일이다. 착하고 올바르게 살겠다고 새로운 변화를 거부하고 열악한 환경의 속박을 숙명처럼 받아들이는 것은 선이 아니다. 가난한 현실을 타파하지 못하고 처자식을 굶기는 것도 선이 아니다. 질병에 시달리며 고통스럽게 사는 것도 선이 아니다. 때리면 맞고 밟으면 밟히고 빼앗으면 빼앗기면서도 무조건 참고 체념하고 착하게 사는 것만이 선이 아니다.

새로운 우주의 질서를 주장하고 온전한 행복을 추구하며 **자유와 평화를 외치는 놀이에 참여하는 것은 선이다. 주도적으로 학습하고 선택하고 설계하고 집중하고 책임지는 것도 새로워지는 놀이로 선이다.**

열정적으로 대화하고 사랑하고 연구하고 생산하는 것도 새로워지는 놀이로 선이다. 진지하게 마음을 모으고 과거를 성찰하고 현재를 주의하며 미래를 예측하는 것도 새로워지는 놀이로서 선이다.

날마다 매 순간마다 자신의 의도대로 새로워지는 사람이 좋은 사람이다. 그는 놀이가 즐거운 사람으로 빛 가운데 행복을 창조하는 사람이다.

의미 없이 헤매는 삶을 사는 사람은 좋은 사람이 아니다. 그는 인생놀이가 괴로운 사람으로 어둠 가운데 불행을 자초하여 경험하고 있는 사람이다.

어린이든 어른이든 인간은 새로워지는 놀이를 즐기는 것이 좋은 일이다. 그 놀이를 통하여 의미를 깨닫고 새로워지는 순간에 행복하다.

인간의 의식이 완전한 정지 차원의 고요 속에서 놀이에 몰입할 수 있으면 대자대비하고 전지전능한 우주지성의 창조능력을 마음대로 선용할 수 있다. 쉬운 일은 아니지만 우주에 충만한 창조에너지를 자유자재로 사용할 수 있는 방법이다. 얼마든지 자신의 의도대로 새로워질 수 있다.

완전한 이완상태에서 하나의 의도를 갖고 심사숙고하고 집중몰입하면 정지상태의 완전한 고요 속에서 맑은 의식 상태에 이를 수 있다.

마음을 모으고 입 끝을 귀밑으로 가볍게 당기고 침묵하면 완전한 이완상태에 이를 수 있다.

지금 여기의 당신도 마음을 모으고 당신이 의도한 하나의 목표를 집중 몰입하라! 평상심으로 침착하게 '일만 시간의 몰입'에 들어가라! 당신이 원하는 뜻대로 바로 챙기는 삶의 기적이 열릴 것이다.

부와 풍요를 챙기며 귀(貴)와 명예를 누리는 새로운 삶의 주인이 될 것이다. 우등생이 되고 싶으면 우등생이 되고 현명한 선택을 원하면 현명한 선택을 할 수 있다. 대통령이 되고 싶으면 대통령이 된다. 재벌이 되고 싶으면 재벌이 된다. 과학자가 되고 싶으면 과학자가 된다. 진화의 기쁨, 사랑의 기쁨, 성취의 기쁨을 즐길 수가 있다.

심사숙고나 집중몰입, 완전한 이완을 위한 노력 등이 다 귀찮아 되는대로 적당히 사는 방랑자가 되고 싶으면 방랑자가 될 수 있다.

스스로 새로워지는 선(善)한 생각과 언행(言行)의 주체는 언제나 당신 자신이다.

••••
7절 관점을 전환하면 새로워진다

인간은 자신의 앎, 뜻 그리고 느낌 전반에 대한 새로운 모색과 진지한 이해가 필요하다. 지금 여기서 자기가 지어낸 자기한계와 사회적인 거울, 제약으로부터 벗어나야 한다.

최선이라고 주장하고 고집하는 정치, 경제, 언론, 교육, 문화, 예술, 복지, 종교, 과학, 노사관계 등 사회제도 전반에 대한 관점에서도 아집을 버리고 새로운 통합과 혁신적 변화가 절실하다.

지금 여기에서 확실히 변화하고 새로워져야 한다. 새로워지는 변화를 위해서는 자신과 사회전반의 '관점'을 전환해야 한다. 지금 여기서 낡은 관점, 즉 불확실한 패러다임paradigm을 전환하고 우주지성과 하나 될 수 있는 현명한 사람으로 거듭나야 한다.

관점(觀點)이란 세상을 '보는 방식'이고 사물을 '보는 시각'이며 사물을 볼 때의 '자기의 처지'다. 오랜 세월의 놀이 가운데 잘못 지어진 편견, 선입견, 가정(假定), 고정관념, 길들여진 습성, 사회적 거울에 비춰진 왜곡된 모습, 기존의 가치체계, 신념의 오류, 평선 의식(平線意識), 사고의 틀이다.

관점은 '정신세계의 지도와 같은 것'이다. 지도는 지역 자체가 아니라 그 지역을 보는 단순한 도표일 뿐이다. 지도는 가고자 하는 목적지를 쉽게 찾아가도록 도움을 주는 고마운 것이다. 지도가 잘못되어 있으면 자신을 엉뚱한 곳으로 안내하여 헤매게 할 수도 있다. 그 엉뚱한 지도를 가지고 많은 사람들이 긴 세월을 헤매다가 그 지도가 잘못되었음을 뒤늦게 깨닫고 자신의 멍청함을 탓하며 분노하고 좌절하고 절망한다. 때로는 열등감에 사로잡혀 괴로워하다가 자신의 꿈을 스스로 포기하는 경우가 많다.

꿈꾸던 당신이 자신의 꿈을 포기하고 인생의 낙오자가 된다면 이 얼마나 슬프고 안타까운 일이겠는가?

방탄소년단BTS이 유엔본부 연설에서 "난관과 시련에 직면하고 비난받는 절망 속에서도 꿈을 포기하지 않은 것이 오늘날 정말 행운이었다."고 한 말을 살펴보면 자신의 꿈을 포기하는 일보다 더 어리석은 일은 없다. 실수하고 잘못하면서도 계속 연습하고 새로운 지도를 만들어가면서 꿈을 이루는 길을 찾아 지속적으로 도전을 한 것이 오늘날 그들의 성공 원동력이 된 것이다.

인간들은 자신이 처음에 갖고 있는 지도를 맹신하는 경우가 많다. 자신의 지도가 잘못되어 있다는 사실을 알면서도 그 지도를 바꾸지 못하고 그 지도가 가리키는 길을 그냥 그대로 가는 사람이 많다. 그리고 많은 날을 헤매다가 결국은 후회한다. 허망한 결과 앞에 탄식한다.

탄식하고 주저앉지 말고 잘못된 지도는 과감하게 바꾸고

새로운 지도를 찾아내야한다. 이제까지 걸어온 그 길이 잘못된 길이라고 느꼈다면 '정확한 새 지도를 구하는 것'이 필요하다. 그런데 우리가 선택할 수 있는 지도는 정확하게 그려진 지도만 있는 것이 아니다. 여러 가지 환경과 시대조건에 영향을 받아 잘못 그려진 지도가 많다.

참 좋은 삶을 아름답게 살 수 있는 길을 안내하는 지도는 지금 여기에서 당신이 스스로 선택해야 한다. 낡고 틀린 지도를 과감하게 버리고 새로운 지도로 바꾸는 것은 당신 스스로 해야 하는 일이다. 지도는 신념과 같은 것이다. 그 신념이 잘못된 신념이면 새로운 신념으로 바꿔야한다.

당신이 '좋은 지도나 좋은 신념을 선택하고 새로워지는 것'은 우주지성의 의도와 정합하는 선행이다. 창조놀이를 주도할 수 있는 행위로써 현명한 일이다.

관점은 '현상세계를 보는 것'이다. 보는 것이 꼭 정확한 진실일 수는 없다. 보는 시각에 따라서 달라지는 가정(假定)일 수 있다. 자신은 정확히 보는 것이라고 고집하지만 아닌 경우가 더 많다. 어떤 사물이나 진리는 그것이 지각되는 관점에 따라 달라진다. 내가 어떤 처지에서 무슨 생각으로 보느냐가 그것에의 나의 지각과 인식을 결정한다. 사물은 내가 쓴 안경의 색깔대로 보이는 것이기 때문이다.

보는 시각과 태도나 행동은 매우 중요한 상호연관성을 갖는다.

현명한 사람들은 현상세계를 바라보되 사회적 거울에 비

취진 가정(假定), 비난, 왜곡, 관행에 의하여 그릇되게 인식되는 허상을 보지 않는다. 그것들을 뒤집어 보는 창의성으로 '**사회적 자기를 완성할 수 있는 실상을 보는 것**'이다. '현상너머의 참 모습까지 꿰뚫어 보는 진지함'으로 보는 자를 보는 것이고 관찰자를 관찰하는 것이다.

관점은 '보고 한계 짓는 것'이다. 이미 주어진 그것으로부터 영향 받아 미리 조절된 것이다. 자신이 지어낸 놀이를 통하여 이미 경험하고 사라진 그것을 '무엇이다'라고 한계 지우는 것이다. 자기의 잣대로 '그것은 이것이다'라고 한정짓는 것이다.

이미 사라져 버린 과거의 그것으로 오늘의 현재 모습을 비난하고 한정짓는 것이 일반적인 사람들의 관점이다. 이것을 사회적 거울이라고 한다.

「그는 머리가 나쁘니 잘 살 수 없다」
「그는 산지기의 아들이라 안 된다」
「그는 OO도 출신이라 신뢰할 수 없다」
「그는 출신학교가 형편없어 곤란하다」
「그 여자는 첩의 딸이라 반대 한다」
「그 젊은이는 인상이 나쁘다」
「그 사람은 비전이 없다」는 식이다.

하늘의 흰 구름을 잠깐 보고도 사람들의 관점은 저마다 다르다. 오랜 세월을 그것들의 영향으로 미리 조절된 고정관념은 무섭도록 단단하게 우리들을 어느 한계 속에 꽁꽁 묶고 만다.

우리의 가족, 친구, 학교, 직업, 종교, 사회윤리 관습 등이 우리를 한계 속에 묶는다.

의도한 사람들의 영향으로 '유리병 속에 갇혀 길들여진 높이 뛰지 못하는 벼룩'을 보면서 우리는 연민 아닌 비애를 느낀다.

어떤 주의나 사상, 종교적 신앙에 깊이 영향 받아 자기편의 주의·주장만이 절대선(絕對善)이라는 견해나 신념에 빠진 사람들은 자신의 목숨까지 내던지면서 자기가 옳다는 한 생각만을 끝까지 고집한다. 이것은 한계 지어진 관점 탓이다. 왜곡된 진실이다.

우주지성의 창조와 진화놀이를 바르게 이해하고 깨달은 사람들은 어떤 경우에도 자신을 한계 짓지 않는다. 한정지을 수 없는 순수의식세계에서 잠재적 무한가능성 놀이를 즐기면서 어제보다 오늘 새로워진다.

지금 여기서 변화를 주도하며 성장하고 발전하는 것이다.

관점은 '평선의식(平線意識)'을 의미하는 것'이다. 사람들은 사물을 보고 인식할 때 있는 그대로 사실 그대로를 본다고 생각한다. 자신의 지성은 언제나 객관적이라고 주장한다. 하지만 사실은 그렇지 못한 경우가 많다.

자신이 믿어온 객관적인 관점이 사전에 특정 환경이나 조건으로부터 영향 받아 미리 조절된 한계속에서 한정된 주관적 입장에서 '보이는 것', '믿는 것'만을 사실이라고 지식하고 신념하는 '평선의식(平線意識)'인 경우가 많다. 자기 시야의 직선선상에 보이는 것만을 실제라고 보는 '평선의식'은 직선의식으로서 한계의식이다. 평선(平線)상에 보이는 것은 한계가 있기 때문에 한정된 실제이다.

수평선 너머에도 물은 있다.

지평선 너머에도 땅은 있다.

공평선 너머에도 빔은 있다.

평선(平線)을 곡선상(曲線上)에서 이해하면 한계가 사라지는데 우리 인간은 평선이란 관점에서 자신을 한계 지으며 살고 있다.

인간은 자기 자신의 지정의(知情意) 평선상에서 앎, 느낌 그리고 뜻을 자기 위주로 판단하고 분별하며 살고 있다.

평선은 나 자신의 편의상 해석으로 자기한계를 나타낸다. 더 나은 더 좋은 방향으로 새로워지는 사람들은 평선의식 선상에서 보이는 것만 집착하지 않으며 '뫼비우스의 띠'처럼 한계 없이 돌고 도는 곡선의식 선상에서 '보이지 않는 것'이라 할지라도 소중히 여기고 자세히 살핀다. 보이지 않고 드러나지 않아도 그것들을 끌어당기고 받아들인다. 평선은 유한한 것이고 곡선은 무한한 것이다.

전환이란 이리저리 '바꾸어 보는 것'이다. 새로운 방향으로 '뒤집어 보는 것'이다. 한 바퀴 굴리어 '살펴보는 것'이다.

보다 더 좋은 방향으로 '다르게 하는 것'이다.

있는 그대로이나 그것에 머물지 않고 '새로워지는 것'이다. 스스로의 뜻대로 '바꾸는 것'이다. 가려지고 어긋난 거짓과 잘못을 바루어서 정직하고 진실한 존재로 '바뀌는 것'이다. 사회적 거울인 가정(假定), 비난, 왜곡, 관행에서 탈피하고 '자유로워지는 것'이다.

부끄러움과 두려움을 자존심과 교만으로 포장한 어둠의 에너지 장에서 도전과 용기로 자신 있게 성취하여 나누는 〈빛의 에너지 장〉으로 '점프하는 것'이다.

나와 내편이라는 '밖의 나ego'가 의식하는 한계에서 모두가 우리 편이라는 '안의 나superego'가 의식하는 한계 밖으로 '평선 너머를 의식하는 것'이다.

전환은 한계 지어진 시야를 벗어나 가없는 전체를 보게 되는 〈깨어남〉이며 개체적 자아에서 우주적 자아로 〈거듭 남〉이다.

거짓을 참으로 돌이키고 참과 하나가 되면 당신도 하나의 빛[一神]이 된다. 당신의 생각과 신념이 현실로 창조된다. 당신의 심사숙고와 집중몰입이 위대한 발견과 발명을 가져온다.

전환은 변화를 통하여 더 나은, 더 좋은 것으로 새로워지고, 바루어지고, 이루어지는 것이다.

전환이란 관점의 변화다. 관점만 바뀌면 변화는 한순간에 일어난다. 관점의 전환은 지금 여기서 한순간에 이뤄진다. 하늘의 구름이 걷히고 해가 솟는 것도 한순간이요 캄캄한 밤에 전등이 켜지면서 밝아지는 것도 한순간이다. 인간의 생각 관점이 바뀌는 것도 짧은 한순간이다.

본디 깨달음은 한순간이다. 거듭남도 한순간이다. '아하 하고 느끼는 그것'이 관점의 전환으로 얻는 깨달음이다.

진한 감동의 '소 울음이 터져 나오는 것'이다. 눈을 씻고 상대해야 괄목상대[刮目相對]하는 어제와 확연히 다른 '새 사람으로 거듭나는 것'이다.

살았어도 죽은 자나 다름없던 사람이 생기발랄한 새 사람으로 거듭난 것이다. 이 언덕에서 저 언덕으로 '건너가는 것'이다.

괴로운 배에서 즐거운 배로 '바꿔 타는 것'이다. 너도 나도 삶이 흥겨운 '신바람이 일어나는 것'이 관점전환의 효과다.

관점의 전환은 인간 개인의 삶을 바꿔놓는 위력을 지님은 물론 인류의 문화, 문명, 역사까지 바꿔놓는 위력을 지닌다.
한 생각 바꾸고 새로워지면 말썽만 피우던 문제 학생이 주도적 자기학습을 실천하는 우등생이 된다.

마약이나 다름없는 술, 담배를 끊을 수도 있으며 타락한 속인의 삶에서 이웃을 구원하는 성자의 삶을 살 수가 있다.

주색잡기나 하던 시정잡배가 나라를 경영하는 지도자가 될 수 있다.

과학자나 철학자들의 사상이나 사회 혁명가들의 위대한 정신은 낡은 사고의 틀을 과감히 벗어 던짐으로써 생겨난 발견이었고 깨침이었다.

관점의 전환은 어떤 경우든 세상을 보는 시각과 사물을 이해하는 사고(思考)를 한 가지 방식에서 여러 가지 다른 방식으로 바꿔놓는다.

더 나은, 더 좋은 새로운 방식으로 바꿔놓는다. 이것은 아주 놀라운 변화다.

당신도 지금 여기에서 관점을 전환하면 새로운 사람으로 거듭날 수 있다. 당신의 생각, 행동을 다르게 바꾸고 '의미 있는 창조놀이'를 의도하고 주의하라!

지금까지 길들여진 당신의 습관, 성격을 바꾸고 '가치 있는 진화놀이'를 선택하고 집중하라!

당신은 위대한 인간으로 거듭날 수 있다.

관점이 바뀌면 모든 것이 새로워진다.

•••
8절 지금 여기서 뜻을 세우면 새로워진다

보고 듣고 부딪치는 '지금' 이 순간, 먹고 자고 놀이하는 '여기' 이 자리에서, 자기와 세상을 챙기기 위해 뜻을 세운 사람은 우주지성의 창조의지를 깨닫고 실천하는 사람이다.

한 뜻으로 새로워지는 놀이를 지속적으로 체계적으로 반복적으로 실행하면 내 안의 위대한 신성(神性) 우주지성의 기운이 크게 피어나니 사람이 곧 조화무궁한 무한가능태의 경지에 이르게 된다. 사람의 의도가 우주지성의 의도가 되고 사람의 놀이가 우주지성의 놀이가 된다.

'지금 여기' 현재present는 우주지성이 우리에게 준 최고의 선물present이다.

우리가 '뜻'을 세우고 새로워지는 것도 지금 여기 현재요, 우리가 세운 뜻대로 지식하고 신념 하는 '앎'도 지금 여기 현재다.

우리가 원하는 것을 창조하고 경험하는 아름다운 '느낌'도 지금 여기 현재다.

우리 인간의 앎, 느낌, 뜻 그리고 생각, 언어, 행위 등 모든 놀이는 지금 여기서 비롯하고 마침 한다.

지금 여기는 우주만물의 처음이고 마지막이 된다. 우리 인생놀이의 출발점은 언제나 지금 여기다.

시간은 언제나 지속적으로 오고가는 것이나 그 시간의 실체는 늘 그 자리 오늘의 지금이다. 우리가 매일 같이 낮과 밤을 존재한다고 확인해도 낮과 밤은 실재하지 않으며 오늘 지금이 있을 뿐이다. 밤낮은 태양과 지구가 만든 일시적 현상으로 그림자놀이에 불과하다. 우주적 입장에서 낮과 밤은 없다.

시간의 인식은 '지금' 뿐이다. 오늘의 지금 이 순간이 있을 뿐이다. 과거는 현재의 시간에서 추억하는 가버린 현재다. 과거는 되돌려볼 수 없다. 미래는 현재의 시간에서 추상하는 가서 볼 현재다. 미래는 앞당겨 쓸 수 없다. 그런데도 인간들은 과거의 사실이나 신념에 사로잡혀 불필요한 죄의식이나 번뇌 망상을 일으킨다.

알 수 없는 미래에 대한 불안과 두려움으로 쓸데없이 근심하고 걱정한다. 사라진 과거와 수수께끼의 미래 때문에 지금 여기서 자신을 괴롭히고 저주하는 삶을 살고 있다.

이제 가버린 그것도 현재이고 가서 볼 그것도 현재이다. 오늘이란 지금의 현재를 당신이 무엇을 생각하고 어떻게 행동하느냐가 중요하다.

지금 이 순간 당신 스스로 부끄럽지 않은 언행이나 놀이를 즐기면 미래에도 아름다운 언행이나 놀이를 즐기게 될 것이다.

과거를 성찰하고 참회하며 올바른 행동을 하는 것도 지금 현재의 당신이 해야 할 일이요, 미래를 설계하고 예측하여 목표를 집중하고 신나는 행동을 하는 것도 지금 현재의 당신이 해야 할 일이다.

과거의 나타남이 현재이고 현재의 이어짐이 미래이므로 지나간 과거와 돌아올 미래의 진실은 오늘에 온전하게 나타나 있다.

과거나 미래는 따로 있는 것이 아니라 오늘의 현재와 함께 공명하고 있다. 이와 같이 시간을 인식할 때 우리는 지금 이 순간에 새로워질 수 있고 우주지성의 놀이에 동참할 수 있다.

공간은 텅텅 비어 넉넉하므로 부족함이 없고 막힘이 없다. 무엇이든 가득 채울 수 있고 고루 갖추어 담을 수 있다.

아침 해가 동쪽에서 솟았다가 저녁노을과 함께 서쪽으로 사라져도 하늘의 해는 늘 그 자리 그 곳에 있다.

일천 강에 뜬 달이 물결에 흔들려도 하늘의 달은 늘 그 자리 그 곳에 있다. 그릇의 물이 추워서 얼음이 되어도 본래의 물은 그대로인 것 역시 쓰임이 변화해도 그 바탕이 불변하기 때문이다.

우주만물이 천태만상으로 끝없이 변화해도 우주적으로 바라본 공간은 한결같다. 텅 비어 있으면서도 의식에너지로 가득 차 있는 것이 우주요, 가득 차 있으나 걸림이 없이 텅 비어 있는 것 역시 우주다.

우주라는 공간의 중심자리는 당신이 머무르는 곳 '여기'

다. 상하, 좌우, 앞뒤의 기준점은 언제나 당신이 현재하는 여기다. 동서남북 사방팔방의 기준점도 여기다.

드러나지 않은 것이든 드러난 것이든 존재하는 현존재의 중심자리는 그 존재가 놀이하는 곳 여기다.

공간의 인식은 '여기'뿐이다. 여기를 떠나 존재를 인식할 수 없다. 창조하고 경험하는 모든 놀이의 현장은 여기뿐이고 당신에게 주어진 여기보다 더 소중한 곳은 천하의 어디에도 없다.

여기에서 없음이 있음하고, 있음이 없음 하는 생멸의 조화가 무궁하게 일어난다.

이것과 저것이 서로 인(因)이 되고 연(緣)이 되어 주고받으면서 드러나는 창조놀이와 새로워지는 진화놀이를 즐기는 것이 공간에 존재하는 당신의 존재이유다.

어제 과거도 아니고 아제 내일도 아닌 '오늘의 지금 이 시간'에 당신과 나 우리 인간을 비롯한 우주만물이 존재한다.

위아래도 아니고 동서남북 어느 쪽도 아닌 '가운데 여기 이 공간'에 우주지성을 비롯한 삼라만상이 운동하고 놀이하며 존재한다. 나와 너 우리도 여기에 존재한다.

내면의 비전과 열망을 현실로 창조하여 경험하는 것도 '지금 이 순간의 여기 이 자리'요 희로애락 애증은 물론 길흉화복 선악을 지음[창조]하고 지우는[경험]것도 '지금 이순간의 여기 이 자리'의 일이다.

당신의 인생살이 행불행 또한 부모, 조상 탓이 아니고 하느님, 부처님 탓도 아니다. 잘못 태어난 팔자나 불편한 환경 탓도 아니다. '바로 오늘의 지금 여기, 이 때 이곳의 내 탓' 이 있을 뿐이다.

내가 지금 여기서 분노하고 갈등하며, 미워하고 두려우면 나와 당신은 불행하다. 매사를 부정하고 불평하며, 생각과 행동이 부주의하고 헤매는 삶을 살면 나와 당신은 불행할 수밖에 없다.

지금 여기서 사랑하고 이해하며, 용서하고 화합하면 나와 당신은 행복하다. 매사를 긍정적으로 수용하고 만족하며, 생각과 행동을 주의하고 평온한 삶을 살면 나와 당신은 행복할 수밖에 없다.

모든 일을 할 수 있는 가장 좋은 때는 지금 여기 이 순간이고, 모든 일을 할 수 있는 가장 좋은 곳도 지금 여기 이 자리다.

세상천지에 당신에게 가장 소중한 사람은 지금 여기서 당신과 함께 있는 사람이고, 세상천지에 당신에게 가장 중요한 일은 지금 여기서 당신이 '지금 여기서 오늘' 하고 있는 일이라고 톨스토이는 이야기했다.

우주라는 시공간(視空間)의 처음이고 마지막이며 앎, 뜻을 느껴 아는 시작이고 마침이 지금 여기다.

지식하고 신념 하는 장소나 창조하고 경험하는 무대도 지금 여기다. 아름다운 사랑이 피어나는 순간이고, 외로움과 서러움이 밀려오는 자리도 지금 여기다.

지금 여기 오늘의 당신은 돌아 본 어제의 당신이었고, 미리 가서 볼 미래의 당신이 분명하다. 드러나지 않은 것이 드러난 것도 지금 여기고, 드러난 것이 바뀌고 새로워지는 것도 지금 여기다.

인간은 배우는 동물Homo Eruditio이다. 어려서부터 스스로 가족과 세상의 가르침을 배우고 익힌다. 배움으로서 인간의 도리를 깨닫고 성품을 밝혀 바르게 생각하고 행동하는 삶을 창조하고 경험한다.

배움의 길이나 삶의 창조놀이에 있어서 무엇보다 소중한 것은 '뜻을 세우는 것[立志]'이다. 선하게 살다가 복되게 마침[善終]하려면 반드시 뜻을 세우고 살아야 한다.

젊은 날 뜻을 세움으로써 학문을 배우고 익히며 심신을 가다듬어 자신을 반듯하게 일으켜 세우고 마침내 그 자람을 기다려서 집안을 가지런히 한다.

세상에 나가 널리 사람을 이롭게[弘益人間]하는, 밝히고 살리는 도와 새로워지는 덕을 펼치며 진화놀이의 주인으로 본을 보이고 지선(至善)에 머무는 어진 사람이 된다.

젊은 날 뜻을 세우지 않으면 안일한 사고방식으로 적당주의에 물들고 만다. 목숨같이 소중한 시간을 쓸데없는 놀이로 허송하면서 부정적인 시각으로 타성에 젖은 삶을 산다.

허망한 현실 앞에 자신을 변명하며 후회하고 괴로워하게

된다.

뜻을 바르게 세움으로써 그것을 주의하고 집중하면 자신의 꿈, 바람을 이루게 된다.

스스로의 현실을 의도대로 창조하고 경험하게 된다.

자기가 갖고 싶은 것, 하고 싶은 일, 가고 싶은 길, 되고 싶은 사람을 자유의지로 선택하고 결의하는 것이 뜻이다.

자기가 할 수 있는 일, 잘할 수 있는 일, 즐기면서 할 수 있는 일, 의미를 느끼며 할 수 있는 일, 모두를 이롭게 할 수 있는 일, 세상을 새롭게 할 수 있는 일이 좋은 뜻이다.

좋은 뜻은 자기가 의도한 좋은 꿈이요 현명한 선택이다.

뜻은 생각하며 실행하는 의지로서 자아의 모든 욕망을 선택하고 결정하여 지시하고 명령하는 정신작용이고 실천에너지다.

뜻은 우주지성의 창조의지요 인간지성의 자유의지다. 스스로 선택하고 결정해야 한다. 누구도 당신을 대신할 수 없다.

자기가 자기에게 지시하고 명령하는 인생과제가 뜻이다. 모든 창조나 진화놀이는 뜻이 운전하고 주관한다. 뜻이 서지 않으면 모든 놀이가 무의미하며 고속도로를 목표 없이 달리는 자동차와 같다.

뜻은 훤히 알며 지켜보는, 깨어 있는 순수의식의 잠재적 가능성을 이끌어 내는 가장 확실한 방법이고 신념이다.

이것이 아닌데? 이렇게 사는 것이 아닌데? 의문이 나거든 진실의 바탕 위에서 먼저 당신 자신을 성찰하고 참회한 다음에 뜻을 세워라!

확실한 목표, 원대한 목표, 신나는 목표, 올바른 목표를 설정하라!

하고 싶다고 잘할 수 있는 것은 아니다. 당신 자신이 잘할 수 있는 목표를 정하라! 지금은 할 수 없어도 꼭 해보고 싶은 목표도 괜찮다. 지금은 누릴 수 없어도 장차 누리고 싶은 목표도 괜찮다.

의미 있고 즐거운 목표이면서 당신 자신에게 꼭 맞는 목표가 좋은 목표요, 좋은 뜻이다.

새로워지는 뜻을 신념하고 염념불망(念念不忘) 주의하면 그 뜻은 반드시 이뤄진다. 당신은 새로워진다. 뜻이 이뤄질 때마다 당신은 새로워지는 기쁨과 온전한 행복감을 느끼게 될 것이다.

'당신도 지금 여기서 뜻을 세워라.'

뜻은 일찍 세울수록 크게 유리하며 쉽게 이루어진다. 젊은 날에 세운 뜻이 더욱 값지다.

뜻은, 차원높은 삶을 창조할 수 있는 당신의 꿈이다.

뜻은, 당신을 성공으로 인도한다. 행복으로 인도한다.

•••
9절 침착하게 명상하면 새로워진다

'이 세상 모든 것은 마음이 창조하였다[一切唯心造]'는 화엄경의 가르침처럼 인간의 마음은 드러나지 않은 것을 드러나게 하는 우주지성과 하나로 연결된 불가분의 관계다.

두뇌를 하드웨어로 활용하는 인간의 마음은 조화무궁하여 삼세(三世)와 삼계(三界)의 시공간을 자유자재로 넘나들며 무궁무진한 만들기[창조]와 지우기[경험] 놀이를 계속한다.

인간의 두뇌는 빅뱅이후 오늘날까지 우주에서 일어난 다양한 스토리의 온갖 정보를 고스란히 간직하고 있는 '우주의 블랙박스'다. 145억 년 동안의 우주만물의 진화과정 정보를 담고 있다. 우주지성과 인간마음의 앎, 뜻, 느낌이 나타나는 놀이를 유인하고 수용한다. 때로는 조율하고 집행하는 작전사령부가 인간의 두뇌다.

인간이 의식하는 앎은 우주지성의 창조의식이다.

인간이 의도하는 뜻은 우주지성의 창조의지이다.

인간이 감응하는 느낌은 우주지성의 창조감정이다.

인간이 침착하게 마음을 모으고 두뇌에 입력된 정보를 제대로 활용하면 훤히 알고 능히 하는 우주지성의 창조능력을 발휘할 수 있다.

의미 있고 즐거운 창조놀이를 우주지성을 대신하여 주도

할 수가 있다.

우리 인간이 침착하게 마음을 가라앉히고 들고나는 숨을 주의하며 '지켜보기[觀照]'를 꾸준히 연습하면 제멋대로 내달리며 얽히는 생각[煩惱妄想]의 사슬이 끊어지고 '고요하기[空寂]'에 들게 된다. 오묘한 지혜가 열리면서 '바로알기[靈知]'가 자유로운 경지에 이르러 우주지성의 창조놀이에 동참하게 되고 대신하게 된다.

우주지성을 대신하여 새로워지는 진화놀이를 주관하려면 명상meditation을 이해하고 실천하는 것이 유익하다.

이 세상은 진실이 오도되고 거짓이 범람하며, 탐욕과 갈등, 착취와 분노 그리고 불확실, 부주의, 부조리가 소용돌이치고 있다.

이 세상에서 우리의 마음이 '태풍의 눈'처럼 완벽한 고요에 머물면 자신이 원하는 뜻대로 아름다운 행복놀이를 창조하고 경험할 수 있다.

마음의 의식상태가 완벽한 고요에 이르게 되면 그 즉시 우주지성의 권능과 자비를 대행할 수 있다. 자신의 비전vision과 열망을 현실로 창조하여 성취의 기쁨을 누리게 된다.

새로워지기 위해 좋은 뜻을 세우고 행동다짐을 결정했으면 자신의 의도를 현실로 경험해야 한다. 무한성취가 가능한 순수의식 세계의 잠재력을 끌어당기려면 명상법을 배우고 실천해야 한다.

완벽한 고요에 이르는 유일한 수단과 방법이 명상(瞑想 meditation)이다. 자신이 신념하는 뜻을 두뇌에 입력하고 마음에 각인시켜 순수의식의 무한 잠재력을 끌어당기는 가장 쉽고 완벽한 방법이 명상법이다. 침착하게 명상을 배우고 익혀 우리의 생활에 응용하는 것이 매우 중요하다.

명상법은 새로워지는 창조놀이의 핵심과제다.

명상은 마음이 뜨고 가라앉는 것을 침착하게 살피는 수행법이다. 마음을 모으고, 마음이 지음한 대상을 알아차리고 그것과 하나 되는 것이 명상이다.

두뇌를 조정하고 개선하여 주의력을 기름과 동시에 우리가 일으키는 생각의 원천인 무한의식의 양자 수프quantum soup를 활용할 수 있는 지름길이 명상이다.

명상이란 눈을 감고 고요히 생각하는 것이다. 사유하고 침묵하는 것이다. 사물을 통찰하고 직관하는 능력을 기르는 것이다.

마음을 다하여 자신의 생각을 정시하고 소망을 선택하며 자신의 모든 행위를 주시하고 의도를 주의하는 것이다.

마음을 대상에 집중하고 침착하게 생각을 놓아버리는 것이 명상이다. 주관인 마음은 사라지고 객관인 현상만이 존재하는 완벽한 고요에 이르면 순수한 기쁨을 누리게 되고 온전한 행복에 젖는 것이 명상의 지고지순한 효과다.

우리의 집중력, 관찰력, 활동력을 향상시킨다. 학습능력과 선택능력을 증진시킨다. 매사에 자신감을 갖게 하는 것도 명상의 효능이다.

명상의 처음은 힘들고 어렵다. 답답하고 막연하며 짜증스럽다.

5분 명상부터 시작하여 꾸준히 지속적으로 하다보면 자연스럽게 10분, 20분, 30분 그 이상까지 마음을 챙기고 고요를 즐기게 된다. 점차 쉬워진다.

명상이 깊어지면 깊어질수록, 세월이 흐르면 흐를수록, 엉성하고 불편하던 몸의 자세가 반듯[調身]해져 정좌(正坐), 정행(正行)이 자유롭고 편안하다. 짧고 거칠던 숨결을 고르게[調息]되니 숨은 깊고 길어지며 정시(正視), 정언(正言)이 자비롭고 원만해진다.

제멋대로 일어났다 가라앉는 망령된 생각들을 거머잡게[調心] 되므로 늘 정심(正心), 정념(正念)상태에서 선택하고 집중할수 있다.

마음이 고요해지면 의식이 맑아지고 밝아진다. 마음이 맑아지면 개체적인 제나Ego의 현재의식이 새로워지는 변화를일으키고, 전체적인 '참나'의 순수의식이 깨어나게 된다. 마음이 밝아지면 훤히 알고 능히 하는 우주지성God의 지혜와능력을 쓸 수 있게 된다. 언제든지 의도하고 선택하면 현실이 된다.

마음이 고요하고, 맑고, 밝아지면 몸은 가볍고, 부드럽고, 활발해지며 숨은 가늘고, 깊고, 편안해진다.

참으로 아름답고 충분히 청정하고 원만하며 자비로운 사람이 된다.

명상법에는 여러 가지가 있다. 일반인이 행하기 쉬운 생활 명상법을 다음에 소개하니 자신에게 맞는 방법을 선택하여 꾸준히 수행하면 행한 만큼 유익하고 유능해질 것이다. 명상은 스스로 복 짓는 행위요. 우주지성과 정합하는 수단이다. 새로워짐의 법칙을 완성하는 지름길이다.

정식(正息) 생활명상은 올바른 자세와 편안한 마음으로 바르게 숨쉬기하는 명상이다. 누구나 쉽게 할 수 있다.
외부로부터 방해받지 않는 조용한 곳에서 일정한 시간에 지속적으로 행할 수 있으면 좋다. 척추를 반듯하게 세우고, 어깨의 힘은 빼고 편안하게 앉은 다음 숨쉬기를 한다.

눈은 살며시 감고 입은 가볍게 미소 지으며 온몸의 긴장을 풀고, 아랫배 또는 인중을 주의하며 숨쉬기 한다. 들숨과 날숨을 조용히 헤아리면서 들숨과 날숨에 의식을 집중한다.
들숨에는 숨이 들어오는 것을 알아차리고 날숨에는 숨이 나가는 것을 알아차린다.
생각이 떠올라도 판단분별하지 않고 숨을 쉰다.
푸른 산은 그대로이나 흰 구름은 절로 오고가는 법이다.

천천히 부드럽게, 가늘고 길게, 깊이 이어지게, 고요하고 편안하게 들이쉬고 내쉰다. 숨이 차서 헐떡거리거나 숨소리가 거칠어지면 쉬었다가 한다. 숨의 흐름이 끊기거나 원활하지 못해도 쉬었다가 한다.

숨을 깊이 들이쉬면 아랫배가 살며시 나오고, 숨을 멀리 내쉬면 아랫배가 살며시 들어간다. 상복부가 움직이거나 하복부가 경직되면 안 된다.

처음에는 5초 들이쉬고 5초 내쉬다가 점차 숙달되면 더 길게 들이쉬고 내쉰다. 길게 깊이 쉴수록 좋으나 무리하면 해롭다.

자기에게 알맞게 5초, 10초, 20초, 30초로 숨쉬기를 늘리는 것이 좋다.

처음에는 혀를 입천장에 붙이고 코로 숨을 쉬다가 나중에는 숫자를 헤아리는 숨쉬기[數息]를 할 수도 있고, 들고 나고 멈추는 숨쉬기[止息]를 할 수도 있으며, 아랫배 단전에 생기를 모으고 쌓는 산택통기(山澤通氣) 숨쉬기[丹息]를 할 수도 있다.

전신의 60조 세포가 모태 속에서 숨쉬기 하듯 자연스러운 전신피부호흡[胎息]을 즐길 수도 있다.

들숨에는 천지의 깨끗한 생기가 몸 안으로 흡입되고, 날숨에는 체내의 불순한 탁기가 몸 밖으로 토출되니, 명상은 하면 할수록 몸이 저절로 건강해진다. 침착하게 외부의 자극에 반응하게 되고 정신적인 긴장을 이완시키며 일상의 스트레스를 쉽게 해소시킬 수 있게 된다.

명상이 숙달되면 심신이 편안하고 고요하므로 영혼이 맑아지고 의식의 뇌파가 안정되어 순수의식의 바다인 영점장zero point field, 즉 우주지성의 자리 정보장field of information과 하나 됨unity 으로서 그 에너지를 자신의 의도대로 끌어다 사용할 수 있게 된다.

입정(入靜)상태의 숨결파장은 순수의식세계의 모든 에너지와 서로 주고받고 간섭하고 변조하며 같은 주파수끼리 리듬 편승하여 공명resonance현상을 나타낸다.

고요한 침묵상태의 생각파장은 입정상태의 숨결파장과 동일하다.

정좌(正坐) 생활명상은 바르게 앉아 지금 여기서 선명하게 깨어 있는 마음[正念]으로 뜨고 가라앉는 생각을 조용히 살피는 명상이다.

완벽한 고요에 들어 순수한 기쁨을 얻으려면 정좌를 하고 명상해야 한다. 앉는 방식은 아름다운 연꽃 자세인 결가부좌식이나 반가부좌식, 자연스러운 평좌나 반좌, 힘들어도 단아한 금강좌식까지 자신의 건강상태에 따라 선택할 수 있는 여러 가지 좌식이 있다.

온 몸의 힘을 빼고 척추는 반듯하게 세우고 앉되 배꼽과 양 무릎, 머리와 양 무릎이 삼각형이 되도록 앉는다. 두 손은 무릎이나 배꼽 아래에 맞잡고[結印] 앉거나 두 손을 코 높이로 합장하고 앉는 게 좋다.

눈은 콧등을, 코는 배꼽을 바라보고 앉는다. 혀는 입천장에 붙이고, 입은 행복한 미소를 머금고, 넘어져도 다시 일어나는 오뚝이 자세로 앉아 '태풍의 눈'이 되는 것이 정좌의 기본좌식이다.

사람이 바르게 자리 잡고 앉는 곳에 천지가 바르게 자리 잡고, 천지기운과 사람기운이 하나가 된다.

정좌하고 정념상태에서 우두커니 앉아만 있어도 명상의 효과는 나타난다. 마음은 평화로워지고 호흡은 점차 가늘고 길어지면서 아랫배에 기운이 쌓이고 온 몸에 생기가 흐른다.

앉아 있는 세월이 쌓이면 '우주와 자아의 내면'을 관조하는 지혜의 눈이 열리고 우주와 자아가 서서히 하나가 된다. 궁극에는 우주마저 놓아버리고 '완전한 정지' 상태에 가까운 '완벽한 고요'와 하나가 된다.

그 순간 떠오르는 '한 생각 의도'는 순수의식의 바다 영점장zero point field 에 던져진 조약돌처럼 둥근 물결을 일으키게 된다. 그 파장은 우주의 가장자리까지 미세하게 진동하며 공명한다.

명상으로 순수의식의 바다에 들 수 있는 사람은 '한 생각 의도'를 현실로 창조하고 경험할 수 있는 능력을 지닌 사람으로 언제나 새로워질 수 있다. 점차 위대해질 수 있다.

숨쉬기, 앉기, 생활명상도 중요하지만 고요한 마음으로 활동상태의 뇌파[β波]를 수면상태 또는 명상상태의 뇌파[α波]로 조율하는 것이 더 중요하다. 그릇된 생각이 일으키는 번

뇌, 망상, 집착을 놓아버리고 '지켜보기', '고요하기', '바로 알기'가 자유로운 명상기법 습득이 중요하다. 그 방법이 쉽고 간단해야 누구나 행하기 쉽다. 행하기 쉬워야 모두에게 유익하다.

특정인이나 할 수 있는 명상기법은 그림의 떡이다. 일반인에게는 아무런 소용이 없다.
앉기, 서기, 걷기, 눕기, 먹기, 자기, 그려보기, 학습하기 등 우리들의 일상생활 자체가 명상이다. 항상 깨어 있는 마음으로 일상을 알아차리고 침착하게 일상과 하나 되면 평온을 유지할 수 있다.
(스승이나 전문가의 지도를 받는 것이 정도수행의 첩경이 된다.)

평화로운 미소 생활명상은 마음과 몸과 숨이 하나 됨으로 고요 속에 깨어나고 거듭날 수 있는 명상이다. 거짓을 참으로 돌이키고 하나의 빛이 되어 순수의식의 바다로 쉽게 들어갈 수 있는 방법이 미소 명상법이다.
'마음에는 평화'라고 의식하며 숨을 천천히 깊이 들이쉬면, 아랫배가 서서히 나오면서 온 몸에 평화가 가득 차오른다.
'얼굴에는 미소'라고 의식하며 숨을 가늘고 길게 내쉬면, 아랫배가 살며시 들어가면서 온 몸에 미소가 부드럽게 피어난다.
긴장이 이완되고 완벽한 고요의 순수한 기쁨을 느낀다.

이 미소 생활명상은 때와 장소에 구애받지 않으므로 시간이 허락하면 언제든지 잠깐씩 행해도 좋다. 한만큼 좋은 효과는 분명히 나타난다고 프랑스 플럼 빌리지의 세계적 명상가 틱낫한 스님은 늘 가르쳤다.

일상의 생활 속에서 심신을 다스리고 질병을 치유하는 특별한 명상법이나 온몸에 생기나 빛의 에너지를 채우는 명상법 등은 선험자mentor의 전수나 지도가 필요하다. 어렵고 답답할 때 지도자의 한마디 조언은 참으로 유익하다.

생활이 명상이고 명상이 생활인 삶을 즐길 수 있으면 현재의식으로 순수의식을 느끼기 할 수 있고, '순수의식이 현재의식에게 무한정보와 무한성취능력'을 때와 곳을 가리지 않고 제공하여 준다.

침묵으로 바라보기 생활명상은 현재의식으로 보고 듣고 부딪치며 느끼는 행위자를 순수의식으로 바라보기 하는 명상법이다.
'보는 자를 바라보는 명상 Vipassana meditation'이다. 듣는 자, 부딪치는 자, 느끼는 자를 바라보는 명상이다. 침착하게 바라보고 지켜보는 명상으로 영성이 밝아진다. 무심으로 바라보고 침묵하는 명상을 계속하면 영혼이 거룩해진다.
그저 있는 그대로 바라보고 침묵할 뿐 외부의 현상을 판단분별하지 않는다. 객관의 현상에 마음이 머무르지 않는다.

있는 그대로 머물지 않고, 머물지 않으면서 있는 그대로 음미하고 감상하면 마음이 점차 고요해져 순수의식의 에너지장 안으로 들어가게 된다.

판단, 분별을 하면서 바라보기 하면 지금 여기의 마음이 기능장애를 일으켜 탐하고 성내며 어리석어진다. 현재의식은 산만해지고 의식의 파장은 파도처럼 거칠어진다.

음미, 감상을 하면서 바라보기 하면 지금 여기의 마음이 명상상태로 바뀐다. 참되고 선하고 아름다워진다. 현재의식은 선명해지고 의식의 파장은 잔잔하고 고요해져 우주의식과 공명하게 된다.

의도나 놀이를 제멋대로 판단하고 분별하면 창조놀이에 집중할 수가 없다. 오히려 놀이의 과정이 복잡하게 얽히면서 엄청난 오류가 발생하게 된다.

의도나 놀이를 한뜻으로 음미하고 감상하면 창조놀이에 쉽게 몰입하게 되고, 놀이의 과정이 단순해지면서 마침내 새로워지는 진화의 놀이를 즐기게 된다.

'마음의 평정과 일상의 평온'을 얻고 순수의식 세계의 무한성취 잠재에너지를 끌어당겨 선용하려면 침묵 생활명상을 배우고 익힘으로 가능해진다.

우주지성의 무한성취 창조력을 끌어당겨 쓰려면 우주지성과 하나 될 수 있는 순수의식의 정보장field of information

안으로 들어가야 한다. 그곳으로 들어가는 방법이 **'깨어 있는 의식으로 마음을 고요하게 가라앉히는 침묵으로 바라보기 생활명상법'**이다.

침착하게 고요함에 이르면 우주지성의 순수한 잠재에너지장 안으로 들게 된다. 그러면 우주지성처럼 잠재에너지를 자유자재로 사용할 수 있다. 훤히 알고 능히 하는 힘을 지니게 된다.

사물이나 부침하는 자기마음을 고요 속에서 침묵으로 오래도록 '바라보는 명상'을 하다보면 세월 속에 내공이 쌓여서 '외면의 자아상을 바라보고 지켜보는 내면의 자아상을 선명하게 의식하고 느껴볼 수 있는 체험'을 할 수 있게 된다.

함이 없이 하는 근원과 어깨를 나란히 하고 새로워지는 창조놀이를 즐기게 된다.

◇ 새로워짐의 법칙 학습과제

과제 1. 지나간 삶을 정직하게 '돌아보기'

(1) 지금까지 내 생각, 성격, 언행, 습관들이 좋은가?
  - 나는 나인 것이 좋다 -

(2) 지금까지 내 생활, 환경, 관계, 문화들이 좋은가?
  - 나는 이대로 사는 것이 싫다 -

(3) 지금까지 내 학습, 선택, 창조, 경험들이 옳은가?
  - 나의 놀이는 의미 있고 즐겁다 -

(4) 지금까지 내가 인정받고 즐거웠던 일은 무엇인가?
  - 선행하고 흐뭇했던 일 -

(5) 지금까지 내가 자책하고 슬퍼했던 일은 무엇인가?
  - 실수하고 후회했던 일 -

(6) 지금까지 내게 충격을 준 인물이나 사건은 무엇인가?
  - 새로워진 전환점의 계기 -

과제 2. 오늘의 삶을 직시하고 '살펴보기'

(1) 하면 할수록 신나고 잘할 수 있는 일은?
  - 자신의 강점 -

(2) 하면 할수록 힘들고 하기 싫은 일은?
  - 자신의 약점 -

(3) 당장 여기서 팔 수 있는 나만의 상품item이 있는가?
  - 자신의 현재가치 -

(4) 장차 비싸게 팔 수 있는 상품이나 브랜드를 준비하고 있는가?
  - 자신의 미래가치 -

(5) 당장 파괴하고 싶은 편견이나 관점paradigm은?
  - 자신의 혁신의지 -

(6) 당장 고치고 싶은 오래된 습관old habits은?
  - 새로운 행동다짐 -

과제 3. 가서볼 삶을 설계하고 '그려보기'

(1) 꼭 갖고 싶은 것은?
   - Wanna-have -

(2) 꼭 하고 싶은 일은?
   - Wanna-do -

(3) 꼭 되고 싶은 사람은?
   - Wanna-be -

(4) 꼭 내가 아니면 할 수 없는 일은?
   - Mission -

(5) 생각만 해도 신나는 꿈, 의도, 비전은?
   - Vision -

(6) 평생 행하고 싶은 창조적 행동원칙은?
   - Code of conduct -

과제 4. 문제나 대상을 정념으로 '바라보기'

(1) 문제나 대상을 판단 분별하고 느끼면?
   - 자기창조가 걱정된다 -

(2) 문제나 대상을 음미 감상하고 느끼면?
   - 자기창조가 아름답다 -

(3) 문제나 대상을 알아보고 주의하고 느끼면?
   - 창조가 이뤄진다 -

(4) 문제나 대상을 미소로서 바라보고 느끼면?
   - 자기창조가 좋아진다 -

(5) 문제나 대상을 무심으로 지켜보고 느끼면?
   - 자기 창조가 사라진다 -

(6) 문제나 대상과 하나 되어 침묵하고 느끼면?
   - 주객을 관조하는 자아마저 사라진다 -

과제 5. 침묵 속에서 의도를 '느껴보기'

(1) 보고 듣고 말하고 부딪치는 것을 멈추고 침묵하려면?
  - 예의를 지킨다 -

(2) 하루 한 시간, 두 시간, 열 시간, 온종일 침묵하려면?
  - 다짐을 챙긴다 -

(3) 자신을 뼛속까지 괴롭히는 상황에 침착하게 대응하려면?
  - 호흡을 고른다 -

(4) 한 달, 일 년, 평생을 화내거나 신경질을 부리지 않으려면?
  - 느낌을 그친다 -

(5) 마음의 평정, 일상의 평온을 누리고 즐기려면?
  - 늘봄이 고맙다 -

(6) 완벽한 고요의 순수 잠재에너지 장에서 의도의 성취를 느끼고 가슴이 뭉클한 경험을 하면?
  - 자기창조가 이뤄진다 -

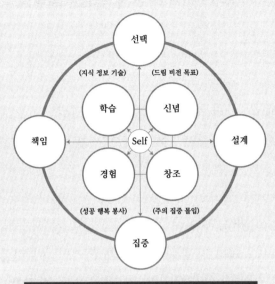

YOUR FUTURES START FROM YOURSELF

제2장·주고받음의 법칙

• • •
1절 자연(自然)의 도(道)와 덕(德)

**자연의 도는 '마주보고 주고받는 것'이고
자연의 덕은 '주고받으며 사랑하는 것'이다.**

"도(道)에서 하나의 기(氣)가 나오고, 그 하나의 기가 다시 둘로 나뉘어져 음과 양이 생기고, 그 둘인 음과 양이 조화를 이뤄 하나가 되니 새로운 화합체가 생긴다. 이 화합체에서 다시 만물이 생겨나오게 된다. 따라서 만물은 자체 안에 음과 양을 상대적으로 업거나 안아서 지니고 있으므로, 음과 양의 두 기운이 저절로 조화로운 하나의 화합체를 이룬다."

"하나님께서 공허하고 혼돈된 궁창을 가르고 빛이 있으라 하시매 빛이 생겼고, 빛과 어둠을 나누고 빛은 낮이라 어둠은 밤이라 하셨다. 저녁이 되고 아침이 되니 하나님께서 보시기에 좋았더라. 그리고 자기의 모양과 형상대로 남자와 여자라는 사람을 창조하고, 생육하고 번성하여 만물을 다스리라고 축복하셨다."

이와 같이 동양의 노자 도덕경이나 서양의 구약 창세기에서는 태초의 음양출현과 천지창조과정을 설명하고 있다. 소박한 옛 사람들이 드러난 자연의 현상을 관찰하고 궁구하여 드러나지 않은 자연의 본질을 쉽게 이해할 수 있도록 가르치고 있다.

음과 양이란 하나에서 발생한 상대성으로 두 개의 힘이다. 우주만물의 삼라만상 어디에나 존재하며 작용한다.

드러나지 않은 것이 드러난 것도 음양의 법도이고, 드러난 이것과 저것이 마주보며 짝을 이루고 주고받는 것도 음양의 법도이다.

음과 양은 어둠과 밝음이다. 그늘진 응달은 음이고, 볕이든 양달은 양이다. 해가진 어두운 밤은 음이고, 해가 뜬 밝은 낮은 양이다. 해가 서산에 떨어지는 저녁은 음이고, 해가 동산에 솟구치는 아침은 양이다. 차갑고 추운 겨울의 수기(水氣)는 음이고, 뜨겁고 더운 여름의 화기(火氣)는 양이다. 음과 양은 지극히 당연한 자연현상으로 '빛과 그림자'와 같은 것이다.

여성적인 것은 음이고, 남성적인 것은 양이다. 약하고 부드러우면 음이고, 강하고 굳세면 양이다. 정적이면 음이고, 동적이면 양이다. 수축하고 닫는 것은 음이고, 팽창하고 여는 것은 양이다.

함몰은 음이고 돌출은 양이다. 소극적이고 부정적이면 음이고, 적극적이고 긍정적이면 양이다. 수동적이고 내성적이면 음이고, 능동적이고 외향적이면 양이다. 방어하고 생각하는 타입은 음이고, 공격하고 행동하는 타입은 양이다. 물처럼 차분하게 흘러내리면 음이고, 불처럼 치열하게 타오르면 양이다.

더 나쁜 것으로 퇴화하다 사라지는 것은 음 기운이고, 더 좋은 것으로 진화하며 새로워지는 것은 양 기운이다.

음과 양은 서로 다르게 작용하고 대립하는 상대성이면서도, 서로 마주보고 짝이 되어 함께하는 동반자의 관계다. 합하면 하나가 되므로 일원성이다. 하나 속의 둘이 음과 양으로 나뉘었다가 다시 본래의 하나가 되기 때문이다.

음(—)과 양(+)이 서로를 머금고 마주 보면 저절로 주고받는 작용에 의하여 무궁한 조화를 일으키니 이것을 역동성이라고 한다.

시간과 공간, 정신계와 물질계, 하늘과 땅, 해와 달, 바다와 육지, 물과 불, 낮과 밤, 더위와 추위, 수컷과 암컷, 강자와 약자, 대소, 장단, 과다, 심천, 후박, 경중, 상하, 좌우, 고저, 내외, 생멸, 이합집산 등 어느 것 하나라도 음과 양의 상대성, 일원성, 역동성을 떠나서 존재하거나 작용하지 않는다.

소우주(小宇宙)라는 우리 인간을 살펴보아도 정신을 대변하는 마음과 물질을 대변하는 몸, 남자와 여자, 어른과 아이, 남편과 아내, 부모와 자식, 들숨과 날숨, 활동과 휴식, 욕망과 절제, 사랑과 미움, 분노와 이해, 아름다움과 더러움, 부지런함과 게으름, 가난과 풍요, 고귀함과 천박함, 괴로움과 즐거움, 좋은 것과 나쁜 것 등 모든 것이 상대성을 지님과 동시에 일원성, 상응성, 역동성을 지니고 있다.

음양이란 천지의 정도이고 만물의 기강이며 조화의 경위다. 변화의 부모요 생살의 시작이며 신명의 본부다.

음양의 상하가 천지(天地)고 좌우가 일월(日月)이며 내외가 수화(水火)이고 순역(順逆)이 흥망이며 정사(正邪)가 수요(壽夭)

이고 선악이 길흉화복이다.

하루의 운행이 아침과 낮, 저녁과 밤이고, 한 해의 변수가 봄과 여름, 가을과 겨울이며 한 평생의 운수가 생로병사다.

동물이든 식물이든 유정물이든 무정물이든 우주에 존재하는 모든 존재나 법칙은 음양 성을 떠나서 홀로 존재할 수 있는 것은 하나도 없다. 드러난 삼라만상이 모두 다 음양성을 지니고 존재하므로, 드러나지 않은 우주지성 또는 자연지성 그 자체도 자체 안에 음양성을 갖추고 존재한다. 음이 있어야 양이 있고 양이 있어야 음이 있다. 음 없으면 양도 없고 양 없으면 음도 없다.

신성(神性)도 음양성이고 진리도 음양성이다.

공자의 위편삼절(韋編三絕)로 유명한 고서 역경의 계사에 나오는 '하나의 음과 하나의 양을 일컬어 도[一陰一陽之謂道]'라고 한다는 말이 진리다.

하나이면서 둘이고 둘이면서 하나인 음과 양이 서로 마주보고 짝이 되어 주고받으면서 사랑하고 변화하는 것은 자연의 덕이다. 현재를 의미 있고 즐거운 삶으로 창조하는 음양의 이법이 '주고받음'의 법칙이므로 마음의 평정과 일상의 풍요를 얻으려면 인간은 지금 여기서 음양의 원리를 깊이 이해하고 '주고받음'의 창조법칙을 배우고 익혀야 한다.

나 여기 있어야 너 거기 있듯이 나와 너는 언제나 상대 없이는 존재할 수 없다. 이것이 음양의 법도다.

서로 다르면서 하나 됨을 지향하고 주고받으면서 사랑하고 성장하며 발전하는 기술을 터득해야 할 것이다.

2절 자연지성의 체 상 용

자연지성의 체는 '태극으로 하나 속에 둘이 갖춰져 있는 것'이고 자연지성의 상은 '음양으로 둘이 짝을 이루고 주고받는 것'이며 자연지성의 용은 '음양의 화합으로 주고받으며 번성하는 것'이다.

동양학에서는 음과 양이 나뉘기 전의 근원을 태극이라고 한다. 서로 마주보고 대립하며 주고받는 가운데 상응하여 화합하는 것이 음양이다. 음양이 서로 마주보고 주고받다가 화합하여 하나가 되는 것은 음 속에도 양의 기운이 양 속에도 음의 기운이 들어있기 때문이다.

서로를 끌어당기고 받아들여 하나가 되는 것은 '태극이라는 하나 속에 음과 양의 두 기운이 갖춰져 있다'가 나뉘었기 때문이다.

이 세상 모든 것은 홀로 하나로 있는 것처럼 보여도 그 이면에는 언제나 음성과 양성이 내재하고 있다.

음성과 양성은 서로 짝을 이루고 주고받는다. 존재가 짝이 없으면 외롭고 서러울 뿐 아니라 주고받을 대상이 없으므로 화합하여 하나가 될 수 있는 사랑놀이를 할 수가 없다. 짝이 없는 존재는 존재이유를 상실하고 저절로 바람결에 흩어지는 먼지처럼 일정 시간이 지나가면 사라지고 만다.

이 우주에는 상생관계이든 상극관계이든 서로 마주보고

상대하여 놀아줄 수 있는 짝이 있어야만 정상적으로 존재할 수가 있다. 이것이 자연의 법도로서 드러나지 않은 자연지성의 체[太極]가 드러난 자연지성의 상[陰과 陽]이다.

우주 만물의 근원인 태극이 음과 양으로 나뉘었다가, 음과 양이 다시 음과 양으로 또다시 나뉘어 변화하니 '양 중에 양은 태양'이요 '양 중에 음은 소음'이고 '음 중에 음은 태음'이고 '음 중에 양은 소양'이다. 이것을 동양의 상수학(象數學)에서는 태극이 음양을 생하고 음양이 사상(四象)을 생하였다고 한다. 동양의 한의학에서는 '사상의 원리'를 응용하여 사상의학 또는 사상체질론 등을 연구하여 질병치료에 활용하고 있다.

사람도 남자와 여자로 나뉘는데 남자라는 양 속의 남자기질인 굳센 면, 거친 면은 '양 중의 양 태양기질'이며, 여자기질인 부드러운 면, 고운 면은 '양 중의 음 소음기질'이다.

여자라는 음 속에도 여자기질인 부드러운 면 고운 면은 '음 중의 음, 태음기질'이며, 남자기질인 굳센 면 거친 면은 '음 중의 양, 소양기질'이다.

남성이라고 남성호르몬만 분비되는 것이 아니라 여성호르몬도 분비되고 있으며 여성 역시 여성호르몬만 분비되는 것이 아니라 남성호르몬도 분비되고 있는 것을 보아도 '양 중에도 음과 양이 있고 음 중에도 음과 양이 있음'을 쉽게 이해할 수가 있다.

우리 인간을 살펴보아도 마음과 몸이 있으며 마음도 선

한 마음, 악한 마음이 있고 몸도 건강한 몸, 병든 몸이 있다.

우리의 삶을 살펴보아도 행복한 삶과 불행한 삶이 있다. 행복한 삶에도 부유하여 행복한 삶이 있고 빈곤해도 행복한 삶이 있다. 불행한 삶에도 풍요롭지만 불행한 삶이 있고 가난하기에 불행한 삶도 있다.

행복한 삶 속에도 불행의 씨앗이 싹틀 수 있고, 불행한 삶 속에도 행복의 씨앗이 싹틀 수 있다.

우주자연의 삼라만상이 모두 이와 같이 음과 양의 이법으로 존재한다. 서로 마주보며 짝을 이루고 있는 이유는 아주 간단하다.

짝이 없는 혼자는 서로 주고받으며 조화와 균형을 이루고 풍요와 번영을 누릴 수 없기 때문이다.

주고받음 하려면 주체와 대상 즉 음과 양, 이것과 저것이 반드시 있어야만 한다. 이것과 저것, 음과 양, 주체와 대상이 서로 주고받음 하는 가운데 상생하고 상극하며 도와주고 견제하며 이해하고 배려하며 자극하고 충동하며 화합하고 변화하며 신생(新生)하는 놀이가 이루어진다.

음과 양이란 서로 함께하는 짝이 없이는 모든 놀이를 즐길 수 없다. 짝이 없으면 '조화의 불꽃'도 일어나지 않는다.

음(−)과 양(+)이 서로 마주하고 주고받음 하면 조화의 불꽃이 일어난다. 이것이 홀로 순수의식으로 자재하던 우주지성, 자연지성이 삼라만상으로 드러난 연유요 천지창조의 이유다. 저절로 그렇게 드러날 수밖에 없었던 것이다. 특이점

(特異點, singularity)이 폭발big bang하여 팽창과 수축을 거듭할 수밖에 없었던 것이다.

무엇보다 중요한 것은 음과 양, 이것과 저것, 주체와 대상이 서로 짝하여 잘 주고 잘 받는 것이다.

우주의 주체인 지금 여기의 당신도 자신과 다르게 생각하고 행동하며 존재하는 모든 대상과 잘 주고 잘 받아야한다.

서로를 존중하고 인정하며 잘 주고받아야 서로 조화균형을 이루고 믿음, 소망, 사랑을 꽃피우며 자유와 평화, 풍요와 번영을 누릴 수 있다. 하고 있는 모든 놀이가 의미 있고 즐거워진다.

모든 존재는 관계 속에서 서로 잘 주고 잘 받으면서 영생을 한다. 우주지성의 의도대로 인간자신이 모든 관계나 놀이에서 잘 주고 잘 받으면 이것과 저것, 주체와 대상의 상호관계가 참되고 선하고 아름답다. 서로가 서로를 사랑하게 된다. 잘 주고 잘 받는 것이 곧 사랑이고 음양의 도덕이다.

사랑은 모든 창조와 진화의 근원이다.

● ● ●
3절 주고받으면 조화의 불꽃이 일어난다

　태초에 공허한 혼돈chaos 상태의 완벽한 고요 속에서 우주지성의 '지극한 사랑의 바람[願]'이 피어난다. 헤아릴 수 없는 시간너머의 공간에서 하나로 크고 둥글게 좁혀지며 얽히고 뭉치니 '하나의 에너지 응집[一陰生氣]'이고, 하나로 크고 둥글게 펼쳐지며 풀리고 움직이니 '하나의 에너지 확산[一陽生氣]'이다.

　하나로 크고 둥근 한울[太極]안에서, 한얼[一陰]기운과 한알[一陽]기운이 서로 주고받는 작용을 계속하면, 저절로 화합작용이 나타나니 이것이 '순수한 사랑놀이'로서 〈조화의 불꽃〉이다.

　우주최초의 조화의 불꽃은 빅뱅big bang으로 드러나지 않던 우주지성이 저절로 그렇게 드러났다. 내면의 염원이 외부의 형상으로 조화의 불꽃이 피어난 것이다.

　음 기운과 양 기운의 주고받음, 응집과 확산, 팽창과 수축 등의 운화[運動變化]작용에 의하여 저절로 우주의 질서cosmos가 생겨난 것이다.

　조화의 불꽃이라는 시작도 없고 마침도 없는[無始無終] 창조와 진화의 놀이가 전개된 것이다. 하나에서 시작하여 하나로 마침[一始一終]하는 놀이는 없다. 모든 놀이는 다 과정으로 '늘'이 있을 뿐이다.

우주의 혼돈chaos과 질서cosmos도 하나로 크고 둥근 태극의 음과 양 기운이다. 응집과 확산, 수축과 팽창, 창조와 파괴, 진화와 도태 등도 음과 양의 운화이다.

모든 존재가 서로 짝이 되어 잘 주고 잘 받으면 조화의 불꽃은 다함이 없이 일어난다.

모든 존재계의 원천이면서 스스로는 물질도 아니고 재료도 아닌 에너지장(場)인 양자 수프quantum soup도 의도하는 한얼에너지와 상응하는 한알에너지의 주고받는 운화작용에 따라 조화의 불꽃을 일으킨다.

양자물리학의 양자 수프quantum soup란 하나의 공성(空性)과도 같이 텅 비어 있으면서도 그 속에 무한한 가능성의 현상이 갖추어져 있는 공간을 말한다.

우주는 그 무엇으로도 될 수 있고 그 무엇도 만들어 낼 수 있는 무한 가능성의 에너지장이다. 사람들이 무어인가를 선택하고 의도하여 간절한 원을 세우는 순간 그 무한한 가능성 중에 하나를 현실로 만들어 낸다.

양자도약에 의해 질병치유는 물론 소망실현, 성장발전, 더 나아가 새로운 발명, 발견 같은 기적이 일이난다. 이것을 양자얽힘quantum entanqlement이라고 한다. 우주의 모든 에너지가 하나의 양자다발로 얽혀 연결되어 있기 때문에 강렬한 염원이나 기도가 그것을 끌어당기면 기적이란 조화의 불꽃이 일어난다.

염원하고 기도하는 의식입자도 파동이고 에너지도 파동

이라 서로 상응하고 리듬 편승하여 공명하면 시공을 초월하여 기적의 불꽃을 일으킨다.

음(—)과 양(+), 이것과 저것, 주체와 대상이 서로 마주 보고 짝을 이루면 저절로 주고받는 작용이 발생하고 새로워지는 조화의 불꽃이 일어난다.

새로워지는 조화의 불꽃놀이는 음과 양이 짝하여 즐기는 놀이다.

그것이 무엇이든 서로 마주보고 주고받으면 나타나는 우주현상이요 음양조화이다.

음과 양이 주고받으면 저절로 화합하는 힘을 '우주지성의 조화력', '자연지성의 유인력', '인간지성의 수용력'이라고 하는데 이와 같은 에너지는 저절로 그럼 하는 에너지[自然力]다.

우주만물 삼라만상은 음과 양, 이것과 저것, 주체와 대상이 마주보고 함께하는 '짝' 관계가 성립되면 서로가 끌어당기고 받아들이는 주고받음의 작용이 나타나고, 더 나아가 조화와 균형을 이루면 조화의 불꽃이 일어난다. 이 같은 현상은 자연스러운 우주질서다.

우주지성과 삼라만상, 은하계와 태양계, 태양과 행성, 지구와 달, 동물과 식물, 양이온과 음이온, 양자와 전자 등도 서로가 마주보고 '짝'이 되어 주고받는 운화놀이를 즐기며 작용한다.

인간이 살고 있는 이 세상이나 한없이 펼쳐진 대우주계의

자연현상이나 한없이 좁혀진 일원자계(一原子界)의 자연현상
이나 다 동일하다. 서로가 짝이 되어 주고받으면 조화의 불
꽃이 일어나기 때문이다.

원자세계의 융합작용, 분자세계의 화학작용, 동식물계의
호환작용, 인간세계의 합화작용 등도 주고받음에 의한 불꽃
놀이다.

나와 당신도 모든 상대적 관계에서 잘 주고 잘 받으면 반
드시 나와 당신이 원하는 뜻대로 조화의 불꽃을 일으키며 생
존하고 번영할 수 있다.

나와 당신도 우리의 의도대로 끌어당기고 받아들이는 사
랑의 창조놀이를 즐길 수 있다. 선택하고 염원하면서 실행하
면 창조놀이가 가능해진다.

서로를 존중하며 잘 주고 잘 받는 것은 아름다운 사랑이다.

4절 인연이 주고받으면 과보가 나타난다

우주만물 삼라만상은 음과 양, 이것과 저것, 주체와 대상의 상대적인 관계다. 서로 인(因)이 되고 연(緣)이 되어 주고받으며 하나가 되고 새로운 것을 창조하는 놀이를 즐긴다.

이것이 인이 되면 저것은 연이 되고, 저것이 인이 되면 이것은 연이 되어 상생하고 상극하며 화합하고 변화한다. 생멸의 놀이를 반복한다.

음이 인이 되면 양은 연이 되고, 양이 인이 되면 음은 연이 된다. 서로 통하는 인연끼리 끌어당기고 받아들이면서 사랑놀이를 계속한다.

이것이란 인은 모든 창조와 진화놀이의 제1 원인이므로 항상 주체가 되고, 저것이란 연은 제2 원인이므로 그의 대상이 된다. 인과 연, 주체와 대상이 잘 주고 잘 받으면 인과 연을 닮아 나온 새로운 그림이란 과(果)가 출현하니 이것을 제3 원인이라고 한다.

제1 직접원인 인을 원신(元神) 또는 '하나'라고 하고 제2 간접원인 연(緣)을 합신(合神) 또는 '두나'라고 하며 제3 신생원인 과를 화신(化神) 또는 '세나'라고 한다. 그리고 그 '하나의 터'를 '한울'이라 하고 '두나의 터'를 '두울'이라고 하며 '세나의 터'는 '세울seoul'이라고도 한다. **우주지성이 자재(自在)하는 한울은 '참나'의 하늘나라[天]요, 자연현상이 운전하는 두울**

은 '나와 너'의 땅 나라[地]이며, 인간의지가 주관하는 세울은 '나와 너 우리들'의 사람나라[人]라고 재야의 한사상가(韓思想家)들은 가르친다.

제1, 제2, 제3 원인이 서로 주고받으면서 다함없는 조화의 불꽃을 일으키는 것을 '인연과보(因緣果報)의 법칙'이라고 한다.

이것이란 제1 직접원인과 저것이란 제2 간접원인이 인이 되고 연이 되어 끌어당기고 받아들이는 주고받음에 의해 새로운 변화가 나타나니 이것을 그럼이란 제3 신생원인 과라고 한다. 이것이 모든 물리나 생리의 기본원리로서 '창조의 기본공식'이 된다. 과(果)라는 그럼은 저절로 그렇게 새로워진다.

원자계의 융합작용, 분자계의 화학작용, 동식물계의 암우수৩ 교환작용, 인간계의 합화작용 등이 다 인연과보라는 창조의 기본공식에 따라 운화하면서 존재하고 번성한다.

'노랑이란 인'이 '빨강이란 연'을 만나 주고받으면 '주황이란 과'가 나타나니 보기에 좋고 아름답다. '노랑이란 인'이 빨강이 아닌 '파랑이란 연'을 선택하여 서로 화합하면 주황이 아닌 '초록이란 과'가 신생하니 이것 역시 보기에 좋고 아름다운 인연과보의 운화(運化)다.

'씨앗이란 인'이 '환경이란 연'을 만나 싹이 트고 자라면 '열매라는 과'가 나타난다. 인과 연의 주고받음의 정도에 따라 좋은 열매가 열리고 나쁜 열매가 열리는 것도 인연과보의 윤화다.

'심(心) 의식이란 인'이 '만(萬) 경계란 연'을 만나 지식하고 선택하여 주고받으면 '선악이란 과'가 생겨나고 그곳에 '즐거움과 괴로움이란 보(報)'가 나타난다.

원자나 분자의 융합이나 화학반응 결합작용 등도 주고받음에 의한 인연과보의 법칙에 따라 무궁한 조화의 불꽃놀이를 한다.

인과 연의 주고받음의 상호작용 정도가 '형체를 결정하는 내부의 질서'가 되므로 무엇보다 중요한 것이 음과 양, 이것과 저것, 주체와 대상이 서로 잘 주고 잘 받는 것이다.

아름답게 빛나는 단단한 다이아몬드나 볼품없이 시커먼 흑연덩어리란 형체는 단순한 '탄소라는 인'이 내부의 '질서라는 연'에 의하여 나타난 결과물이다. 탄소 원자의 배열이나 결합질서를 바꾸면 다이아몬드가 흑연이 될 수도 있고 흑연이 다이아몬드가 될 수도 있다.

모든 물질이나 자연현상도 이와 같이 인과 연, 음과 양, 이것과 저것의 주고받음의 작용정도에 따라 천태만상으로 변화한다. 배움에 있어서도 이와 비슷한 현상이 얼마든지 나타날 수 있으며 사업이나 사랑도 마찬가지다. 인간의 삶도 타인과의 주고받음의 성의 진실 노력정도에 따라 선악과 성패가 갈린다.

이 글을 읽고 있는 당신도 지금 여기서 자신이 의도한 신념대로 잘 주고 잘 받으면 선인(善因) 선연(善緣) 선과(善果) 선보(善報)를 누리고 즐기게 된다. 그러나 주고받음의 원칙과 질서가 무너지면 보기에 추하고 나쁜 악인(惡因) 악연(惡緣) 악과(惡果) 악보(惡報)의 고통이 따르게 된다.

주체 인(因: 第一直接原因)이 무조건의 사랑을 주고 연을 끌어당기면, 대상 연(緣: 第二間接原因)은 진심으로 감사하면서 인이 주는 사랑을 받아들이고 응답한다. 인과 연이 서로 사랑과 감사를 주고받으며 화합하면 새로운 과(果: 第三新生原因)가 인과 연을 닮아 나온다.

새로운 과는 '아름다운 대상'으로 사랑을 준 근원의 주체에게 기쁨으로 보답한다. 주체는 자신을 닮아 나온 대상을 바라보는 것이 기쁘다.

그 대상을 통하여 자기 자신의 존재이유와 영원성을 발견한다. 동질성을 확인하고 감동한다. 닮아 나온 대상과 함께 놀이를 즐기면서 자신의 전부를 주고 또 준다. 자신의 생명이 다할 때까지 주고 또 준다.

'충분히 좋은 엄마의 행복'도 자기를 닮아 나온 아들딸에게 자신의 전부를 주고 또 주면서 느끼는 행복인 것이다. 이것이 선인, 선연이 주고받으며 지음하고 받는 선과, 선보의 순환원리다.

주면서도 충분히 행복하다. 주면 줄수록 더 행복하다.

노랑[因]과 파랑[緣]은 닮아 나온 초록[果]의 아름다움[報]을 보고 좋아하는 것이다. 아버지[因]와 어머니[緣]는 자신들을 닮아 나온 자식[果]의 아름다운 모습[報]을 보고 하염없이 좋아서 은애하고 또 은애한다.

자신들[果]의 조상[因]과 부모[緣]에게 효도[報]로 보은(報恩)하고 감사하며 또 감사하는 것이 인간의 도리다. 인간답게 사는 바른 길이다.

과와 보는 인과 연이 주고받음 하는 의도요 목적이며 선(善)이다. 주고받음의 작용 정도에 따라 나타나는 과보의 차이는 엄청나게 크다.

주고받음의 조화와 균형, 때[時間]와 곳[空間]의 선택에 따라 과보가 다르다.

선인선과는 평온한 가운데 느끼는 즐거움이고 악인악과는 불안한 가운데 느끼는 괴로움이다. 평소에 '마음에는 평화'가 차오르고 '얼굴에는 미소'가 피어나는 삶을 사는 것이 매우 중요하다.

인연과보의 출발자리는 상호존중, 무조건의 사랑, 완벽한 고요, 순수한 기쁨, 온전한 행복을 머금은 우주지성의 태극(太極)자리다. 하나[空]이면서 둘[色]을 머금은 크고 둥근 근원의 자리가 인연과보의 시작점이다. 누구나 정념(正念)으로 명상(瞑想)하면 훤히 알고 느낄 수 있는 자리이다.

앞으로 오는 세상에서 '깨달음'은 특정 종교인이나 수행자의 것만이 아니다. 평범한 일반 사람들이 의도하고 마음을 챙기면 쉽게 얻을 수 있는 공부가 될 것이다. 점차 심오한 깨달음의 정보가 인터넷이나 문명매체 등을 통해 자유롭게 공유되고 있고, 인간 저마다의 의식수준이 점점 높아지기 때문이다.

나와 당신의 한 생각, 한마디 말, 한 가지 행위가 다 인이되어 그에 상응하는 연을 만나 과보를 지음한다는 쉽고도 간단한 이치를 아는 것이 삶의 원리를 깨닫는 것이요 인연과보를 아는 것이다.

인연과보를 아는 자는 우주의 질서를 아는 자요, 우주의 질서를 깨달은 자는 인연과보를 깨달은 자다.

나와 당신도 마음을 챙기고 의도하면 의도한 만큼 우주의 질서와 인연과보 원리를 깨닫게 될 것이다.

나와 당신의 한 생각, 한 마디 말, 하나의 행위들이 이웃의 존경을 받으면서 자유와 행복을 누리고 인간답게 살 수 있을 것이다.

● ● ● ●
5절 주고 또 주는 자가 주체요 주도자다

이것이 인이면 저것은 연이 된다. 연으로 있던 저것이 인이 되면 이제까지 인으로 있던 이것은 저절로 연이 된다. 인을 주체라고 하면 연은 그 대상이 되는데 서로 주고받는 관계나 상황이 변하면 인과 연, 주체와 대상의 자리도 저절로 바뀐다.

언제나 주체는 능동적이고 적극적이며 주도적으로 생각하고 행동한다. 창의적으로 선택하고 책임을 진다. 대상은 주도적이거나 창의적이지 못하고 소극적이며 수동적이다.

이 우주의 모든 존재나 법칙은 음과 양, 인과 연, 주체와 대상의 관계인데 자연현상은 한 순간, 한 찰나도 쉬지 않고 운동하며 변화한다.

이것과 저것의 역할이나 파워도 운동의 차이나 환경의 변화에 따라서 얼마든지 바뀔 수 있다.

때와 장소에 따라 누가 주도하느냐에 따라 주체가 대상이 될 수도 있고 대상이 주체가 될 수도 있다.

시간의 흐름 속에서 절대적인 음과 양, 인과 연, 주체와 대상은 없다. 모든 놀이를 주도하고 책임질 수 있는 주체 인이 되는 방법은 매우 쉽고 간단하다.

주체는 주고 또 주는 쪽이다. 주는 자가 주체 인이 된다.

대상은 받고 또 받는 쪽이다. 받는 자는 대상 연이 된다.

누구든지 주체 인이 되면 〈자기가 원하는 뜻대로 이루는 놀이〉를 주도한다. 주겠다는 의도와 신념으로 생각하고 행동하는 사람은 반드시 자신의 사업이나 자신이 속한 조직을 주도적으로 혁신하고 성장 발전시키며 관리한다. 비록 대상의 자리 연일지라도 자기의 사업과 조직에 사랑과 희망, 믿음을 주고 좋은 성과를 올리면서 사업과 조직을 주도적으로 성장 발전시키면 저절로 주체의 자리 인으로 오르게 된다. 주도적인 리더가 될 수 있다.

그가 주체의 자리 인일지라도 탐욕과 집착, 강압과 독선, 타성에 젖어 자기의 사업과 조직을 갑(甲)질이나 하면서 비효율적으로 운영하면서 눈앞의 이익만 챙기면 저절로 대상의 자리 연으로 전락하게 된다. 세상이 그를 도태시키게 된다.

주체의 자리에서 모든 놀이를 주도하는 자는 자기의 모든 열정과 능력을 자기와 함께하는 대상에게 주고 또 주는 자다. 공명정대하게 주는 자다.

힘 있는 강자이기에 주체가 되고 힘없는 약자이기에 대상이 되는 것은 아니다. 약자라도 진심으로 주고 또 주면 주체가 되고 강자라도 탐심으로 받고 또 받으면 대상으로 추락한다.

학벌이 좋고 유식하다고 가진 것이 많다고 지위가 높다고 사업이나 조직이라는 '놀이의 장을 주도하는 주체'가 되고, 학벌이 없고 무식하다고 가진 것이 적다고 지위가 낮다고 '놀이를 추종하는 대상'이 되는 것은 아니다. 가슴 설레며 출근하고 성을 다해 일하면 주체가 되어 부리는 사람이 되고, 마지못해 출근하여 적당히 일하면 퇴출되거나 대상이 되어 부림을 당한다.

고용인인 근로자가 고용주인 사용자보다 회사와 사업을 더 사랑하고 자신의 성심과 능력을 다 바쳐 신지식, 신기술, 신정보를 학습하고 응용하여 회사를 성장 발전시키고 혁신시키면 그 회사의 주체는 그 근로자가 되고 그 회사의 경영을 책임질 날이 온다.

배움에 있어서 배우는 학생이 대상이고 가르치는 선생이 주체가 되는 것이 원칙이다. 그렇지만 배우는 학생의 열성이 오히려 주는 입장이면 가르치는 선생이 대상이고 학생이 주체가 된다.

학생이 한 뜻으로 마음을 모으고 선생의 의도와 신념, 지식과 기술, 정보를 알아주고, 들어주고, 믿어주고, 하나 되어 끌어당기면 배움터의 주체는 학생이 된다. 가르치는 선생은 대상으로 지식과 기술, 정보를 돈 받고 전하는 전달자에 불과하다.

선생이 진심으로 자신의 지식과 정보, 신념과 경험을 학생에게 사랑으로 주고 희망으로 주고 믿음으로 주고 모범적인 행동으로 보여주면 배움터의 주체는 당연히 가르치는 선생이 된다. 선생의 지식과 정보, 신념과 경험을 배우고 익히는 학생은 그 선생의 대상이 된다.

선생과 학생이 인과 연, 주체와 대상이 되어 서로 잘 주

고 잘 받으면 '선생을 닮아 나온 학생의 새로워진 모습'이 과보로 나타나게 되니 가르친 선생이 보기에 좋다. 선하다. 기쁘다.

그 배움의 전통과 역사는 무궁한 조화의 불꽃을 일으키며 오래도록 계승될 것이다.

선생이 잘 주고 학생이 잘 받지 못하면, 선생과 학생은 '형식에 치우친 경제관계인'에 불과하다.

무조건 선생이 주체고 학생이 대상이던 세상은 오래전에 사라진 옛일이다. 오늘날은 누가 더 주는 입장에서 학습을 주도하느냐가 주체가 되고 대상이 되는 세상이 되었다. 그것보다 더 중요한 것은 가르치는 선생과 배우는 학생이 잘 주고 잘 받아 하나가 되어 새로워지는 것이다.

노랑이란 선생과 파랑이란 학생이 초록으로 새로워지는 것이다. 새로운 패러다임의 학설을 펼치는 것이다. 좋은 열매가 열리는 것이다. 그것이 모두가 보기에 좋고 아름다운 배움의 인연과보 현상이요 배움의 선순환이다.

'주면 줄수록 복이 자라고 덕이 쌓여서 공을 이루게 되는 것'이 주고받음의 법칙에 의한 인연과보의 원리다.

드러나지 않은 것이 드러나고 〈드러난 것이 새로워지는 우주도덕의 원칙은 다함없이 주는 것〉이었다.

줌giving으로서 바람[願]이 피어나고 저절로 받는 대상이 나타난다. 무궁한 창조놀이를 주도하게 된다. 주는 자가 놀

이를 주도하게 되고 그 놀이를 책임지게 되는 것이 자연의 법도다.

지금 여기서 내면의 열정과 비전을 깨우고 '주는 삶'을 살겠다고 결심하면 생각과 행동이 달라질 것이다.

자나 깨나 원칙과 규율을 지키면서 성심을 다해 자신의 몸을 사랑하고, 가족을 사랑해 주어라! 직장을 위하고, 나라와 이웃을 위해 사랑의 열정과 창조에너지를 주고 또 주어라!

자신의 몸과 가족, 직장, 나라와 이웃을 사랑으로 주도하고 책임지는 주체 자가 저절로 되어 있을 것이다.

•••
6절 잘 주고 잘 받는 것이 선이다

하나가 둘로 나뉘어 서로 음과 양, 인과 연, 주체와 대상이 되어 주고받으면 화합하여 셋이 된다. 이것은 자연스러운 현상이다. 이와 같은 운화과정을 인연과(因緣果)의 윤회법이라고 하고 정반합(正反合)의 변증법이라고도 한다. 혹자는 정분합(正分合)의 법칙이라고도 가르친다.

존재가 관계 속에서 생존하고 번영하려면 이와 같은 삼 단계 운화과정의 반복이 필수과정으로 연속되어야 한다.

하나[一]를 닮아 나온 것이 두나[二]이고 서로 마주 보고 주고받다가 화합하여 하나 됨이 세나[三]로서 이것이란 인과 저것이란 연을 닮아 나온 그럼이란 과(果)다. 하나의 절대 계가 둘, 셋이라는 상대 계를 연기(緣起)하는 기본법칙이다.

세나는 '하나와 두나' 즉 '인과 연', '나와 너'를 '닮아 나온 것'이지만 하나와 두나보다 더 나은, 더 좋은 존재다. 새로워진 존재다.

하나 인은 두나 연을, 두나 연은 세나 과를 바라보고 아름답다고 서로서로 '좋아하는 것'이다. 좋아하고 기뻐하는 그것이 보다.

이 세상에 가장 '아름다운 것'은 '자기를 닮아 나온 것'이고 자기를 닮아 나온 것은 '자기보다 더 새로워진 것'이다.

세나의 모든 것은 하나와 두나의 모든 것이 그대로 세나에게 전수되었기 때문이다. 어떤 경우든 세나는 하나와 두나를 닮아 나온 것으로서 과(果)다.

하나와 두나의 주고받음에 따라 세나의 선악이 나타나므로 이것과 저것이란 '하나와 두나' '나와 너'가 서로 잘 주고 잘 받으면 좋은 세나가 나타난다. 세나란 과는 우리요 우리라는 집단이다.

잘 주고 잘 받지 못하면 나쁜 세나가 나타난다.

하나와 두나의 주고받음의 정도가 세나를 닮아나게 하는 원동력이 된다.

음과 양, 인과 연, 주체와 대상이 서로 마주하고 주고받는 꿈, 의도, 신념, 학습, 선택, 주의집중, 열정과 사랑의 정도가 세나의 모습을 결정짓는다. 주고받는 사랑의 정도에 따라 세나가 흑연이 될 수도 있고 다이아몬드가 될 수도 있다.

세나는 나의 자식이 될 수 있고, 작품이 될 수 있으며 나의 세상이 될 수 있다.

완벽한 고요, 온전한 행복, 순수한 기쁨으로 무한 잠재가능성을 지니고 함이 없이 능히 하는 모든 의식과 에너지의 근원인 우주지성이, 주고받는 두나를 출현시킨 최초의 하나이다. 두나 역시 하나를 닮아 나왔으나 새로운 것이기에 아름답다. 더 새로워지는 방법이 잘 주고 잘 받는 것으로서 세나를 출현시키는 것이다.

하나보다 두나가, 두나보다 세나가 닮아나되 더 새로워져야 아름답고 보기에 좋은 것이다.

하나든 두나든 세나든 서로 인이 되고 연이 되어 잘 주고

잘 받으면 그곳에 선(善)이 피어난다. **아름답고 보기에 좋은 과보다.**

나와 당신도 지금 여기서 모든 관계와의 관계 맺음에서 잘 주고 잘 받는 것이 가장 중요한 선행이요 행복이다. 존재의 가치실현이다. 하나와 두나, 세나가 다 하나 되는 길이다. 셋이 하나고 하나가 셋이다.

나와 당신이 관계된 가정과 사회에서, 배움터와 일터에서 잘 주고 잘 받으면 선인(善人)의 삶이 된다. 의미 있고 즐거운 삶이 된다. 이유여하를 불문하고 잘 주고 잘 받지 못하면, 점차 자신 스스로 악인 아닌 악인이 되고 죄인 아닌 죄인이 된다. 삶이 점차 고립되고 의미가 없고 괴로워지기 때문이다.

나와 당신이 잘 주고 잘 받으면 성공한 사람이 된다. 잘 주고 잘 받지 못하면 실패한 사람이 된다. 이와 같이 나와 당신의 모든 것은 자신의 주고받음이란 '함'이 좌우한다.

나와 당신의 모든 것은 자신으로부터 시작되고 마침 한다.

신뢰받고 싶으면 신뢰하고 인정받고 싶으면 인정하는 것이 주고받음의 창조놀이다. 성경 신약에서도 너희가 대접받고 싶으면 이웃을 먼저 대접하라고 가르쳤다.

부자로 풍요를 누리고 싶으면 자신의 조직과 이웃이 부자가 되어 풍요를 누릴 수 있도록 도와주어라! 그 과정에서 자신은 저절로 부자가 되어 풍요를 누리게 될 것이다. 이것이 잘 주고 잘 받는 상호작용의 창조놀이요 인과법칙의 비밀이다.

잘 주고 잘 받는 것이 선(善)이다. 아름다운 선인으로 우주자연에 가득찬 복을 챙기려면 먼저 잘 주어야한다.

잘 주면 줄수록 더 큰 복을 받는 것이 자연의 법칙이다.

주고받음은 음양의 법도이고 자연현상의 기본원칙이므로 세상만사는 주고받음의 정도에 따라 길흉화복이 나타난다.

스스로 주고 또 주는 삶을 살면 복덕을 짓게 되므로 저절로 풍요의 에너지가 모여 든다. 세월이 흐르면 저절로 부자가 된다.

풍요로운 삶을 이웃과 더불어 나누며 즐기게 된다.

생활이 어렵고 가난하다고 받고 또 받는 옹졸한 삶을 살면, 저절로 복덕을 덜게 되므로 결핍의 에너지가 모여 들고 세월이 흐를수록 가난해진다. 항상 궁핍한 삶을 살면서 자신의 어려운 현실을 남의 탓으로 돌린다. 그럴수록 복은 달아나고 점차 더 궁색한 삶을 살게 된다. 사필귀정이다.

복덕(福德)이 싹트고 자라게 하려면 궁핍한 사람에게 돈을 주고 양식을 주어 구휼하는 일도 필요하지만 그보다 더 중요한 일이 있다. 그것은 모든 이웃에게 마음을 주고, 믿음을 주고, 꿈과 희망을 주고, 용기와 기회를 주고, 사랑과 평화를 주고, 건강과 자유를 주는 일이다. 고기를 잡아 주는 일보다 고기를 잡는 방법을 가르쳐 주는 일이 더 큰 복덕을 짓는 일이다.

지금 여기서 참으로 소중한 시간을 가치 있게 사용하는 방법.

긍정적인 생각을 적극적으로 실천하는 방법.

황금의 씨앗을 심고 가꾸어 풍요를 수확하는 기술.

인생의 진로와 나아갈 길을 셀프 선택하는 기술

현재의 시련과 역경을 이겨내고 성공스토리를 창조하는 기술 등을 스스로 터득하도록 도와주고 가르쳐 주는 것도 복 짓는 일이다.

'스스로 선택하고 책임지는 생활'이 복의 뿌리가 되고 '결핍의 분노를 침묵으로 정화'하고 '주의를 부족의 심리에서 풍요의 심리로 전환'하고 '매사를 감사하는 것'이 복이 시들거나 병들지 않고 잘 자라서 좋은 열매를 맺게 하는 바른길이요, 복 짓는 일이 된다.

자신의 가난과 불행을 남의 탓으로 돌리고, 부모나 남을 원망하고 험담하는 사람. 매사를 부정적인 생각으로 바라보고 세상의 호의를 배척하는 사람. 의도를 계획하고도 끝까지 실행하지 않고 중도에 포기하는 사람. 남을 사랑으로 인도하지 않고 무시하며 비난하는 사람은 복을 더는 사람이다.

극단적인 이기주의에 빠져들거나 소극적인 행동으로 자신과 세상을 불신하는 사람. 사사건건 비판하는 불평분자도 복을 더는 사람이다..

안일한 생각과 타성에 젖어 고생과 시련을 두려워하고 힘든 일은 미리 회피하는 사람. 철저하게 게으른 사람. 일을 두려워하거나 미루는 사람. 이것은 아닌데? 하면서도 잘못된 길을 계속 가고 있는 사람.

남은 안중에 없고 자신만 잘 살겠다는 한탕주의 사람들은 다 복을 짓는 것이 아니라 복을 더는 사람들이다. 점차 가난해지고 괴로워지게 된다.

주기를 싫어하면서 부정한 것까지 받기를 좋아하고, 수고 없이 받은 것을 자기 것으로 착각하고 화려한 삶을 사는 사람은 비록 지금은 권력자고 대부호라 할지라도 점차 복이 고갈되고 화가 자라서 마침내 감당하기 어려운 비극과 가난의 결핍을 처절하게 경험하게 될 것이다.

복은 주는 수고로움 즉 노력이 따라야 얻어진다. 마음이 선량하고 순수하고 진솔하다고 오복(五福)이 저절로 굴러오는 법은 없다.

언제나 주고 또 주는 수고, 하고 또 하는 노력, 꿈꾸고 또 꿈꾸는 비전, 배우고 또 배우는 학습, 참고 또 참는 인욕, 가고 또 가는 정진, 믿고 또 믿는 신념, 살피고 또 살피는 성찰, 지키고 또 지키는 규율, 칠전팔기(七顚八起)의 도전정신, 만들고 또 만드는 발명정신 등의 열정에너지가 복을 짓고 복을 자라게 한다.

복이 자라면 덕이 쌓이므로 공을 저절로 이루어지게 된다.

즐거움이 따르게 된다. 주고 또 줄수록 복이 자라므로 저절로 부유해진다.

덕을 잃고 화가 자라면 허물이 따르고 괴로움을 당하게 된다.

받고 갚지 않으면 화가 자라 가난해진다. 이것이 주고받음의 법칙이고 인연과보의 창조원리다. 자작자수하는 업보요 인과응보다.

사람은 누구나 받기를 좋아한다. 받으려면 먼저 주어야 한다.

주지 않으면 받을 수 없다. 주지 않고도 받는 경우가 있는데 이것은 정당한 거래가 아니다. 반드시 받은 것 이상으로 되갚아야 하는 빚이다. 자연의 법칙은 주고받음이 원칙이기 때문이다.

주고받음의 놀이에는 재미있는 여러 가지 현상이 발생한다. 다섯을 주고 다섯을 받으면 복덕이 없지만, 다섯을 주고 또 다섯을 주고도 주었다는 사실을 잊고 때를 기다리면 스물다섯을 받기도 한다. 주고 또 주고 계속 주면 줄수록 복은 자라고 커져서 360° 원형으로 주면 무한대의 공덕으로 그가 받을 복이 다함이 없다.

다섯을 받고 다섯을 갚으면 화근(禍根)은 없으나 다섯을 받고 또 다섯을 받고도 되갚지 않으면 갚아야 할 빚이 열이 아닌 스물다섯이 되기도 한다. 받고 또 받기를 계속 360° 원형으로 받으면 그 화근이 자라고 커져서 천지에 가득하니 결국은 재앙과 고난이 그치지 않는다. 무능한 인간이 되어 스스로 걱정하고 예측한대로 괴로운 나날을 보내게 된다.

주고받음의 인과법칙은 뫼비우스Moebius의 띠처럼 주고 또 주면 복이 되어 선순환으로 되돌아오고, 받고 또 받기만 하면 화가 되어 악순환으로 되돌아온다.

스스로 지어 스스로 받는 업력karma energy의 부메랑 법칙이 곧 주고받음의 인과법칙이기 때문이다.

자신이 지금 여기서 복을 받고 〈마음의 평화와 일상의 풍요를 누리는 삶〉을 즐기려면 평소에 이웃에게 주고 또 주어라! 베풀고 또 베푸는 삶을 살아라! 이웃에게서 하나를 받으면 진심으로 그 받음을 감사하고 또 감사하며 두 배, 세 배로 되돌려주면 반드시 화가 예방되고 복을 받게 된다. 이것이 우주의 질서요 자연지성이며 주고받음의 법칙이다.

잘 주고받음은 나와 너 우리가 하나 됨이다. 서로 원만하게 잘 주고받으면 언제나 내가 너희 안에 있고 너희가 내안에 있으며 우리가 서로 함께 하며 공감하고 공명하며 하나 됨이니 선한 것이다.

••• 7절 관계(關係)의 관계맺음은 아름다워야 한다

모든 존재는 관계 속에 존재한다. 운동하며 존재하는 우주 만물의 역동적인 관계는 물론, 우리 인간의 주고받는 상호관계도 매우 다양하고 복잡하다.

은하계와 태양계, 태양계와 지구, 지구와 여러 행성들의 주고받는 관계와 더불어 우리 인간세상의 국가관계, 사회관계, 사물관계, 너와 나의 접촉관계, 욕망관계 그리고 '주어진 인연' 관계, 새로운 선택을 통하여 '만드는 인연' 관계 등 이것과 저것, 주체와 대상의 주고받는 관계의 관계맺음은 아주 다양하고 복잡하다.

모든 존재나 법칙은 주고받음 하는 관계맺음으로 상호관계의 질서를 유지하고 생존하며 성장하고 진화 발전한다.

주고받음 하는 상호작용의 관계맺음이 우주의 질서요 인간의 인연이며 자연의 창조놀이다. 이것과 저것이 잘 주고 잘 받으면 상호관계의 질서가 조화를 유지하게 된다. 그때 관계증진이 이뤄지고 좋은 관계가 지속되므로 삶이 즐겁다.

잘 주고 잘 받지 못하면 상호관계의 질서가 무너지고 악화되므로 관계청산이 불가피하며 그 삶은 괴로워진다.

지속적으로 아름다운 관계는 잘 주고 잘 받는 상호관계의 질서, 조화, 균형, 상생, 존중, 신뢰, 절제, 공감, 공명에 있다.

우리 모두가 소망하고 간구하는 부와 풍요, 귀와 명예, 수와 건강도 인간의 접촉관계와 의도의 실천관계가 결정한다. 미리 예정되어 타고난 것이 아니다.

지금 여기서 성의를 다한 정심, 정념으로 선택하고 결단하여 집중하고 성취하는 것이다.

인간 내면의 비전과 열정, 양심과 규율이 외부의 환경과 상황, 예법과 접촉하여 나타난 주고받는 관계맺음의 질서, 조화, 균형, 상생, 절제, 공감, 공명 정도에 따라서 그것들을 얻을 수도 있고 잃을 수도 있다. 내 행위에 달려있다.

훤히 알고 능히 하는 지성과 능력을 갖는 것도 자신이 의도한 관계맺음의 정도에 따라 결정된다. 학습하는 것, 선택하는 것, 신념하는 것, 집중하는 것, 책임지는 것도 상호관계의 관계맺음이 좌우한다. 생각하고 행동하는 것도 스스로 주고받는 작용에 따라 나타난다. 이것과 저것이 서로 끌어당기고 받아들이며 누리고 즐기는 '조화의 놀이'도 관계된 것끼리의 주고받음이다.

서로가 잘 주고 잘 받는 아름다운 관계맺음이 창조와 진화, 질서와 생존, 성장과 발전, 자유와 평화, 번식과 번영의 관건이 된다.

상호관계의 관계맺음에는 외로움, 그리움, 기다림, 지켜봄, 노력, 인내, 열정, 열망, 유인, 수용, 지식, 신념 등이 바탕 재료가 되고 필요조건이 된다. 그리고 주고 또 주는 베풂, 위하고 또 위하는 사랑, 지키고 또 지키는 양심, 바라고 또 바라는 염원도 중요하다.

　모든 관계가 좋은 관계로 관계맺음 하려면 진선미를 의도하고 실천해야한다. 이해하고 배려해야한다. 때로는 용서하고 침묵해야 한다.

　서로가 서로를 위하는 관계의 관계맺음에 따라 인간의 삶은 다양한 변화를 보인다. 한 인간의 삶을 결정하는 중요한 척도도 서로가 서로를 위해 어떤 일을 하느냐에 달려 있으며, 의미 있는 인간 삶의 가치 역시 서로를 위해 어떤 일을 했느냐가 중요하다.

　우주만물이 상호작용하는 불가분의 유기적 관계로 질서를 유지하려면 마주 바라보는 주체와 대상이 잘 주고 잘 받으면서 아름다운 관계로 꾸준히 발전을 거듭해야 한다.

　주고받는 이것과 저것, 주체와 대상의 관계에는 부모와 자식, 국가와 국민 같은 '주어진 관계'도 있고 부부나 연인, 친구와 동료 같은 '선택하는 관계'도 있다.

　모든 관계는 서로 잘 주고 잘 받는 것이 원칙이고, 주어진 관계는 순응하고 개선하는 것이 아름다운 것이다.

　선택하는 관계는 의도하고 결단하는 것이 중요하다. 주어진 관계는 대상을 감사하며 받아들이고 적극적으로 주고받으며 주도적으로 개선하고 성장 발전시켜 나가야 한다.

　국가는 국민을 공명정대하게 보호하고 통제하며 생존과 복지를 제공하고, 국민은 국가에 충성하고 생업에 충실하며 주어진 의무를 다하고 권리를 주장해야 한다.

부모는 자신을 닮아 나온 자식을 마땅히 사랑하고 보살피며 홀로서기를 가르치고 매사를 솔선수범해야 한다. 그때 그 자식은 부모에게 효도하고 기쁨을 드리며 부모가 걱정하지 않도록 행동하며 자립의 길을 간다.

'선택하는 관계'는 대상을 자신의 자유의지가 선택해야 하므로 신중한 지혜가 필요하다. 자신의 선택을 자신이 책임져야 하기 때문이다.

'선택의 지혜'는 깨어 있는 의식으로 대상을 살펴보고 잠재된 현실을 멀리까지 읽고 깊이 생각해 본 다음에 서로가 존중하고 공감하는 문화와 대화의 소통이 원만하여 신뢰할 수 있을 때 내리는 결단이다.

행복을 위한 소중한 관계 선택은 〈한 사람의 사랑하는 연인 배우자〉와 〈세 사람 정도의 좋아하는 지기 친구〉라면 최선이다.

한 사람의 사랑하는 배우자와 세 사람 정도의 좋은 친구가 있는 사람은 아름다운 관계맺음에 성공한 사람이다. 행복할 수 있는 좋은 조건을 갖춘 사람이다.

한사람의 연인[배우자]은 모든 정보와 에너지를 잘 주고 잘 받을 수 있는 사랑과 창조놀이의 기본상대가 되고, 삼인 이상의 친구[知己]는 모든 창조와 진화놀이의 집단지성을 구성할 수 있는 기본기대(基本基臺)가 된다.

일(一)과 삼(三)은 개체[一]와 전체[三]를 관통하고 아우른다.

젊은 날에 평생을 함께 공명하고 공감하며 공생할 수 있는 한 사람의 배우자와 세 사람 이상의 친구를 선택하여 좋은 관계맺음을 유지하는 것이 무엇보다 소중하다.

서로를 인정하고 칭찬하며 은애하고 축복함으로써 서로에게 활력을 주고 신념을 주고 용기를 줄 수 있는 〈사랑하는 연인과 좋아하는 친구〉를 얻은 것은 천하를 얻은 것과 다를 바 없다.

그의 삶은 의미 있고 즐겁다. 의도하면 언제나 성공하고 행복할 수 있는 좋은 조건을 이미 갖추고 있기 때문이다. 언제나 외롭지 않다. 그 역시 쉬울 것 같아도 쉬운 일은 아니다.

서로가 고락을 함께하고 애환을 나눌 수 있기에 삶이 외롭고 허전하지 않으며 세월의 짐이 무겁지 않고 가볍다. 기분 좋게 살 수 있다.

세상의 수많은 사람들이 문득 외롭고 심심하고 허전하면 짜증을 내고 슬퍼한다. 때로는 외로움과 그리움이 사무치면 엉뚱한 게임이나 쾌락을 추구하다가 일탈의 실수를 범한다. 그리고 돌이킬 수 없는 과오를 저지르고 평생을 후회하는 삶을 살기도 한다.

자신 스스로가 평생을 동반할 수 있고 사랑하며 감사할 수 있는 한 사람의 배우자와 진심으로 위하며 함께 걸어갈 수 있는 세 사람 정도의 친구를 선택하기 위해 마음을 모으고 소망하고 간구하라! 지성이면 감천이다.

성실하게 언행일치하는 삶을 살면서 간절히 염원하면 성공과 행복을 창조하고 실패와 불행을 예방해줄 수 있는 '좋

은 임과 좋은 벗'을 만나 애환을 함께 나눌 수 있을 것이다.

사랑을 주고 아름다움을 느끼면서 새로워지는 아름다운 인생살이를 동반자로서 지속적으로 주고 또 주는 삶을 즐기게 될 것이다.

●●●
8절 축복하여 주는 자가 축복을 받는다

인간의 마음과 몸은 우주지성과 역동적으로 주고받는 상호작용을 한 순간 한 찰나도 멈추지 않고 계속하고 있다.

우주지성이 인이면 인간은 연이 되고 인간이 인이면 우주지성이 연이 되어 상호작용을 한다.

훤히 알고 능히 하는 우주지성의 정보와 에너지를 인간도 자유자재로 사용할 수 있다. 이 우주에 가득 차 있는 모든 정보와 에너지를 얼마든지 사용하여 새로워지는 놀이를 즐길 수 있다.

우주지성을 닮아 나온 인간이 우주지성보다 참되고 선하고 아름다운 존재로 새로워지기 위해서는 우주의 정보와 에너지가 잘 흐르도록 지속적으로 반복적으로 순환시켜줘야 한다. 정보와 에너지가 흐르지 않고 정체되면 피가 흐르지 않는 사람처럼 죽음에 이르게 된다. 모든 것이 사라지고 만다.

우주의 정보와 에너지가 잘 흐르면 우리 인간은 정신적 평화와 물질적 풍요를 누리며 삶을 감사하고 슬기게 된다.

인간이 의도하지 않아도 우주의 정보와 에너지는 흐른다. 운동하고 변화하는 자연지성에 의해 자연스럽게 흐른다. 우주만물 삼라만상 모두에게 공평하게 흐른다.

우주만물의 공생과 번영을 주관하는 인간이 우주의 정보

와 에너지의 선순환을 주도하는 것이 당연하다.

우주의 정보와 에너지의 흐름을 더 좋은 방향으로 흐르도록 주도하는 것이 만물의 주체인 인간의 의무요 권리다.

우주만물과 인간의 공생과 번영, 평화와 풍요를 가져올 수 있는 선순환의 흐름을 주도할 수 있는 방법은 현재를 창조하는 주고받음의 법칙을 깊이 이해하고 선용하는 다음의 두 가지 방법이 있다.

첫째는 '머무름이 없이 주고 또 주는 것[無住相 布施]'이다.

무조건의 사랑으로 주고, 진심으로 우러나서 주고, 상대를 위해주는 것이 기뻐서 준다. 그때 우주의 풍요로운 에너지가 인간의 삶 속으로 흐르게 되므로 우주의 다함없는 은혜를 받고 또 받게 된다.

주고 주었다는 이기적 생각에 머무르면 받아야 되겠다는 애착이 생기고 대가를 기대하게 된다. 상대가 기대치에 부응하지 못하면 서운한 생각, 아까운 마음이 자라서 원망과 분노를 키우게 된다.

사랑으로 주고도 미움이란 괴로움을 자초하게 된다. 언제나 줄 바에는 '주었다는 사실에 머무름이 없이 주어야 잘 주는 것'이다.

주고 주었다는 사실에 머무르면 복을 짓고 덕을 쌓는 선행을 한 것이 아니고 화를 부르고 고통을 겪는 악행을 저지른 결과가 된다.

주고도 우주자연의 생명정보와 풍요에너지의 흐름을 차

단하게 된다. 주는 것이 즐겁고 자연스러운 사람은 우주의 풍요와 번영 에너지가 잘 흐르게 되므로 부족함이 없이 넉넉하고 여유로운 삶을 누리게 된다. 언제나 주고받음이 자유롭고 행복하다.

둘째는 '관계된 모두를 축복하고 또 축복하는 것'이다.
먼저 자신을 인정하고 칭찬하고 축복하고 사랑하는 것이다. 자신의 지난 잘못은 참회하고 현재 욕망은 절제하며 자신의 좋은 면을 사랑하고 축복하는 것이다.

다음은 이웃을 인정하고 협력하고 축복하는 것이다. 이웃의 허물은 덮어주고 탓하지 않으며 이웃의 좋은 면을 찾아내어 사랑하고 축복하는 것이다.
더 나아가 자연을 인정하고 수용하고 축복하는 것이다. 자연의 정보와 에너지를 주의하고 학습하며 자연의 순환을 감상하고 사랑하며 축복하는 것이다.
창조의 도구인 생각과 언어와 행동으로서 자신과 관계된 모두를 축복하고 또 축복하는 것이다. 진심으로 축원하고 또 축도하여 주는 것이다.
스스로의 삶을 온갖 좋은 것으로 축복받고 싶거든 세상에 있는 온갖 좋은 것으로 자신과 이웃과 자연을 축복하고 또 축복해 주라! 생각으로 축복해 주어도 좋고 말씀으로 축복해 주어도 좋으며 행동으로 축복해 주어도 좋다.

지금 여기에 존재하는 모든 존재나 운동하고 변화하는 모든 현상을 분석하고 축소해 보면, 그 모두가 다 순수의식세계의 의식에너지 다발들이요 정보와 에너지의 주고받음에 의해 얽힌 결합들이다. 그러므로 **내가 원하는 것을 먼저 남에게 축복하여 주면 자연지성의 정보와 에너지를 내 안에서 흐르게 하는 의식작용이 나타난다.** 내가 원하는 것을 자동으로 얻게 된다.

이와 반대로 남을 원망하고, 폄하하고, 혐오하고, 저주하면 그대로 되돌려 받게 된다. 지나친 의심과 분노와 걱정도 저주의 에너지로 상호작용하므로 갈등과 분쟁과 파멸을 가져오는 원인이 된다.

자신의 허물을 보지 못하고 남의 허물을 꼬집어 흉보고 또 흉보는 습성이 있는 사람은, 그 삶이 고단하고 점차 세월이 흐를수록 가난해진다. 흉보는 일은 복을 삭감하는 행위다. 흉보지 않고 칭찬하며 〈축복을 즐기는 사람〉은 그 삶이 넉넉하고 점차 부유해진다. 이것을 업력의 부메랑 법칙이라고 한다.

자신이 자신과 이웃과 자연을 인정하고, 진정으로 사랑하고, 축복하는 삶을 꾸준히 살면 자기 자신도 모르게 이웃과 자연의 축복을 받아 부와 풍요를 누리는 사람이 된다. 조화의 주인공이 될 것이다.

남을 축복하여 주는 사람이 축복을 받는다.

남을 존중하여 주는 사람이 존중을 받는다.

9절 대인과 소인의 인생관

　세상에는 받기를 좋아하는 소인과 주기를 좋아하는 대인이 있다.

　소인은 자기와 자기편의 이익만을 탐하고 대인은 이웃과 더불어 애환을 나눈다. 사람이 우주자연의 도덕을 학습하고, 주고받음의 이치를 깨치어 교양과 인격자산을 갖추게 되면, 모름지기 자기편과 상대편을 똑 같이 위하게 된다. 관계 속에 존재하는 인간은 모두가 평등하기 때문이다.

　대인은 마음을 다하여 남을 상대한다. 언제나 명랑하고 친절하며 온유하고 겸손하다. 이웃을 먼저 생각하고 배려한다. 사소한 약속도 반드시 지킨다. 언행이 일치한 사람이다.

　소인은 마음을 감추고 남을 상대한다. 언제나 의심하고 불평하며 기만하고 교만하다. 이웃을 이해관계로 먼저 분별하고 이용하려고 한다. 분명한 약속도 미루고 어긴다. 언행이 상반된 사람들이다.

　대인은 주도적으로 외부의 자극에 반응한다. 상대방 입장을 먼저 이해하고 문제를 다룬다. 좋은 생각, 좋은 말, 좋은 일을 즐겨한다. 오래 참고 기다리며 순서를 지킨다. 남을 귀하게 여기고 대접하며 존중한다.

　소인은 대응적으로 외부의 자극에 반응한다. 자신의 입장만 우선 생각하고 문제를 다룬다. 자기 생각, 자기 말, 자기

일만 중시한다. 항상 조급하게 굴며 순서를 어긴다. 남을 가볍게 여기고 무시하며 홀대한다.

대인은 나라에 충성하고 어버이께 효도한다. 언제나 남에게는 관대하고 자신에게는 엄격하다. 누리에 자유와 평화를 심고 가꾼다.

모든 사람이 성공하고 행복하도록 도와준다.

대인은 세상을 밝히고 이웃을 살리는 홍익인간이다.

소인은 언제나 예의와 도리를 저버린 언행을 한다. 남에게는 엄격하고 비판적이며, 자신에게는 관대하고 자신의 잘못을 합리화 하고 변명한다. 충효를 소홀히 하고 어른들에게 무례한 소인배다.

대업을 꿈꾸며 대인의 길을 의도하고 가는 사람은 어려서부터 일거수 일투족을 삼가고 조심한다. 학문하고 격물을 할 때도 선명하게 깨어 있는 의식으로 정시하고 정행한다. 독서를 할 때도 마음을 모으고 심독(心讀)한다. 주고받음의 법칙을 철저하게 공부하고 이행한다. 미래의 업은 스스로 지어 스스로 받는다는 사실을 자각하고 선업을 행한다.

어려서부터 기부하는 것을 생활화한다. 복 짓는 선행의 으뜸이 기부요 보시(布施)라는 것을 배우고 익힌다. 자각시스템을 가동하여 자신의 생각이나 말, 행위를 지켜보고 살피며 알아차리고 챙긴다. 인간관계의 증진을 위해 주고 또 준다. 많은 것을 지닌 사람은 더 많은 것을 내어준다.

대인의 길을 선택하고 가는 사람은 만물이 음과 양의 상대성으로 이뤄졌고, 만물이 음과 양의 역동성으로 변화하고 번성하며, 만물이 저마다 음과 양을 머금고 상응하는 일원성(一圓性)을 지녔다는 이치를 통찰하고 사업을 한다.

음양조화와 인연과보의 자연법칙공부를 게을리 하지 않으며 대업을 진행한다. 의도를 관철하기 위한 손자의 병법이나 귀곡자의 전술이 음양공부의 부산물임을 알고 매사를 취사선택할 줄 아는 것이 대인의 길이다.

먼저 스스로 받아들일 그릇을 만든 다음에 끌어당긴다. 콩 심은데 콩 나고. 팥 심은데 팥 난다는 진실을 믿고 수신(修身)하고 제가(齊家)한다. 어려서부터 제멋대로 내달리는 자신을 달래고 설득하여 현재의 미래를 선택하고, 미래의 현재를 설계하고 실천한다.

과거의 현재를 꾸준히 성찰하고 반성하며 혁신한다.

현재의 미래를 신념하고 집중하여 3%안에 드는 삶을 의도하고 설계하여 현실로 창조하고 경험한다.

대업을 집중하며 대인의 삶을 지향하는 사람은 언제나 〈미래 경영시스템〉을 구축하고 하나하나 현실창조로 연결한다.

젊은 날 주도적으로 의도한 목표나 계획한 대로 실천한다. 짧은 순간의 자투리시간도 허비하지 않는다.

세상의 변화를 읽고 예측하며 분석한다. 미래에 대한 대안 시나리오를 항상 준비한다. 자신과 세상의 가치를 진지하게 추구하고 생각을 키우며 역량을 기른다. Self선택한 목표와 자신의 현재생각, 언어, 행동을 목표에 정합시킨다.

자신이 선택한 목표를 일념으로 집중한다. 일만 시간을 몰입할 줄 안다. 나이가 들수록 목표에 몰입하는 '자기창조시스템' 가동에 충실한 삶을 산다.

자신의 목표가 세상에 유익한가? 무익한가? 혹시라도 세상을 기만하거나 도탄에 빠뜨리지 않는가? 정밀하게 살피며 집중몰입한다.

실익보다 명분이 중요하다. 나보다 남이 더 중요하다.

철저한 준비나 참신한 대안이 없이 어쩌다가 정상에 오른 지도자의 대업은 허망하다. 역사는 잔혹하게 그를 심판하게 될 것이다.

준비한 지도자의 대업은 역사 앞에 부끄럽지 않다.

그대도 대업을 선택하였으면 철저하게 준비하라! 역사 앞에 부끄럽지 않은 지도자로서 정책과 비전에 대한 확신을 갖고 보고 듣고 느끼며 준비하라! 수신제가하고 치국평천하하는 것이 아니다. 치국평천하하기 위해 수신하고 제가하는 것이다.

젊은 날에 SNS나 유투브, 카카오 톡이나 개인 블로그 등에 올리는 단 한 줄의 글과 단 한 장의 사진일지라도 함부로 올리지 않는다. 재미로 장난삼아 올리지 않는다. 미래의 현재를 고려하고 올려야한다.

때가 이르러 인사청문회에 나가도 국민 앞에 당당하게 검증받을 수 있는 지도자는 언제나 삼가고 침묵하며 고행의 길을 간다. 홀로 있을 때나 사소한 가정사라도 삼가고 조심한다. 미래를 침착하고 현명하게 준비한다.

대인(大人)의 길은 대인(大忍)의 길이다. 외롭고 힘든 길이다.
스스로 좋아 대업을 꿈꾸고 대인의 길을 가려고 뜻을 세웠으면 대인(大忍)의 삶을 살아야한다. 대업은 오랜 세월을 참고 기다려야 이뤄지기 때문이다.

세상에는 언제나 반반의 동조자와 반대자가 있다.
그것이 음양의 이법이기 때문이다. 대인(大人)의 가슴은 대인(大仁)으로 만인을 충분히 사랑으로 포용하고 희망과 행복을 줄 수 있어야한다. 어진 사람이 아니면 대인이 될 수 없다.
예의와 지혜로 무장하고 신의로써 동조자를 규합하고 반대자를 설득할 수 있어야한다.

대력(大力)의 뿌리는 오직 대인(大仁)이다. 충분히 좋은 지도자는 어진 지도자라야 한다. 지도자가 어질지 않으면 그를 따르는 추종자나 백성은 불행해진다. 어질고 좋은 지도자에게도 안티anti나 안티 팬은 있다.

인간은 저마다 타고난 적성, 자질, 재능, 취향, 기질 등이 있다. 저마다 주어진 환경, 인연, 성장조건, 현실상황 등이 다르기 때문에, 타고난 선천적 자질, 적성, 취향, 재능대로 인생진로를 확정할 수 없다. 선천적으로 타고난 자질 재능 또한 다면성을 띠고 있으므로 획일적 인생진로를 결정할 수도 없다.

주어진 환경조건 등도 미래현실을 확정하는 요인이 될 수 없다. 어디까지나 타고난 적성이나 주어진 환경 등은 인생진로의 기본정보요 참고자료일 뿐이다. 현명한 선택을 위한 다양한 정보 중의 하나일 뿐이다.

소인은 타고난 적성이나 주어진 환경의 단점, 보편성 내지 어두운 면을 너무 쉽게 수용하고 선택한다. 그리고 자신의 삶을 부정적으로 한계 짓고 제약한다.

새롭게 의도하거나 도전해보지도 않고 미리 포기하는 경우가 많다.

안일한 사고와 타성에 젖어 풍요를 외면하고 결핍을 수용한다.

성장발전을 외면하고 현상유지를 수용한다. 시간이 흐른 뒤에야 현상유지가 퇴보라는 사실을 깨닫게 된다. 그때는 이미 늦어 있다. 때늦은 후회는 자신을 괴롭힐 뿐이다.

대인(大人)은 타고난 자질이나 적성, 재능, 주어진 환경의 장점, 특수성 내지 밝은 면만을 선택한다. 어디까지나 자신의 삶을 긍정적으로 의도하고 설계한다. 자신이 원하는 뜻대로 이뤄진다고 확신하고 도전한다. 타고난 자질과 잠재능력을 계발하며 주어진 열악한 환경을 극복하고 혁신한다. 성공한 사람들의 역사와 인류문명에 기여한 대인들의 삶을 본받아 새로운 대업을 이룬다.

대인은 무엇이든 자신의 의도대로 창조하고 경험한다.

자신이 선택한 의도대로 부와 풍요, 귀와 명예를 현실로 누린다. 언제나 도전하고 모험한다. 성장하고 발전한다. 새로운 모습으로 진화한다.

사람마다 타고난 자질이나 재능. 주어진 환경 등은 있다. 그러나 확정된 자질이나 재능. 정해진 미래는 아무것도 없다. 지금 여기서 스스로 선택하여 만들어가야 할 미래가 있을 뿐이다.

선택을 위한 하나의 정보나 자료가 타고난 적성이나 재능, 주어진 환경이요 가족관계며 성장시절의 여러 가지 조건들이다.

자신의 현실은 자신이 선택한 의도로 설계하고 창조하는 것이다.

스스로 조심(操心)하고 조심(調心)하면 선행이 저절로 쌓이고 복덕이 자라서 빈자의 명운도 부자의 명운이 된다.

언제나 느낌을 그치고[止感], 좋은 뜻을 세워[立志], 배움에 정진하는 삶을 선택하고 근검하라! 풍요로운 삶을 창조하고 경험하는 대인이 되어 원만한 나눔으로 부를 누리게 될 것이다. 축복하는 자로서 이미 나누는 부자다.

스스로 근신(謹身)하고 조신(調身)하면 정신력과 정력이 저절로 쌓이고 절제가 자라서 천박할 사람도 귀인의 자리에 오른다.

사람이 부딪침을 삼가고[禁觸], 새지 않으며[養精] 예의를 지키는 삶을 선택하면 존경받는 삶을 창조하고 경험하는 대인이 되어 청정한 지킴으로 귀를 누리게 될 것이다. 사유하고 절제하는 자만이 귀인이요. 잡담이나 즐기고 도박이나 주색에 빠져 헤매는 자는 빈천해진다.

스스로 소식(小食)하고 조식(調息)하면 청정한 기운이 저절로 쌓이고 목숨이 자라서 요절할 사람도 장수하게 된다.

언제나 호흡을 고르고[調息] 넘치지 않으며[養氣] 심신의 평정을 유지하는 삶을 살면, 자유로운 삶을 창조하고 경험하는 대인이 되어 사랑을 챙기며 수를 누리게 될 것이다.

주의하는 삶이면 장수하게 되고 부주의하면 요절하게 된다.

인간의 부귀빈천과 수요장단은 타고난 명운 탓이 아니라 배움과 심신단련, 그리고 자신이 선택한 인생관의 실천과 생활습관에 따라 결정된다.

◇ 주고받음의 법칙 학습과제

과제 1. 주고받음의 상대성을 '이해하기'

(1) 당신의 호기심과 두려움은 어디에서 오는가?
   - 미지(未知)다 -

(2) 당신은 욕망을 어떻게 절제할 것인가?
   - 윤집궐중(允執厥中) -

(3) 사자와 사슴의 차이와 생존방식은 무엇인가?
   - 처지를 자각(自覺)함이다 -

(4) 당신은 지금 인정받고 칭찬들을 일을 하고 있는가?
   - 아니다. 왜? -

(5) 당신은 지금 한 번 더 생각하고 행동하는가?
   - 자극에 반응하고 산다 -

(6) 당신이 미워하는 사람을 포용하고 화해할 수 있는가?
   - 가슴을 세 번 칠 수 있으면 -

과제 2. 주고받음의 일원성(一圓性)을 '인식하기'

(1) 당신이 지금 여기서 그것과 하나 되는 방법은?
   - 주의다. 그리고 -

(2) 풀 한 잎이 꺾여도 우주전체가 흔들리는 이유는?
   - 하나의 세포가 병들기 시작하면 -

(3) 우리들을 하나로 크고 둥글게 이어주는 끈은?
   - 정(情)과 질서다. 그리고 -

(4) 인의예지가 펼치는 대동일화(大同一和)의 세계는?
   - 인의다 -

(5) 이 세상 마지막까지 모두에게 가장 소중하고 아름다운 것은?
   - 주고받는 짝이다 -

(6) 새로운 것으로 닮아 나온 것이 보기에 좋은 것은?
   - 하나의 두나의 동질성 -

과제 3. 주고받음의 역동성(力動性)을 '주도하기'

(1) 당신은 누구와 무엇을 하며 어떻게 살 것인가?
  - 상상하고 설계하겠다 -

(2) 당신이 지금 여기서 가장 먼저 실행할 일은?
  - 일상의 제일 중대사는 -

(3) 가상현실virtual reality을 의미 있고 즐겁게 사는 방법은?
  - 잘 주고 잘 받는 것! -

(4) 사랑주고 감사받는 삶의 출발점은?
  - 원(願)이다 -

(5) 풍요의 에너지를 바로 챙기는 가장 쉬운 방법은?
  - 축복하고 베푼다 -

(6) 대화하고 소통하는 가장 좋은 방법은?
  - 경청(傾聽)이다 -

과제 4. 주고받음의 놀이터를 '선택하기'

(1) 자아를 계발하는 배움터를 선택하는 지혜는?
- 내가 좋아하고 잘할 수 있는 곳 -

(2) 자아를 성숙시키는 사랑 터를 선택하는 지혜는?
- 선연은 상호 존중과 신뢰와 공감이다 -

(3) 자아를 실현하는 일터를 선택하는 지혜는?
- 비전vision과 열정을 펼치는 곳 -

(4) 격물치지(格物致知)하고 치국평천하(治國平天下)하는 것이 옳은가?
- 아니다. 왜? -

(5) 수신제가(修身齊家)하고 치국평천하(治國平天下)하는 것이 옳은가?
- 아니다. 왜? -

(6) 일의화행(一意化行)할 수 있는 선택의 기준은?
- 하고 싶은 것을 주의함이다 -

과제 5. 주고받음의 신통력(神通力)을 '경험하기'

(1) 부자의 풍요와 빈자의 결핍은 정해진 것인가?
  - 마음의 느낌을 그친다. 그리고 -

(2) 중후한 귀인과 경박한 천인은 정해진 것인가?
  - 몸의 부딪침을 삼간다. 그리고 -

(3) 장수자의 건강과 단명자의 명은 정해진 것인가?
  - 기운의 흐름을 고른다. 그리고 -

(4) 부귀영화를 누리고 살아야 행복한 삶인가?
  - 아니다. 왜? -

(5) 낮은 자리에서 가난하게 살아야 청정한 삶인가?
  - 아니다. 왜? -

(6) 풍요와 존귀, 장수를 축복한 근원에의 보답은?
  - 순수의식의 에너지 흐름을 탄다 -

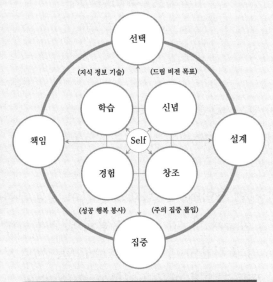

YOUR FUTURES START FROM YOURSELF

제3장·바로챙김의 법칙

1절 인간의 도와 덕

인간의 도는 '나와 세상을 아는 것'이고
인간의 덕은 '아는 만큼 챙기는 것'이다.

하늘과 사람 사이에는 무한대의 공간이 있고 무한량의 시간이 있다. 하늘과 땅 사이에는 사람이 있으며 사람 가운데는 하늘과 땅의 기운이 내재하여 흐르고 있으므로 사람이 우주천지의 모든 기운을 머금고 있다고 볼 수 있다.

사람의 마음은 가없는 우주공간을 자유롭게 오고가며 드나들 수 있고, 사람의 몸은 우주천지의 축소판으로 천지만물의 모든 요소를 갖추어 머금고 끝없는 시간선상에서 생멸을 반복하고 있다.

인간은 소우주다. 이 세상천지의 모든 진리는 '나'라는 인간을 살펴 진지하게 궁구하면 소상하게 알 수가 있다. 도올 김용옥교수의 말처럼 **인간이라는 생물학적 형질조건 속에 우주천지의 모든 진리가 구현되어 있기 때문이다.**

고서에 이르기를,

"사람의 머리는 태양의 상징이요 몸은 땅의 상징이다. 사물을 밝게 보는 두 눈은 하늘의 해와 달이요 인체의 골격은 자연의 쇠와 돌이고 핏줄은 바다와 하천이며 털과 머리카락은 산과 들의 초목을 닮았고 피부는 옥토를 상징한다.

하늘과 땅은 각각 아버지와 어머니를 상징하며 음과 양은 남녀의 차이를 낳고 땅에 다섯 흐름은 오장이 되고, 하늘의 여섯 기후는 육부가 된다.

하늘 기운이 땅에 깃들어 만물을 기르듯 마음이 오장육부 (五臟六腑)**에 깃들어 인체를 다스린다.** 1년 24절후가 있으니 24개의 척추마디(경추7, 흉추12, 요추5)가 있고, 12개월 365일이 있으니 12개의 큰 관절이 있고 365개의 중요 혈이 있다.

1년이 춘하추동 4계절로 운행하듯이 사람도 손과 발 4개로 활발하게 움직이며 살고 있다"라고 하였다.

이와 같이 사람이라는 소우주(小宇宙)가 우주천지의 모든 요소와 원리들을 함축하고 천지만유와 연결되어 팽창과 수축, 운동과 휴식, 창조와 진화, 생멸과 윤회, 흥망과 성쇠를 거듭하고 있다.

다음은 아메리카 인디언인 나바하 부족의 노래다.

"나는 땅 끝까지 가 보았네. 물이 있는 곳 끝까지도 가 보았네. 나는 하늘 끝까지 가 보았네. 산 끝까지도 가 보았네. 하지만 나와 연결되어 있지 않은 것은 하나도 발견할 수 없었네."

어린이의 놀이에 〈레고 장난감〉 맞추기가 있다. 수많은 레고조각들을 맞춰 여러 가지 작품을 만들 수 있는데 레고조각들이 낱개로 흩어져 있으면 특별한 의미가 없지만 서로를 연결하면 훌륭한 작품이 완성된다. 무의미해 보이는 레고조각들이 저마다 특별한 의미를 갖게 된다. 어느 것 하나 없어서는 안 될 소중한 존재이다.

우주와 세상을 구성하는 '나라는 사람' 개개인도 레고조각과 같이 모두의 전체를 벗어난 낱낱의 개체로 흩어지면 아무 쓸모가 없는 인간이 되겠지만 서로서로 연결되어 제 역할을 다하면 의미 있는 세상, 밝은 세상을 만들 수 있다. 나와 연결된 세상과 우주의 모든 것을 바로 알면 바로 챙길 수 있다.

전체의 모든 의미가 개체 하나에도 온전하게 깃들어 있으므로 개체는 전체의 모든 의미를 머금고 전체의 모든 것을 챙기게 된다.

'나'라는 개체 없이는 세상과 우주라는 전체를 구성하거나 완성할 수 없다. 이 세상 모든 사람 개개인은 매우 중요한 사람들이고 이 세상이란 작품을 완성하기 위해 꼭 필요한 존재들이다.

하늘과 땅, 뫼와 들, 사자와 사슴, 나비와 벌레, 바람과 구름, 시냇물과 호수, 흙과 돌, 풀과 나무 그 어느 것 하나라도 나와 서로 긴밀하게 연결되어 있지 않은 것이 없다는 진실을 아는 것이 매우 중요하다.

나와 연결된 세상을 바로 알아차리는 순간 나와 세상을 바로 챙기는 지혜가 열리고 능력이 따른다. 세상과 우주의 모든 것이 나와 연결되어 있고 나를 위해 준비된 것들이므로 내가 원하면 내 의도대로 바로챙김이 당연하다.

그것을 갖겠다고 내가 의도하고 선택하면 그것을 챙기는

놀이를 즐기게 된다. 나의 선택이 세상의 선택이 되고 우주의 선택이 되므로 기분 좋게 챙기는 놀이가 자연스럽다.

부와 풍요, 귀와 명예, 쇼핑, 여행, 학습, 창작, 건강, 발명과 발견 등 그것이 무엇이든 기분 좋게 염원하고 선택하면 저절로 현실에서 경험하게 된다.

인간은 언제나 지금 여기에서 마음을 모으고 '나와 세상'을 알아야한다. 깨어 있는 의식 상태에서 나와 세상을 알아차려야 한다.

'나는 누구인가' 그리고 '누구와 무엇을 하며 어떻게 살 것인가'를 분명하게 알아야 한다.

앎이 사람다운 사람의 삶을 창조하기 때문이다.

사람의 앎이 곧 삶이 되므로 자기인생은 자기의 앎이 창조한 것이다. 실재하는 모든 것을 '그것이다'라고 지각하고 인식하는 것이 앎이다. 앎은 지식이다.

그냥 아는 것[生而知之]도 지식이고,

배워 아는 것[學而知之]도 지식이며,

느껴 아는 것[困而知之]도 지식이다.

DNA에 입력된 정보에 의하여 배고프면 먹고 졸리면 자는 갓난아이의 본능적 행위 등은 그냥 아는 것이고, 지적 호기심과 사회적 제도의 편의에 의하여 배움터에서 교사의 지도로 학습하는 행위 등은 배워 아는 것이다. 세상에 나가 몸소 겪으면서 생존하는 방법을 터득하고 익히는 행위 등은 느껴 아는 것이다. 옛 성인 공자의 가르침이다.

아는 것이 힘이 되고 아는 만큼 세상의 모든 것을 알아차리고 취사선택하여 챙길 수 있다.

현명한 사람들은 더 많은 고급정보를 지식하려고 배움에 많은 시간과 기회비용을 투자한다.

목적을 향해 행동하고 합리적으로 사고하며 환경을 효과적으로 다루면서 자신의 감정을 조절할 수 있는 집합적 능력도 배움을 통해서 얻는다.

앎은 창조의 근원이다. 그 사람의 모든 것은 그 사람의 앎의 정도에 따라 창조된다. 이 세상의 모든 사물도 그 사람이 아는 만큼만 존재한다.

부와 풍요의 크기, 귀와 명예의 높이, 수와 생명의 길이도 앎의 정도에 따라 결정 된다. 아는 만큼 창조하고 챙긴다.

아는 만큼 누리고 즐길 수 있다.

사람의 도리도 앎이 좌우한다. 나라에 충성하고 애국하는 일. 부모에 효도하고 보답하는 일. 가족을 사랑하고 화동하는 일. 어른을 공경하고 존중하는 일. 자연을 이용하고 보호하는 일도 아는 만큼 챙기는 인간의 덕목이다.

알려면 배워야 한다. 배움을 통해 지식한 정보를 활용하여 자신이 소속된 사회의 조직에서 주도적으로 일하는 리더가 되는 것도 앎의 효과다.

그 사람의 현실창조는 그 사람의 앎의 정도에 따라 그 내용을 달리한다. 옛 사람들도 가난이 싫거든 독서하고 학문하라고 하였다. 가난을 대물림하지 않으려고 어려운 생활환경 속에서도 자식을 배움터에 보내 가르쳤던 것이다.

배움터에서 배움에 알맞은 때에 많은 사람들이 이미 경험한 다양한 지식들을 배우고 익히는 것은 의미 있고 즐거운 일이다.

자기의 앎을 토대로 과거의 현재를 성찰하고 혁신하며, 현재의 미래를 예측하고 설계하며, 미래의 현재를 선택하고 집중할 수 있다.

사물은 자신이 아는 만큼 존재하기에 아는 만큼 자신과 세상을 챙기고, 아는 만큼 물질적 풍요와 정신적 평화를 누릴 수 있다.

앎이 창조요 재산이며 또 다른 나의 모습이다.

2절 인간지성의 체 상 용

인간지성의 체는 '우주의식으로 고요한 빔'이고
인간지성의 상은 '현재의식으로 챙기는 앎'이며
인간지성의 용은 '자아의식으로 뜻하는 나'이다.

인간지성의 체(體)란 현재의식의 근원이 되는 우주의식으로 본연의 원상(原象)인 순수의식이고 잠재의식이며 무의식이다.

의식하는 의식 아래의 완벽한 고요로 '빔'이다. 빔은 공(空)이다. 없음에서 시작[無始]한 근원의식으로 하나로 크고 둥근 근원이고 훤히 알고 지켜보며 함이 없이 이뤄내는 고요 속에서 피어나는 마음속의 마음으로 '빔'이다.

'그것이 무엇이다'라고 보고 듣고 부딪쳐 아는 앎을 일으키는 현재의식의 뿌리로서 '생각너머의 느낌'이요 드러나지 않은 '맑은 영혼'으로 '고요한 빔'이다. 빔은 제5의 물질차원으로 영체에너지다. 모든 에너지를 풀어 놓을 수 있는 활동의 장이 빔이다.

순수한 근원의 잠재의식 세계는 '참의 참'이어서 그곳에는 선악이 없고 청탁도 없으며 두터움과 엷음도 없다. 복이나 재앙이 없고 생사의 길고 짧음도 없으며 부귀빈천도 없다. 그저 비었을 뿐이고 고요할 뿐이다. 비어 있기에 그저 깨끗하고 넉넉한 곳으로 무엇이든 다 수용할 수 있다. '보는 자를 보는 빔의 자리'다. 드러나지 않아도 드러난 것을 수용하는 자리다.

　인간지성의 체는 인간의 생각과 지식으로 이해하고 판단하며 탐구할 수 있는 영역이 아니다. 인간적인 지식이나 판단분별을 떠난 곳이고 생각의 범위를 뛰어넘은 곳으로 완벽한 고요 가운데 '느낌으로 느끼는 경계'다.
　느껴지는 그 순간의 환희는 찰나에 불과하지만 그 느낌의 묘용은 천년세월도 능가한다.
　그 '한 순간의 느낌'이 긴 세월의 열망과 몰입을 보상한다. 위대한 발명과 발견을 가능하게 하고, 윤회를 끊는 깨달음도 그 '한 순간의 느낌'으로 얻어질 수 있다. 이것을 몰록 깨침이라고 한다.
　인간이 선명한 현재의식으로 마음을 모으고 〈완전한 정지상태인 완벽한 침묵의 고요〉에 들면 훤히 알고 능히 하는 우주지성과 인간지성이 하나 됨을 느끼고 깨어난다. 시공을 초월하는 능력을 얻을 수 있다.

　인간지성의 상(相)이란 현재의식으로 지각하고 인식하며 창조하는 의식으로서 호기심 반 두려움 반으로 바라보고 배우고 묻고 익히며 지음한다.
　하나에서 시작[一始]한 의식하는 의식으로서 지금 여기서 보고 듣고 부딪쳐 아는 '앎'이다.

'그것이 무엇이다'고 앎으로써 그것이 그곳에 존재한다.

우주자연의 삼라만상에 이름을 부여하고 지식하는 마음이 현재의식이다. 마음은 지식하고 기억하며 추상하고 추리한다.

생각하고 창조하는 마음은 하늘[天]을 대변하고 신(神)의 역할을 대행한다.

지금 여기에서 모든 것을 의식하는 마음은 드러나지 않은 것을 드러나게 하며 이것과 저것을 구분하고 주고받는 작용을 한다.

의식하는 앎이 모든 존재와 주고받으며 간섭하고 공명하면서 자기창조를 챙긴다.

나타난 오늘의 현재의식세계는 '참이 가려진 앎'으로 망령됨을 일으킨다. 언제나 선악의 시비가 있고 청탁의 분별이 있으며 두터움과 엷음이 있으므로 복과 재앙이 따른다.

앎의 판단분별이 생로병사의 고통을 창조하고 있으며 부귀빈천의 차별을 경험하게 한다.

탐내고 성내며 어리석게도 허망한 것을 집착하며, 느끼고 숨 쉬고 부딪히면서 괴로움과 즐거움을 스스로 지어내어 울고 웃는 것이 '현재의식이 의식하는 앎'의 경계이다.

인간지성의 상(相)은 인간의 지식과 생각이 신념하여 창조한 것으로 현재하는 삼라만상이요 대중의 집단의식이며 고정관념, 관습, 관행, 관례이며 관점이다.

'참이 가려진 앎'에 불과한데도 자기편의 주의주장, 사상체계, 신념체계가 절대로 옳다고 고집하며 '앎의 망령됨'에서 벗어나지 못한다.

사회적 거울에 비쳐진 모습을 참이라고 믿고 고집하는 '망령된 앎'을 내려놓을 때 '고요한 빔'을 느낄 수 있고 '고요 속의 빔'을 느끼는 순간 그는 '참의 참'인 우주지성 신과 하나 됨을 경험한다.

참으로 허망한 알음아리[知]와 모양다리[相]에 머무르는 바 없이 그 마음을 내면[應無所住 而生其心] 참을 깨닫고 '괴로운 이 언덕에서 즐거운 저 언덕'으로 건너뛸 수 있다고 불가의 금강경은 가르치고 있다.

한사상(韓思想)의 경전인 천경신고(天經神誥)도 망령된 앎을 참으로 돌이키면 하나의 빛, 즉 일신(一神)이 될 수 있다[返妄卽眞　返眞一神]고 가르친다.

참의 참은 고요한 빔을 느껴 아는 것이다.

인간지성의 용(用)이란 자아의식으로 하나에서 비롯한 '현재의식의 앎'과 없음에서 비롯한 '우주의식의 빔'을 서로 연결하여 사용하고 다스리며 주도하는 '나'의 쓰임새다. 현재의식이 지식한 창조를 판단하고 분별하며 좋아하고 싫어하는 것이 자아의식이다.

자아의식은 함이 없이 갖추었다 나타나는 '빔'의 한계 없는 '잠재적 가능성'을 함이 있는 앎의 한계 있는 '현재적 창조성'으로 지어내고 지우는 '나의 뜻'이다.

'망령된 앎을 고요한 빔'으로 돌이킬 수 있는 나의 의도와 선택도 자아의식의 깨어 있음이요 바로 챙김이다. 깨어 있는 자아의식은 우주지성과 정합한다.

무엇이든 뜻을 세우고 의도적으로 선택하여 주의하면 그것과 하나 될 수 있고 그것을 가질 수 있다. 자아의식이 깨어 있으려면 반드시 사견(私見), 편견(偏見), 단견(短見), 망견(妄見), 견취견(見取見) 가정(假定) 등에 휩쓸려 헤매지 말아야한다.

정견(正見)과 정념(正念)을 정심(正心)으로 거머잡아야 한다.
자아의식의 '뜻'은 우주의식의 '빔'과 현재의식의 '앎'을 통제하고 조율한다. 지시하고 명령한다.

'나의 뜻'을 선택하고 결정하는 의지다. 자아의지다. 자아의지는 자아의식과 상호작용하면서 서로를 챙긴다.

인간지성이 '나라는 인간'의 길이요 진리요 생명이다. 모든 것을 선택하고 결정하는 주인공이다. 모든 놀이를 창조하고 경험하는 조화주다. 우주지성의 대신자로서 항상 자기창조를 책임진다.

인내천(人乃天)이다. '나'라는 보잘 것 없는 인간이 전능한 '신'을 대신할 수 있다고 자각하는 것이다. 사람이 곧 하늘

이다.

'나와 앎'이 하나 되면 식신(識神)이 되고, '나와 마음'이 하나 되면 심신(心神)이 되며, '나와 빔'이 하나 되면 하나님[一神]의 경지에 이른다고 본다. -이해하기 어려운 내용이나 심오하다-

'나와 망령된 몸의 욕망'이 하나 되면 유령계(幽靈界)를 떠도는 귀신이 된다고 보는 것이다.

언제나 깨어 있는 무한가능태의 우주의식과 반드시 깨어 있어야하는 창조가능태의 현재의식이 조화를 이루도록 일신가능태(一神可能態)의 자아의식이 의도하고 조종하며 통섭하여야 한다.

이때 우주만유의 삼라만상이 자연스럽게 공감하며 저마다 '하나의 신[一神]이 되어 새로워지는 창조놀이'를 즐기게 된다.

우주나 세상의 모든 이치는 본래 음양의 양면성을 지니고 있으므로 정신계의 의식도 '앎의 현재의식'과 '빔의 우주의식'으로 나뉘어져 설명되어질 수밖에 없다. 음양의 도는 대립 속에 조화를 이루고 화합하는 덕이 있어 합화(合化)하니 끝없이 결합하고 분화하며 새로워진다.

욕망은 절제와 조화를 이루고, 혼돈은 질서와 조화를 이룬다.

번뇌는 진리와 조화를 이루고, '빔의 우주의식은 앎의 현재의식과 불가분의 조화'를 이루며 공명한다.

앎은 '지어내기와 지우기'를 반복하면서 다함없이 새로워지고 있다.

• • •
3절 나는 누구인가

　'나' 란 존재는 의식의 바다에서 일어났다가 사라지는 한 순간 한 찰나의 아주 작은 거품인가?

　유형의 몸과 무형의 마음이 우주천지를 머금고 있어 소우주(小宇宙), 소천지(小天地)라고는 하나 태산준령의 발치에 굴러다니는 돌멩이 하나보다 더 작고 풀 한 포기보다 더 하찮은 존재가 아닐지!

　춥고 배고프면 참지 못하고, 외롭고 심심해도 안절부절 못하면서 헤매는 것이 진솔한 내가 아닌가?

　마음속에 우주만유를 머금고 있으나 보이지도 않는 분자, 원자, 쿼크와 같은 작은 알갱이가 모여 진동하고 있는 것이 나의 실제 모습이 아닌가?

　망령된 앎이 일으킨 나라는 생각이 나인가?

　나라는 신념이 일으킨 착각이 나인가?

　나를 나라고 지식하고 신념 할 수 있을 때 나라는 존재가 여기에 존재하는가?

　태어나자마자 죽음의 열차를 타고 하염없이 종착역을 향하여 달리고 있는 것이 나의 현재 모습인가? 생각을 굴리면 굴릴수록 알다가도 모를 존재가 '나'라는 인간이다.

　앞에서도 나에 대한 탐구를 다각도로 궁리하였지만 지금부터 보다 더 진지하게 내가 누구인가를 살펴보는 '자각 여행'을 떠나보자.

하나이면서 셋이고 셋이면서도 하나인 것이 〈나〉와 〈앎〉과 〈빔〉의 유기적 연관성이다. 빔이라는 인간지성의 우주의식은 본체로서 안이고 속이며, 앎이라는 인간지성의 현재의식은 현상으로서 밖이고 겉이다.

빔이 바다의 고요한 내면이라면 앎은 바다의 파도치는 표면과 같다.

의식하는 '밖의 마음이 앎'이라면 그것을 바라보는 '속의 마음은 빔'이다.

무엇이든 자유의지로 선택하고 결정하며 의도대로 운전하고 운행하는 '나의 뜻'이 우주의식의 빔과 함께하면 함이 없는 '무심의 고요' 속에서 우주지성의 의도와 하나가 되어 현재자아를 챙기는 놀이가 즐겁다.

현재의식의 앎과 함께하면, 함이 있는 '욕심의 번뇌' 속에서 인간 의지의 욕망과 하나가 되므로 결핍을 탓하는 놀이를 행하게 된다.

이와 같이 하나가 둘이 되고 둘이 넷이 되는 무한욕망의 놀이는 앎의 욕심이 낳고, 넷이 둘이 되고 둘이 하나가 되는 무한절제의 놀이는 빔의 무심이 낳는다.

하나의 시작은 없음에서도 비롯하는 하나이므로 고요한 가운데서 움직이는 '나의 바람, 나의 의도'는 지극히 당연하게 피어나는 자연스러운 것이다. '우주지성의 바람' 그 자체인 것이다.

항상 함이 없이 변화하는 자연현상은 만고불변의 진리고 새로운 창조의 연속은 지극히 당연한 우주에너지의 흐름이다.

우주만유의 삼라만상과 제반현상은 '나의 앎'이 그려 놓은 그림이다.

깨끗한 순백(純白)의 바탕인 빔은 내가 앎으로 그려야 하는 그림의 재료이며 무한창조의 가능태 공간이다. 제4의 물질까지 수용하는 제5의 물질공간이다.

드러나지 않은 없음[空]의 경계인 일원자계(一原子界)에서 드러난 있음[色]의 경계인 대우주계(大宇宙界)의 천지인(天地人)은 '하나'가 묘하게 펼쳐져서 온갖 것으로 오고가며[一妙衍 萬往萬來] 쓰임이 무궁무진하게 변화해도 '그 근본'은 변하지 않는다[用變 不動本]는 마음자리의 '하나'에서 비롯된 것이다.

사람의 마음은 천지의 마음이며 우주의 중심이고 처음의 하나가 생겨나는 곳이다.

본래 마음의 근본인 본성은 태양처럼 밝게 빛나고 있으니[本心本 太陽昂明] 마음속의 빛은 인간지성 내면의 자성(自性)이며 우주지성의 본상(本相)이며 자연지성의 질서이고 삼라만상의 신성(神性)이다. -(천부경의 가르침을 응용한 것이다)-

사람의 마음은 그것이 무엇이든 그것을 지각하고 인식하며 그것을 창조하는 의식에너지의 장으로서 언제나 고요하게 깨어 있으면 우주의식과 연결된다. 무한가능성의 우주의식과 공명하고 있는 현재의식이 마음이다.

　부족함이 없이 넉넉한 천지간(天地間)의 공간(空間)에 천태만상의 천지만물을 사람의 마음이 그려놓고 이름을 붙여주고 작용을 판단하고 선악을 분별한다.
　'하늘은 높다', '땅은 넓다', '사람은 많다', '나무는 푸르다', '꽃은 아름답다', '과자는 맛있다', '호랑이는 무섭다', '미래는 수수께끼다'는 등 마음대로 이름과 작용의미를 부여하고 좋아도 하고 싫어도 하는 놀이를 즐긴다.
　이와 같이 사람이 천지만물을 자유자재로 창조하고 주관하는 것은 천지간에 사람이 존재하는 것이 아니라 사람[人]과 사람[人] 사이[間]에 천지가 하나로 존재[人中天地一]하기 때문이라고 한사상가(韓思想家)들은 천부경에서 가르치고 있다.

　무형의 마음과 유형의 몸을 지닌 인간이 무형의 하늘과 유형의 땅을 머금어 지니고 공감하며 공명하고 있다.
　천지만물을 자연스럽게 지배하고 주관하며 어둠에서 빛으로 인도할 수 있다. 이것이 드러나지 않은 우주지성이 인간으로 화현(化現)한 의도요 이유다.
　시작도 없고 마침도 없는 우주지성[無始無終一]이 시작도 있고 마침도 있는 삼라만상[有始有終一]을 자연스럽게 지배하고 다스리려고 '하나'에서 시작했어도 시작이 없는 인간[一始無始一]으로 화현(化現)한 것이다. 인간은 참으로 의미 있는 존재로 위대하다.

이것이 드러나지 않은 없음의 상태zero [제5의 물질 영체에 너지]에서 드러난 하나의 상태one [제1고체, 2액체, 3기체, 4플라스마 물질]이라고 지식할 수 있다. 이것은 무극(無極 zero)이 태극(太極 one)으로, 태극이 음양으로 변화한다는 동양 상수철학(象數哲學)의 이치와도 서로 통한다.

없음의 상태에서 하나의 상태로 나타난 존재가 바로 '너 당신'이요 '나 자신'이다. '하나의 시작은 시작함이 없는 하나'로서 현재의식의 무한가능성 공간인 '인간의 마음'과 우주의식의 무한가능성 공간인 '우주의 한울'을 판단하고 분별하며, 의도하고 주의하며, 창조하고 경험하는 자아의식이요 자아감각이며 자아의지인 것이다.

그 '하나'는 곧 '나'다. '모두를 머금은 하나의 낱낱이 곧 나이며 너희'다.

'인간의 마음과 우주의 공간은 똑같이 빔으로 다함없는 놀이 공간'이다.

빔으로 보이나 자재하는 인간마음의 염원이나 우주공간의 입자파동이 창조와 진화의 단초요 동력이다. 양자다발이 파동에 얽혀 공명한 것이다.

나와 당신은, 정신우주와 물질우주의 모든 것을 구비하고 상호작용할 수 있을 뿐만 아니라 생명우주의 주인공으로 만물의 영장이요 근원우주의 화신이다. 내안에 너희 모두가 함께하니 '모든 너희는 곧 나'다.

나와 당신은 우주적인 모든 요소와 원리들을 함축하고, 자연적인 모든 능력과 법칙들을 사용할 수 있는 천상천하에 유일무이한 진리체이다.

나와 당신이 소우주요 소천지로 삼세(三世)와 삼계(三界)의 모든 원(願)과 업(業)을 고스란히 간직하고 있는 정보체다.

비롯함이 없는 '하나가 너희며 나이고, 마침이 없는 그 근본 마음자리의 하나 역시 바로 나이며 너희.'

나와 너의 '한 생각[一念]'은 언제나 우주지성과 우주만유와 '하나'되어 공명하고 있다.

나와 네가 '한 생각'을 일으키면 우주지성이 '한 생각'을 일으킨 것이므로 우주만유는 즉각 나와 너의 '한 생각' 에너지 파동과 리듬편승하며 서로를 간섭하고 공명하게 된다.

이와 같이 나와 너의 '한 생각'은 우주지성과 우주만유와 서로 다른 셋이면서 서로 같은 '하나'이고 '하나'이면서도 셋이 되는 삼위일체의 유기적 관계다. 서로가 간섭하고 공명하는 관계다.

너희와 나 자신이 모든 것을 〈비롯하고 마침하는〉〈지식하고 신념하는〉〈의도하고 주의하는〉〈선택하고 책임지는〉〈창조하고 경험하는〉 근원자라는 사실을 알아차리는 순간 너희와 나는 어둠에서 빛으로 거듭나게 된다. 경이로운 존재가 된다.

한계 지워진 결핍에서 한계를 벗어난 풍요로 지금 여기서 상황을 바꿔 탈 수 있다. 늘 훤히 알고 능히 하는 삶을 즐길 수 있다.

그것이 무엇이든 나와 당신이 소망하고 의도하면 바로 챙기는 삶을 가능하게 한다.

나와 당신의 선택이 자신의 진로가 되고 나와 당신의 설계가 나와 당신의 미래가 된다. 나와 당신의 집중몰입이 나와 당신의 성취경험이 된다.

'나의 참 모습'을 알아차린 나와 당신은 〈우주지성의 무원의 원력과 자연지성의 의도한 염원〉의 흐름을 알아차린 사람으로 '뜻'을 선택하고 주의하는 기술을 활용하여 원하는 것을 바로 챙기는 능력자가 될 수 있다.

부와 풍요, 귀와 명예, 수와 건강 등 자신의 진로와 미래를 자신의 의도대로 바로 챙기는 것은 물론 우주지성과 삼라만상까지 사랑으로 챙기면서 살아가는 삶을 사는 당신이 생명 우주의 주인이다.

나와 너희가 근원자의 화신이다. 새로운 미래의 근원이다.

근원으로 있는 나도 너희가 거기에 있으므로 나 여기에 있을 수 있다.

나와 너, 우리가 잘 주고받음에 나 너, 우리가 존재한다.

너 없으면 나는 존재할 수가 없다. 나 없으면 너도 없고 나와 너 없이는 우리 역시도 존재할 수 없다. 존재란 관계 속에서만 존재하기 때문이다.

세상에 하나는 결코 존재할 수 없다. 두나you도 하나me요. 세나us도 하나me다. 언제나 하나 속에는 너희들 두나 세나

가 함께 있어야한다.

　내가 너희요. 너희가 나다. 내가 너희 안에, 너희가 내 안에 항상 함께한다. 내가 나인 것은 너희가 본래부터 나와 함께 있었기에 나인 것이다.

　내 안에 너희들이 있었기에 내가 근원이고 조화의 주인공이 될 수 있다.

　내 안에 너희들이 없어지면 근원의 나 역시 소멸되어 사라지고 없어진다.

　나와 너, 우리는 항상 우주자연과 인간염원의 입자들인 양자파동에 의해 상호 간섭하고 리듬편승하면서 서로 얽혀서 공명하며 함께하는 존재다. **참되고 아름답고 지극히 좋은 상태에서 공명하고 함께하는 존재가 나와 너 우리들이다.**

4절 마음의 창조법칙

인간의 마음을 살펴 아는 방법은 다양하고 복잡하다. 많은 심리학자나 여러 사상가들도 저마다 다르게 마음에 대하여 설명하고 있다.

나와 세상을 바르게 알고 바르게 챙기려면 나와 세상을 의식하고 지배하는 마음의 정신현상을 정확히 알고 쓸 줄 알아야한다.

우리 인간은 마음에 대한 공부를 철저히 하여 마음을 다스리고 의도대로 쓸 줄 아는 주인이 되어야한다. 자신의 마음을 다스리는 것도 중요하지만 마음의 정체를 파악하고 스스로 '마음의 주인'이 되어야한다.

일반적으로 의식하고 생각하며, 감동하고 반응하며, 의도하고 실행하는 마음을 파악하는 방법은 여러 가지가 있다.

자기 안에서 직관하는 내관법(內觀法)과 자기 밖에서 성찰하는 외찰법(外察法) 그리고 모든 관찰을 의도적으로 확인하는 실험법(實驗法)과 각종 테스트로 판정하는 검사법(檢査法) 등이 있다.

미묘한 인간의 마음을 누구나 쉽게 파악할 수 있는 간단한 방법은 마음을 지·정·의라는 세 가지 정신작용으로 관찰하는 법이다.

지정의(知情意)라는 정신현상은 마음이 쓰여 지는 것을 나타낸다. 내가 근원자라는 사실을 '알아차리고 챙기는 삶'을 가능하게 한다. 누구나 소원하는 행복과 인생의 가치를 구현할 수 있게 한다.

'내가 생각하는 것이 현실이 된다는 마음의 창조법칙'을 간이하게 깨닫고 실천할 수 있는 방법을 탐구하기 위해서는 마음의 정체와 작용을 알아야한다. **나의 의도대로 현실을 경험하며 인생을 사랑하고 즐기는 것이 마음공부의 목적이 된다.**

인간의 마음은 지적인 요소, 정적인 요소, 의적인 요소가 결합되어 의식하고 생각하며, 감동하고 반응하며, 의도하고 실행한다.

마음이 인간의 몸을 조율하고 경영한다. 몸은 마음이 경영하는 것이 원칙이다. 마음이 원하는 대로 순종하며 마음이 명하는 것을 집행한다.

마음이 병들면 몸도 병들고, 마음이 긴장하면 몸도 긴장한다. 몸과 마음이 따로 놀지 않고 헤매는 일이 없으면 인간의 도와 덕이 점차 이루어지고 맹자가 말하는 호연지기가 쑥쑥 자란다.

인간의 무지와 지혜, 사랑과 증오, 성공과 실패, 가난과 풍요, 행복과 불행 등을 경험하는 삶의 현장 역시 마음의 지정의 작용에 의해 창조된다.

지(知)는 앎으로 지적 작용을 의미한다.

보고 듣고 부딪혀 지각하고 인식하며 생각하고 추상하는 마음의 작용이 지적 작용이다. 경계를 의식하고 앎을 일으키는 인간의 감각은 인체의 모든 감각기관에서 출발하여 대뇌에 이르는 구심성신경(求心性神經 afferent nerve)에 연결되어 있다. 안, 이, 비, 설, 신 등의 경계를 지각하고 인식하는 감각은 시각, 청각, 취각, 미각, 촉각과 운동감각, 평형감각, 유기감각 등이 있다.

그곳에 존재하는 그것을 '그것이다'라고 생각하여 알아차리는 힘을 지 또는 지식, 지능, 오성(悟性) 등이라고 한다.

정(情)은 느낌으로 정적 작용을 의미한다.

마주보고 주고받음 하는 관계에서 좋아하고 싫어하며, 사랑하고 미워하는 희로애락 등으로 나타나는 마음의 작용이 정적작용이다. 정보와 자극에 반응하여 느낌을 일으키는 인간의 감정은 인체의 여러 순환기관을 지배하는 자율신경망과 연결되어 있다.

유쾌, 불쾌, 흥분, 침정, 긴장, 이완 등은 물론 불안, 두려움, 분노, 스트레스, 짜증, 불평, 사랑, 용서, 감사 등에 반응하는 것이 감정이다.

인간의 실제생활에서는 감각을 지식하는 문제보다 더 중요한 것이 감정이나 반응을 조절하는 문제다. 감각은 객관적이나 감정은 매우 주관적이고 이기적이기 때문이다.

외부의 자극이나 관계된 대상에게 감응하고 표현하는 상

호관계에서 느끼는 힘을 정 또는 정서, 정감, 감성 등이라고 한다.

의(意)는 뜻으로 의적 작용을 의미한다.

자기가 원하는 대로 갖거나 하겠다고 뜻을 세우고 의도한 대로 추진하는 마음의 작용이 의적 작용이다. 소망이나 욕구, 비전이나 목표, 관심을 결의하고 성취하겠다는 뜻이 인간의 의지로서 인체의 에너지 중심축에 해당하는 아랫배와 연결되어 있다. 아랫배는 하단전이라고 하는 곳으로 기가 모이면 정력이 강해져 뱃심이 든든해지는 곳이다. 무슨 일이든 해낼 수 있는 기(氣) 에너지를 비축하는 창고다.

인간에게 주어진 환경, 상황, 동기, 역할, 습관, 충동, 반사, 본능 등을 취사선택하고 결정하여 실행하는 것이 의지다.

스스로 선택한 목표나 신념을 열정적으로 성취하려고 뜻하는 힘을 의(意) 또는 의지, 의도, 주의 등이라고 한다.

인간의 마음은 지정의로 나뉘고 쓰여지므로 본심은 한마음[一心]이나 용심(用心)은 지정의로서 세 마음[三心]이다.

언제나 마음은 하나이면서 셋이고 셋이면서 하나다.

지(知)라는 앎은 참을 지향하며 진화의 기쁨을 추구하는 창조에너지로서 생각하고 또 생각하며 진동하고 있다.

정(情)이라는 느낌은 아름다움을 지향하며 사랑의 기쁨을 추구하는 경험에너지로서 감응하고 또 감응하며 진동하고 있다.

의(意)라는 뜻은 좋음을 지향하며 성취의 기쁨을 추구하는 신념에너지로 의도하고 또 의도하며 진동하고 있다.

생각하고 감응하며 의도하는 마음은 본래 우주지성의 참 성품[眞性]의 화현(化現)이므로 우주천지의 덕성(德性)이고 신성 (神性)이며 불성(佛性)이다. 천성(天性)과 천신(天神)도 되므로 무 엇이든 훤히 알고 능히 하는 조화에너지를 다 갖추고 있다.

사람이 이를 알아차리고 바로 챙기면 우아일체(宇我一體)의 신인(神人)이 되고 빔의 우주의식을 무한가능성으로 사용할 수 있는 현재의 진인(眞人)이 될 수도 있다.

인간의 마음을 정신 또는 심신(心神)이라고 하는데 이것은 인간의 마음이 천지와 합하여 소통한다는 것을 나타낸다. '하 늘을 대변하는 마음은 신과 같은 근본'이다. 마음이 곧 신 이다.

마음이 흥겨우면 신바람이 나고 마음이 흐트러지면 실신 (失神)하고 만다. 내 마음이 곧 신이므로 내 마음이 생각하는 것은 현실로 창조된다.

내 마음이 감동해도 현실이 되고 의도하고 주의해도 현실 이 된다.

자나 깨나 가난과 결핍을 생각하면 생각한 그대로 가난과 결핍이 현실이 된다. 염념불망 부와 풍요를 의도하면 부와 풍요가 현실이 된다.

항상 근심하고 걱정하면 그대로 근심하고 걱정할 일이 현실로 나타난다. 소망하고 신념하면 소망하고 신념한 일이 현실이 된다.

우리가 이와 같은 마음의 법칙을 깨닫고 '창조의 원리'를 우리의 일상생활에 적용하면 우리가 원하는 꿈과 소망, 비전, 목표, 행복을 '지금 여기 현실에서 바로 챙김'이 수월해진다.

화엄경에도 "마음은 그림 그리는 화가와 같아서 여러 가지 그림들을 그리니 이 세상 모든 것은 다 내 마음이 그린 그림이다[心如工畵師 畵種種五陰]"라고 가르치고 있다.

이 세상에 존재하는 모든 것은 다 인간의 마음이 생각하고 창조한 것이므로 마음 밖에는 어느 것 하나 따로 존재하지 않는다. 인간의 부귀빈천, 길흉화복, 수요장단, 흥망성쇠의 삶도 사실은 그 자신의 마음이 원하는 것을 창조한 것이다. 이것을 '일체유심조(一切唯心造)'라고 한다.

수천 년 전부터 동양에 전해오는 이와 같은 '마음의 창조법칙'을 오늘날 서양의 똑똑한 사람들이 더 적극적으로 논리를 계발하고 일상생활에 활용하기 쉽도록 체계화하여 가르치고 있다.

이와 같은 현상은 동양의 기(氣) 철학에서 말하는 '동류상동(同類相動) 또는 동기상감(同氣相感)'의 운동법칙으로 쉽게 이해할 수 있다.

이 세상의 모든 천지만물은 언제나 쉬지 않고 서로 같은 파장끼리 기energy를 주고받으며 생성, 변화, 발전, 소멸을 거듭한다.

물은 습지로 흐르고, 불은 마른 나무에 붙고, 자석은 쇠를 끌어당긴다. 참새는 참새끼리, 비둘기는 비둘기끼리, 코끼리는 코끼리끼리 무리지어 유유상종(類類相從)한다. 친구와 친구끼리 다정하게 어울리는 것도 그들의 마음에 같은 기(氣)파장이 서로 통하므로 나타나는 친화력 때문이다.

옛 춘추번로(春秋繁露)라는 글에도 "천지에는 음양이 있고 사람에게도 음양이 있다. 천지의 음기가 일어나면 사람의 음기도 따라서 일어나고, 사람의 음기가 일어나면 천지의 음기도 기꺼이 그에 응하여 일어나니 그 도는 하나다"라고 하였다.

천지기운이나 사람기운, 삼라만상이나 자연현상 등도 서로 기(氣)파장이 같은 동류일 때는 공간을 초월하여 저절로 감응한다는 것이다.

일본 고지마섬의 원숭이들이 고구마를 물에 씻어먹는 법을 우연히 발견하였는데 이 방법을 사용하자 멀리 떨어진 다른 섬의 원숭이들도-(사전에 서로 정보교환을 하지 않았는데도)-고구마를 씻어먹는 동시다발적 현상이 나타났다.

이같은 현상들을 보고 영국의 생화학자 루퍼트 셸드레이크Rupert Sheldrake는 공명현상(共鳴現象)이라는 이론을 체계화했다.

미국의 과학자 라이언 왓슨Ryan Watson은 이것을 "어떤 행위를 하는 개체의 수가 일정량에 달하면 그 행동이 그 집단에만 국한되지 않고 공간을 넘어 확산되어 가는 불가사의한 현상"이라고 정의하였다.

오늘날 세계적으로 확산되는 '마음의 창조법칙'도 동류상 동의 공명현상으로 당연하게 확산되는 불가사의한 현상으로 보인다.

마음의 창조법칙은 더 이상 비밀secret로 볼 수 없다. 누구 든지 그 정보를 공유할 수 있고 혁신시킬 수 있다.

존 벨John Bell이 '양자물리학 공리'에서 밝힌 내용처럼 "외 따로 격리된 계(界)란 존재하지 않는다. 우주의 모든 입자는 광 속보다 더 빠르게 다른 입자와 동시에 교신한다. 전체 계는 그 일부분이 엄청나게 먼 거리에 떨어져 있더라도 하나의 '온전 한 계'로서 기능한다."는 것이다.

주변세계에 대한 생각에너지의 영향력과 관련된 모든 현상 은 '동시 교신'이 가능하다는 것이 첨단과학의 이론이며, 마음 의 창조법칙을 뒷받침해주는 이론이다. 이것은 칼 융Carl Jung 이 수많은 사례를 연구하여 밝힌 '생각과 물질현실의 상호작 용에 관련된 우연현상'을 일컬어 '동시성 현상synchronicity'이 라고 정의한 것과 거의 같은 이론이다. 오늘날 정보통신이나 인터넷 문화와 첨단정보기능 등이 이러한 이론이 현실에 부 합한다는 것을 잘 입증하고 있다.

그것이 무엇이든-(선이든 악이든, 긍정적이든 부정적이든)-생각 하고 의도하면 거기에 감응하는 현상은 저절로 나타난다.

지역적 공간을 초월하며 IQ의 높고 낮음을 떠나 환경의 좋고 나쁨과 상관없이 동시성 현상, 동일한 행위는 나타날 수 있다.

부유한 나라 미국이든 가난한 나라 후진국이든 마음의 창조법칙을 제대로 현실에 적용하고 사는 사람들은 서로 다른 환경 속에서도 '억만장자의 꿈'을 현실로 창조할 수 있다. 동기상감(同氣相感)의 공명현상(共鳴現象)이 나타나기 때문이다.

필연처럼 보이는 것이 우연현상일 수도 있고 우연처럼 보이는 것이 필연현상일 수도 있는 것 역시 '기적처럼 나타나는 상식 밖의 공명현상이 보여주는 동시성 현상'이다.

인간의 마음은 참을 지향하며 더 나은, 더 좋은 생각을 추구하는 〈앎의 지적인 작용〉과 아름다움을 지향하며 더 사랑스럽고 더 재미있는 감정을 추구하는 〈느낌의 정적인 작용〉 좋음을 지향한다. 더 의미 있고 더 즐거운 의도를 추구하는 것은 〈뜻의 의적인 작용〉이다.

이와 같이 본래의 마음은 하나이나 쓰이는 마음은 셋이다.

앎의 지적인 작용이 생각이다. 마음의 창조법칙에서는 '생각이 현실을 만든다.'고 확언한다. 나와 이 세상의 물질적인 모든 것은 원자로 만들어졌는데 원자는 에너지로 만들어졌고 에너지는 의식으로 만들어졌기 때문이다.

인간의 생각은 움직이는 의식이다. 운동하는 에너지다. 찰나의 생각도 파동으로 움직인다. 이 움직이는 에너지의 미립자particle들이 결합하여 원자, 분자, 물질을 만들고 우주만유를 만든다.

우리가 '하고 있는 일과 삶의 원천이 생각'이고 '해왔던 일과 삶의 원천도 생각'이며 '해야 하는 일과 삶의 원천도 역시 생각'이다.

오늘날 양자역학을 연구하는 과학자들에 의하면 순수의식의 영점장zero point field 또는 정보장field of information의 무의식 경계까지 우리의 한 생각이 연결되어 있다는 것이다.

우리 인간의 한 생각이 곧 우주지성의 근원의식과 주고받음하며 상호작용을 하고 있는 것이다. 파동에 의해 리듬편승하며 서로 간섭하고 공명한다는 것이다.

'인간지성의 한 생각이 우주만유를 창조한 우주지성의 한 생각이고, 우주만유를 창조한 우주지성의 한 생각이 인간지성의 한 생각이 된다'는 사실이 점차 과학적으로 입증되고 있다.

이와 같은 마음의 창조법칙을 우리의 일상생활에 응용함과 동시에 푸른 생명우주 건설에도 활용하게 될 날이 우리의 눈앞에 도래하고 있다. 4차 산업이 일반화되는 21세기 인류의 핵심과제 중의 하나다.

인간의 한생각과 우주의식이 공감하고 공명하며 원하는 것을 누구든지 창조하고 일상생활에 활용할 수 있는 그날이 올 것이다.

느낌의 정적인 작용이 감정이다. 마음의 창조법칙에서는 '감정이 현실을 만든다'고 확언한다. 나와 연계된 이 세상의 모든 관계에서 인정받고 성공하려면, 대접받고 행복하려면, 신뢰받고 봉사하려면 모든 이의 감정을 자극하여 감동을 줄 수 있는 나만의 인생스토리가 있어야한다.

나의 고생과 고난이 모두에게 꿈이 되고 희망이 될 수 있는 감동스토리가 되어야한다. 방탄소년단BTS이 유엔연설에서 보여준 것과 같은 감동스토리가 있어야한다.

가난을 청산하고, 실연을 승화하고, 장애를 수용하고 행복해진 스토리. 시련을 극복하고, 위기를 해결하고, 실패를 경험하고 성공한 스토리. 악조건을 타개하고, 미지를 개척하고, 시험을 통과하며 고생한 스토리. 유혹을 물리치고, 목표를 설정하고, 학업에 정진하여 명문대에 진학한 성공 스토리.

관점을 전환하고. 부정을 퇴치하고. 원칙을 관철시킨 인간 승리의 스토리 등등 재미있는 감동스토리가 성공의 씨앗이 되고 행복의 열쇠가 되며 오늘의 현실을 즐겁게 한다.

짐 데이토Jim Dator 박사를 비롯한 미래학자들은 오늘날의 정보화 사회가 지나가면 장차 21세기에는 꿈과 감성을 파는 Dream Society 사회가 도래한다고 예측한다. 〈드림 소사이어티〉라는 해일이 밀려온다는 것이다.

앞으로는 상품 하나도 먼저 감성으로 사도록 하고, 나중에 이성으로 합리화시키는 세상이 도래한다는 것이다. 크립토 경제Crypto economy가 활성화되면 남과 다른 독특한 나만의 감성이 곧 가치를 지니게 된다.

국가나 지역사회, 기업이나 개인이 어떤 데이터나 정보, 자본이나 학벌, 지식, 경륜만으로 인정받고 성공하는 사회가 아니라 '감동을 주는 이야기'를 바탕으로 성공하는 사회가 도래한다는 것이다.

꿈과 감동을 줄 수 없는 상품은 저절로 도태되고 그것을 만든 회사나 조직, 개인은 몰락한다.

옛말에도 '초년고생은 돈 주고 사서라도 해야 한다'는 말이 있다. 이 말은 젊은 날에 힘들고 괴로워도 다양한 경험을 하면서 이웃이나 고객에게 감동을 줄 수 있는 성공스토리를 만들라는 것이다.

고생을 기피하고 안일한 타성에 젖어 젊음을 소모하면 남에게 감동을 줄 수 있는 스토리를 만들 수 없다. 때문에 그 사람의 미래는 어둡고 초라할 수밖에 없다. 비록 고생스러워도 의미 있고 재미있는 감동스토리는 스스로의 경험을 통해서 얻어지기 때문에 돈 주고도 살 수 없는 값진 것이다.

오늘날 세계 젊은이들을 열광하게 하는 방탄소년단의 성공담은 난관과 시련을 극복한 스토리로 정말 좋은 성공교훈이다.

정치, 경제, 사회, 철학, 문화, 예술 등의 분야에서 인정받고 출세한 지도자나 유명인사의 공통점은 한결같이 **고생을 경험한 '감동적인 스토리'**가 있었다는 사실이다.

미국의 맥케인McCain과 오바마Obama 대통령의 경선 당락을 결정한 것도 역시 그들 삶의 스토리와 밀접한 관계가 있었다.

외부의 자극에 반응하고 관계의 주고받음에 감응하는 정도와 기술은 현실을 창조하는 중요관건이 된다.

자신의 감정을 잘 다루는 것이 무엇보다 중요하다. 똑같은 상황과 환경조건 속에서도 행복한 미래의 현실을 창조할 수도 있고 불행한 미래의 현실을 창조할 수도 있기 때문이다.

A라는 사람이 일천원(생산원가)으로 이천원(판매단가)짜리 상품을 생산하여 판매하고 그 고객에게 삼천원(구매가치) 값어치의 감동을 주었을 경우와 B라는 사람이 일천원으로 이천원짜리 상품을 생산하여 판매하고 그 고객에게 육천원 값어치의 감동을 주었을 경우 어느 사업가가 더 크게 성공할 것인가는 어두운 밤에 불을 보듯 자명하다. 이 과정들이 블록체인 망의 보편화를 통해 개인 대 개인으로 실시간으로 직접적으로 이루어진다면 감정을 다루는 능력이 자신의 실제 현실에서의 가치를 창조한다고 할 수 있다.

이것은 마음의 창조법칙 두 번째 공식 '감정이 현실을 만든다'는 내용을 비즈니스에 적용한 사례이다.

뜻의 의적인 작용은 의도intention다. 마음의 창조법칙에서는 '의도가 현실을 만든다'고 확언한다. 생각을 모으면 의도가 되고 감동을 받으면 의도가 생긴다. 의도는 무엇을 하고자 하는 마음이고 갖고자 하는 마음이며 가고자 하는 마음이면서 되고자 하는 마음으로 그것들을 이루겠다고 꾀하는 마음이다.

제멋대로 뜨고 가라앉는 생각과 감정들을 수습하고 정리

하여 한 방향으로 정렬alignment시키는 것이 의도다. 의도의 주체는 '나'다.

의도는 '나의 뜻'이고 '뜻하는 나'이다.

'나의 의도'는 나의 생각과 감정은 물론 나의 몸과 마음을 총체적으로 지배하고 주관하는, 지시하고 명령하는, 계획하고 실천하는 자유의지요. 주체의식이다.

이 의도를 확장시켜 인간의 삶을 보다 윤택하게 만드려는 것이 인공지능AI 개발의 목적이다.

「슈퍼 인텔리전스」의 저자 닉 보스트롬Nick Bostrom은 인공지는 개발의 핵심인 'AI가 인간의 가치관에 부합alignment하도록 만들 수 있느냐'가 앞으로 포스트 휴먼Post-Human 사회로 진입하게 될 인류의 미래를 결정할 것이라고 한다.

이처럼 다가올 미래를 변화시키고 욕망을 실현시키며 성취를 경험하게 하는 것은 '나의 뜻이고 뜻하는 나'인 것이다. 나에게 의미있는 것은 무엇인가? 스스로 물어보고 자신의 비전을 명확하게 의도하지 않는다면 인공지능이 보편화된 세상이 오더라도 그로부터 도움을 받지 못하고 헤매는 삶을 살게 될 것이다.

또한 지금 현재 IQ 145이상으로 두뇌가 총명하고, 인물이 출중하고, 신체가 강건하고, 학식이 풍부한 사람일지라도 무엇인가를 분명하게 의도하고 실천하지 않으면 그 모든 조건이 아무런 쓸모가 없다. 결국은 '의미 없는 삶'을 헤매면서 살아간다.

IQ가 낮아 두뇌도 나쁘고, 신체도 왜소하고, 많이 배우지 못해 학식이 부족한 사람일지라도 '무엇을 하며 어떻게 살겠다는 의도'가 분명하면 그는 아주 현명한 사람으로 불우한 조건을 극복하고 '의미 있는 삶'을 즐겁게 살아간다.

의도는 꿈이요 목표다. 생각을 모으고 가야할 방향이다. 마음을 다하여 올라가야할 산(山)이다. 의도로 연결되지 않는 생각은 바다나 호수 위에서 생겨났다 사라지는 파도나 물거품 같은 것이다.

의도는 모든 것의 원인이고 현실은 그 결과다. 좋은 의도는 좋은 현실을 만들고 나쁜 의도는 나쁜 현실을 만든다. 그러므로 바르게 의도하는 방법과 기술을 익히는 것이 현실창조의 바른 길이다.

자신의 현실은 자신의 의도를 경험하는 순간이다.

5절 의도는 선이다

삼라만상을 창조하는 마음[一切唯心造]의 앎은 자아의식
으로 우주지성의 창조의식이다. 느낌은 자아감정으로 우주
지성의 창조감정이다. 뜻은 자아의지로 우주지성의 창조의
지다.

'앎의 생각'과 '느낌의 감정'이 현실을 창조하는 것은 분명
하다. '나의 의도intention'가 제멋대로 부침하고 생멸하며 왕
래하는 생각과 감정을 통제하고 조율해야 생각과 감정이 현
실이 된다. 의도하고 조율하지 않으면 생각과 감정의 창조성
에 오류가 발생한다.

생각을 집중하면 의도가 되지만 생각이 산만하게 흩어지
면 망상이 된다. 망상은 '망령된 앎'이 되므로 창조의식을 오
염시킨다.

우주지성과 인간지성의 소통마저 차단한다.

감정도 마찬가지다. 감정이 침착하면 의도가 정립되지만,
흥분하면 분노가 되고 분노는 '망령된 느낌'이 되므로 창조
감정을 교란시킨다. '의식하는 마음'과 '의식아래 영혼'의 교
류를 방해한다.

의도의 한 방향 정렬alignment을 거부한 망령된 생각과 감
정은 현실을 창조하는 것이 아니라 파괴한다.

자기에게 주어진 소중한 '신의 선물인 현실'을 파괴하는 망령된 생각과 감정을 바로잡으려면, 의도를 따라 생각을 집중하고 감정을 안정시켜야 한다.

언제나 의도는 좋은 의도라야 행복의 길을 갈 수가 있다.

의도는 선(善)이다. 생각과 감정, 마음과 몸, 언어와 행동을 지배하고 주관하는, 지시하고 명령하는, 계획하고 실천하는 의도는 언제나 선을 지향한다.

생각은 참[眞]을 지향하고 감정은 아름다움[美]를 지향하고 의도는 좋은 것[善]을 지향하는 것이 우주지성이 함께하는 인간마음의 작용이다.

더 나은, 더 좋은 것으로 새로워지는 것이 선이다. 선이란 그저 좋은 것이고 올바른 것이며 착한 것이다. 참되고 아름다운 인간의 도덕적 생활이 이를 수 있는 최고의 이상이 선이며 인간이면 누구나 머물러야 할 자리가 선이다.

우주진화의 궁극에도 선이 자리한다. 하고자 하는 바 의지를 만족시킴으로써 가치가 있다고 판단되는 모든 것이 선이다. 마음의 의적 현상으로 일어나는 창조행위의 규정근거도 선이다.

선은 인생의 목적이고 자아의 목표다. 인간은 언제나 목적선을 위해 의도한다. 그것이 원칙이고 정도다. 인간이 마땅히 행할 것이 선이므로 선행이야말로 가장 의미 있고 즐거운 일이다. 가장 덕 쌓는 일이고 복 짓는 일이다.

때로는 '엉뚱한 선행'도 의미가 있다. 나와 무관한 이웃에게 엉뚱한 친절과 선행을 베푼 사람은 반드시 삶의 어려운 고비에서 '나와 무관한 이웃으로부터 엉뚱한 도움'을 받게 된다. 이것이 진정한 적선행위요 적선의도이며 적선보상이다.

앞으로 도래할 미래세계의 다민족, 다문화 사회의 아름다운 도덕률(道德律)도 엉뚱한 선행이요 기부이다.

많은 사람들이 '나는 인덕이 없다', '나는 평생 동안 남의 도움을 받아본 적이 없다'고 불평하는 경우가 많은데 이것은 '나는 선행하지 않았다', '남을 도와준 적이 없었다.'는 고백이요 탄식이다.

'너희가 없이는 나란 존재가 존재하지 않기 때문이다.'

남의 허물을 들춰내어 흉을 보고, 남의 잘못을 확대하여 비난하고, 많이 가진 자가 적게 가진 약자를 무시하고 경멸하며 짓밟는 교만행위자는, 비록 의도하지 않은 악행일지라도 그 대상이 크게 상처받는 경우 다섯 가지 금계(禁戒)를 범한 것과 마찬가지로 업을 짓는다. 그것도 '의도한 악행'이 되므로 자작자수(自作自受)하는 업(業Karma)의 부메랑법칙에 의하여 그들도 자신이 '한만큼' 되돌려 받게 된다.

지금까지 악행으로 부유하게 풍요와 명예를 누렸으면 그에 상응하는 가난과 결핍에 찌든 삶의 고통을 겪게 될 것이다.

남을 이해하고 배려하며 위해주는 모든 선행은 '대접받기 위하여 대접하는 것'이다. '인정받기 위하여 인정하는 것'이다. '축복받기 위하여 축복하는 것'이다. 이것이 우주지성이 의도한 선행의 불문율(不文律)이며 주고받음 하는 자연법칙이다. 지극한 선이면서도 '이기적인 놀이'이다. 이기적일지라도 이웃의 허물과 잘못을 사랑으로 감싸주고 가난과 어려움을 살펴주는 것 역시 아름다운 적선이고 적덕이다.

모든 복은 자기가 의도하고 창조한다. 모든 재앙도 자기가 의도하고 창조한다. 지금 여기서 경험하는 복과 재앙도 과거의 자기의도가 지금 여기의 현실로 나타난 것에 불과하다.

지금 여기서 무엇을 의도하느냐가 '잠재된 현실'을 창조하는 것이다. 잠재된 현실은 돌아올 미래요 가서 경험할 미래의 현실이다.

인간에게 있어서 '하나의 행위는 많은 가능한 행위 가운데 지금 해야 할 것으로 선택된 것'이다. 이 행위의 선택의 도가 선이다.

선은 자유의지가 선택한 자각이므로 자유의지의 모든 의도 역시 선이다. 의도한 선택을 떠난 선은 있을 수 없으며 선을 떠난 자유의지 또한 있을 수 없다. 선은 좋은 것이고, 최선의 상태에 머무는 것[至善]이다.

의도는 좋은 것이다. 좋은 의도라야 자기가 원하는 좋은 창조를 경험한다. 의도가 변질되어 나쁜 의도로 바뀌면 자기가 원하지 않는 나쁜 창조를 경험하게 되니 관재송사나 고통이 된다. 불행이다.

의도는 나의 뜻이다. 모든 의도는 좋은 뜻을 현실로 창조하여 행복을 경험하려는 나의 뜻이 된다.

인간의 기본 의도는 '좋은 뜻을 세우고 자기창조를 경험하는 기쁨'이 되므로 좋은 것이고 아름다운 것이다. 행복인 것이다.

인간 자신의 뜻은 우주지성[神]의 메시지message다.

6절 바로 챙김의 열쇠는 선택이다

인간의 삶은 매 순간이 선택의 연속이다. '의도된 선택'이 현명한 선택이지만, 현실창조의 순서는 의도 이전의 선택이 중요하다.

제멋대로 내달리고 반응하는 생각과 감정도 자신의 현실이 된다. 그것은 불안하고 두려운 일이며 원하는 바가 아니다.

창조한 현실을 경험하고 기뻐할 수 있으려면 생각과 감정이 현실이 되기 전에 의도하고 선택해야 한다. 의도하지 않은 선택은 현실로 창조되지 않는다.

'의도한 선택'만이 행복한 현실을 창조한다. 내가 진정으로 원하는 것을 의도하고 선택하여 감동적인 스토리로 설계할 때 아름다운 현실 행복한 현실을 창조하게 된다.

선택은 주문(注文order)이다. 원하는 것, 꼭 필요한 것을 갖겠다고 주문하는 것이 선택이다. 우주지성이 준비하고 축복한 것을 필요한 만큼 갖겠다고 주문하는 것이 선택이다. 소망은 언제나 당당하게 주문해야 한다. 식당에서 음식을 주문하듯 자기가 좋아하는 것을 주문하면 된다.

현실창조의 최선의 방법이 선택이고 현실창조의 최고의 기술이 좋아하는 것을 선택하는 것이다. 주문하는 것이다.

모든 일은 '시작이 반이다'고 하는데 현실창조는 선택하는 순간에 이미 절반이 이뤄지므로 '선택이 현실창조의 가장 강력한 도구'가 된다.

선택은 창조의 도구들을 제어한다. 일반적인 창조의 도구로는 의식하는 생각, 표현하는 언어, 작업하는 행위가 대표적인데 이것들을 선택이 선별하고 지시하며 의도하고 조종해야 한다.

언제나 생각, 언어, 행위는 양면성 내지 다면성을 갖고 복잡하게 나타난다. 매 순간, 매 찰나마다 창조의 도구들을 올바로 제어하여 현명한 선택을 해야 한다.

산책을 하며 '걷기 명상'을 하려는데 비가 부슬부슬 오고 있을 경우 생각이 복잡하게 얽히면서 행동이 망설여진다. '간다, 안 간다.'에서 수 십, 수백 가지 생각이 교차할 때 '즉결하는 선택의 기술'이 필요하다.

똑같은 상황이나 관계에서 부정적인 언어를 선택할 수도 있고 긍정적인 언어를 선택할 수도 있다. 선택의 결과는 서로 다르다.

시험 보러 가는 자녀에게 "당황하지 말고 시험을 잘 보라"는 간곡한 당부는 부담이 되고 "평상심으로 시험을 즐겨라"는 당부는 도움이 될 수가 있다. 이와 같이 비슷한 언어라도 그 언어의 선택에 따라 상반된 결과가 나타날 수도 있다.

우리 한국 속담에 '말이 씨가 된다', '호랑이도 제 말하면 나타난다'는 말이 있고, 신약성서의 요한복음에도 "말씀이 곧 하나님이니 너희가 말씀으로 창조되었다"는 가르침이 있는데 모두 진실에 부합된 말들이다. 언제나 신(神)의 능력은 말씀으로 나타난다.

생각도 현실을 창조하는 에너지고 언어도 현실을 창조하는 에너지다. '나의 선택'은 그 에너지를 움직이고 조종하는 주체로서 얼마든지 현실을 선택한 의도대로 창조할 수 있고 경험할 수 있다.

내가 선택하여 사용하거나 행위 하지 않는 생각이나 언어는 현실로 창조되는 힘을 상실하고 점차 소멸되고 만다. 듣기 거북한 상스러운 말이나 욕설도 무심코 선택하여 자주 사용하다보면 그 에너지가 증강하여 확실한 현실로 창조되므로 자신도 모르게 욕쟁이 인간이 되고 만다.

행위는 그 행위 자체가 선택된 모습이고 현실이며 창조의 에너지다. 그 행위 이전에 그 행위를 선택할 수도 있지만 전혀 다른 행위를 선택할 수도 있다. 행위의 선택에 있어서 무엇보다 중요한 것은 그 행위를 내가 '원하고 좋아하느냐?' 아니면 '원하지 않고 싫어하느냐?'는 성찰이다.

원하는 것을 선택한 흐뭇한 행위는 즐겁고 생산적인 현실 창조로 사회선(社會善)이 된다. 원하지 않는 것이나 싫은 것을 선택하고 저항하는 행위는 괴롭고 비생산적인 현실창조로 사회악이 되기 쉽다. 하지만 때로는 보다 더 큰 정의 앞에서 수용될 수밖에 없는 선택인 경우도 있다.(내가 진심으로 원하는 바가 아니라도, 전쟁에 나가야 하는 일이나 부모의 병간을 위해 학업이나 결혼을 포기하는 경우의 선택일 때 등) 매우 안타까운 일이다. 가능하다면 대의(大義)를 솔선수범하여 선택할 때 자신이 소속된 조직이나 세상은 더 살만한 세상으로 발전할 것이다.

선택은 언제나 긍정적이고 정의로워야 한다. 더 나은, 더 좋은 것이어야 한다. 인간은 본래 천성적으로 '좋은 것을 선택하려는 고집[擇善固執]'이 있다. 나와 나의 이웃 모두에게 필요한 것, 유익한 것, 새로워지는 것, 풍요와 여유, 의미와 즐거움을 챙길 수 있는 것, 특히 내가 진심으로 좋아하고 원하는 것이 좋은 선택이다.

현명한 사람이나 성공한 사람들은 가장 강력한 창조의 수단인 선택을 위하여 여러 가지 현명한 방법들을 연구하고 정립하여 실천한다.

그들은 자신이 선택할 문제나 사안의 내용을 사전에 충분히 인지하고 그에 대한 정보를 수집하고 분석한 다음에 선택한다. 무심코 선택한 결과가 자신의 의도와 어긋난 결과로 나타난다는 사실을 알기 때문이다.

자신의 진로와 인생을 원하는 뜻대로 선택한 경우에도 그 결과를 예측하고 검토하여 대안을 찾고 수정하는 등 스스로에게 수없이 묻고 답하는 과정을 거쳐야 한다.

자신의 '최선의 선택'이 흐뭇하고 기분이 좋으면 현실창조로 경험된다는 사실을 확신하고 그 꿈이나 비전 목표 등을 선택한 다음에는 그것이 '임계점(臨界點)에 이를 때까지 기다린다.'

경험이 풍부한 현자는 직관으로도 최선의 선택을 할 수 있는 능력을 지닌다. 무엇이든 선택하면 '자연현상의 흐름'에 맡겨두고 기다린다. 마치 식당에 가서 원하는 음식을 주문(注文)하고 조용히 기다리는 사람처럼 자기창조의 달인은 선택하고 기다릴 줄 안다.

선택하고 확신하면 우주지성과 자연에너지가 현실창조를 돕는다.

선택한 다음에는 항상 기다리는 것이 필요하다. 선택한 것을 의심하거나 걱정하면 안 된다. 그냥 주의를 집중하고 실천하며 기다리면 된다. 의심은 파괴에너지요 걱정은 저주에너지다.

자신의 선택을 의심하거나 걱정하지 마라! 조바심 내지 마라!

원대한 꿈, 담대한 희망을 선택하고 설계한 사람들은 '침착'하게 일만 시간 이상을 '선택한 의도, 선택한 목표'를 '주의'하고 '정진'하며 세상의 '변화흐름을 타면서 기다렸다.' 기다린 그들은 대업을 현실로 창조했다. 목표를 선택한 의도대로 경험했다. 기다렸다가 창조하고 경험했다. 대인은 기다릴 줄 안다. 소인은 조급하여 기다리지 못한다.

'선택이 바로챙김의 열쇠'라는 것을 깨달은 사람들은 자신이 선택한 꿈을 기다렸다가 현실로 실현했다. 위대한 업적과 작품을 남겼다. 역사와 인류문명에 기여할 발명과 발견을 했다.

현실창조를 바로 챙기는 열쇠는 '현명한 선택'이다. 자신이 원하는 것을 선택하고 집중하면 바로 챙길 수 있다.

선택하였는데 현실로 창조되지 않는 경우도 있는가? 있다.
선택하고 주의하며 기다렸는데 현실로 경험되지 않는 경우도 있는가? 있다.

자신의 선택이 우주의 도덕률에 정합alignment되지 않는 경우 선택은 현실창조로 경험되지 않는다. 현상으로 드러날 수 없는 것을 선택하면 자연 질서에 어긋난 선택이므로 현실 창조로 경험될 수 없다.

선택해도 별은 따올 수 없고 죽은 자는 살아나지 않는다. 선택하고 의심하거나 불신해도 현실로 창조되지 않는다.

우주자연의 도덕률에 어긋나지 않고 우주의 자연 질서와 부합된 '현명한 선택'을 하고, 깨어 있는 정심(正心)으로 신념하고 주의하며 기다렸는데도 현실로 창조되지 않고 거부된 경우는 '새로운 선택'을 하라는 우주와 자연지성에 입력된 자동프로그램의 명령인 것이다. 그것이 직업이든 사랑이든 창조놀이든 신나고 즐거운 놀이가 아니기 때문에 '새로운 선택의 기회'를 다시 부여한 것이다.

이러한 경우 거부가 곧 새로운 축복을 예비함이니 슬퍼하거나 분노하지 마라! 자책하거나 고민하지 마라! 실패가 곧 새로운 선택을 위한 경험이다.

한 차원 더 높은 차원으로 상향조정upgrade하려는 우주지성의 사랑이다. '심각한 문제가 아니라 행운의 기회'다.

감사하고 수용하라! 더 의미 있고 즐거운 새로운 선택을 통하여 새로워지는 진화놀이를 즐기며 새로운 행복을 경험하게 될 것이다.

천태만상으로 드러난 삼라만상의 자연현상은 드러나지 않은 우주지성이 '의도한 선택'대로 그려놓은 그림이고 질서이다. 선악은 위대한 그림과 질서의 음영으로 빛과 그림자일 뿐이다.

무한 잠재가능성의 주체이며 무한창조가능태의 근원자인 우주지성 신은 스스로 선택한 뜻대로 우주만유 천지만물을 그려놓고 함이 없이 바라보고 지켜보며 '무심의 사랑'으로 주의하고 있다.

저절로 되어지고 새로워지는 삼라만상의 현상변화를 판단분별하지 않고 간섭하거나 개입하지 않는다. 음미하고 감상할 뿐이다.

무한 기다림의 천재답게 145억만 년을 기다려 '오늘의 푸른 지구현실'을 챙긴 것도 '우주지성의 위대한 선택'이고 사랑이었다.

우주지성인 신과 나와 너희의 자유의지가 선택한 것이 현재다.

●●●
7절 선택한 의도를 설계하기

　　인간은 우주적인 모든 요소와 원리들을 함축하고 있다. 그 것이 무엇이든 선택하고 의도하면 훤히 알고 능히 하는 우주 지성의 능력을 행사하게 된다.

　　선택하고 의도하면 자연적인 우주 에너지와 주파수를 맞추고 상호 간섭하며 리듬편승하게 되므로 공명현상이 저절로 나타난다.

　　공명하며 하나 됨으로써 내면의 입체영상hologram을 자동으로 우리의 현실로 현상해 낸다.

　　생각[意] 언어[口] 행위[身]를 비롯하여 인간의 마음작용인 앎[知], 느낌[情], 뜻[意] 등의 모든 창조도구들은 나와 당신이 선택하고 의도하는 순간에 우주자연의 모든 에너지를 끌어당기게 되고 우주자연의 모든 에너지와 주고받음 하며 리듬편승하고 공명하면서 자연스럽게 바로 챙김으로 연결된다. 약간의 시간차는 있으나 선택한 의도가 우리의 현실이 된다.

　　모든 현실은 선택한 의도가 창조한 것을 경험하는 순간이다.

　　선택에는 본래 선악이 따로 없다. 그것이 무엇이든 우주지성의 선택은 단순한 놀이요 즐거운 놀이일 뿐이다. 보기에 좋은 놀이나 새로워지는 놀이를 영화를 감상하듯 음미하고 감상하며 기뻐하는 것이 우주지성이다. **우주지성은 놀이가 좋아 놀이를 선택할 뿐 선악을 선택하지는 않는다. 인간지성은 악을 선택하게 되면 그것을 이루더라도 점차 괴로워지고 결국은 파멸하고 만다.**

푸른 지구라는 에덴동산에 자기를 닮아 나온 드러난 존재인 인간을 비롯한 삼라만상의 놀이를 드러나지 않게 바라보고 지켜보며 음미하고 감상하는 존재가 우주지성 신이다.

에덴동산에서 때 아닌 때에 선악과를 따 먹은 놀이를 좋다 나쁘다고 판단하고 분별하는 것은 드러난 존재인 인간들이었다.

이것 또한 우주지성이 볼 때는 단순한 자연현상이고 우주법칙이며 인간이 주인공으로 등장한 한 편의 어두운 드라마일 뿐이었다.

실낙원 이후 자유의지로 날뛰던 인간들은 두려움과 죄의식으로 괴로워했다. 화신인 인간의 자유의지도 선택의 지혜와 책임이 따르기 때문이다.

아직 선악을 분별할 수 없는 순수한 어린이를 보면 놀이가 좋아서 놀이를 선택할 뿐이다. 새로워지는 것이 좋기에 경험해보지 못한 놀이를 단순하게 선택하고 즐기면서 기뻐한다. 호기심으로 두려움을 이겨내고 놀이를 선택하는 어린이를 보면 선택의 의미와 중요성을 새삼 깨닫게 된다.

선택 그 자체는 선악이 없다. 그러나 선택의 결과는 선악이 있다.

'나와 나의 세상'은 '나의 선택'이 창조한다. '나의 선택이 곧 나의 운명'이다. 그러나 그 선택의 책임은 언제나 나에게 있다.

선택은 본래 선악이 없으나 선택에 따라서는 그곳에 선악이 나타날 수 있다. 선택은 놀이다. 음미하고 감상하면 단순하고 즐거운 놀이지만 판단하고 분별하면 복잡하고 괴로운 놀이가 될 수 있다.

때가 되어 선악과를 선택하고 따먹는 놀이를 음미하고 감상하면 단순한 놀이일 뿐이고 새로운 경험에 불과하지만, 잘못 판단하고 분별한 놀이를 선택하면 복잡하고 괴로운 놀이고 잘못된 창조와 경험으로 죄악이 된다.

스스로 선택한 놀이를 하다가 부딪치고 깨뜨리고 다치고 피나는 것이 자연적이었느냐? 의도적이었느냐?에 따라서 선악이 갈린다.

여기에서 아주 중요한 것은 본래 우리의 모든 의도나 놀이가 선이라는 사실이다. 우주지성을 닮아 나온 인간지성의 의도는 아무 조건 없이 선을 선택한다. 선이란 본래 더 나은, 더 좋은 것으로 새로워지는 진화의 산물이기 때문이다. 짐승에서 인간으로, 인간에서 신(神)으로 진화하는 과정에서 **'현명한 선택'은 선을 고집[擇善固執]할 수밖에 없었다.**

선한 신으로의 진화를 거부하고 짐승으로 퇴화하여 열등한 짐승처럼 살기를 자청하는 탐욕적이고 어리석은 인간들은 악을 의도적으로 선택할 수도 있다. 그것은 인간의 본성도 아니고 진화하는 자연의 질서에도 위배된다.

선은 인생의 목적이고 자아의 목표며 선택의 의미이다. 이 땅위에 사는 수많은 사람들이 아직도 선이 아닌 악을 의도적으로 선택하는 경우가 의외로 많다. 청개구리 인간의 안타까운 사연이다.

하루빨리 이 언덕에서 저 언덕으로 건너뛰어야 한다. 이 배에서 저 배로 갈아타야한다. 짐승에서 인간으로 깨어나야 한다. 한 생각 깨어나면 지금 여기에서 건너뛰고 갈아탈 수 있다. 그냥 건너뛰고 갈아타면 된다.

선택한 의도가 선인 사람은 어둠에서 빛으로 진화하는 인격인간 또는 진리인간이 된다.

선택한 의도가 악인 사람은 빛에서 어둠으로 퇴화하는 짐승인간 또는 속물인간이 된다.

더 나은, 더 좋은 삶으로 새로워지기를 거부하고 저항하며 헤매는 사람은 선이 아닌 악으로 전락하여 원망과 비난, 증오와 저주, 결핍과 고뇌의 삶을 창조하고, 결국은 자신의 선택을 후회하며 세상을 탓하게 된다.

'선택한 의도'는 원인이 되고 '경험한 현실'은 결과가 된다. 자신이 선택한 의도대로 창조된 현실을 경험하는 것이 인생의 흐름이고 피할 수 없는 운명이다. 자신이 선택한 의도가 더 나은, 더 좋은 것이고 새로워지는 것일지라도 '정밀한 설계'를 하지 않으면 의도가 추진력을 상실하고 흐지부지 되거나 확실하게 끓는 임계점에 도달하지 않고 식어버리는 경우가 많다.

'경험한 현실'을 창조하는 주체 인(因)은 '선택한 의도'이고 대상 연(緣)은 '정밀한 설계'가 된다.

무엇을 어떻게 설계했느냐에 따라서 주체 인과 대상 연의 주고받음 하는 상호작용에 의한 신생 과(果)인 '경험할 현실'이 나타난다. **'경험한 현실'**이 '행복한 놀이'로 보상받기 위해서 무엇보다 중요한 과정이 있으니 그것은 '선택한 의도'를 '정밀한 설계'로 치밀하게 구체화시키는 것이다. 모두에게 감동을 줄 수 있는 스토리를 설계해야 한다. 자신을 위한 미래대안 시나리오를 설계해야한다.

멋진 그림을 그리는 것이다. 참되고 선하고 아름다운 그림. 생각만 해도 신나고 재미있고 의미 있는 그림. 자신이 주도적으로 성취할 수 있고 자신의 처지와 신분을 격상시킬 수 있는 그림. 가슴에는 평화가 차오르고 얼굴에는 미소가 피어나며 세상에는 평화와 풍요가 넘쳐나는 그림. 서로가 화해하고 화목하게 사는 그림. 자신에게 꼭 맞는 그림으로 가슴이 뭉클하고 기분이 흐뭇한 그림. 10년, 20년, 30년, 50년, 100년 후에도 의미 있고 가치 있는 그림. **현실로 창조되어 경험될 수밖에 없는 멋진 그림을 그리는 것이다.**

정밀한 설계란 미래의 현재를 위하여 지금 여기에서 지난날의 자신과 오늘날의 자신을 돌아보고 살펴보며 급변하는 세상과 미래를 알아보고 챙기는 것이다. 대안을 예비하는 것이다.

선택한 의도대로 실천계획을 치밀하게 구상하는 것이다. 자신의 상상력을 총동원하여 어디까지나 의미 있고 즐거운 가치 있고 새로운 미래를 설계하는 것이다. 인생계획서를 작성하는 것이다.

꿈과 비전을 한결같이 추진하여 현실로 창조되고 경험될 수 있도록 상상하고 계획하는 것이다. 주의attention가 즐거운 그림을 그리는 것이다.

꿈과 비전을 가진 사람은 상상을 한다. 상상력은 꿈을 실현시키는 하나의 수단이다. 상상에 한계지음은 나의 사람됨을 포기하는 것이다. 상상에 어떠한 한계도 지어서는 안 된다. 상상은 가없는 것으로 우주지성과 하나 되는 한정너머의 진실이기 때문이다.

상상을 활용하면 얼마든지 나와 너희에게 감동을 줄 수 있는 대안스토리를 그릴 수 있다. 세계적인 동기 부여가 폴 마이어Paul Meyer가 **"생생하게 상상하라, 간절하게 소망하라, 진정으로 믿어라, 그리고 열정적으로 실천하라, 그리하면 무엇이든지 반드시 이루어질 것이다"**고 한 것처럼 나를 움직일 수 있는 생생한 미래대안 스토리를 만드는 것은 꿈을 이루는 첫걸음이 된다.

자신이 간절히 원하는 것을 생생하게 상상하면 반드시 현실로 이루어진다. 상상한 것을 의심하지 않고 믿고 주의하면 현실이 된다.

에드문트 후설Edmund Husserl은 그의 현상학에서 '**존재의 본질은 사실 그 자체이다**'라고 말했는데 우리 인간은 '실제의 본질은 상상 그 자체이다'라고 말할 수 있다.

'**상상은 실제이다.**' **그것이 무엇이든 우리가 선택한 의도를 상상력으로 설계하고 계획하여 구체화시키고 주의하면 현실로 창조되는 기적이 나타난다.**

사회적으로 성공한 사람들은 일반인과 확실하게 다른 점이 있다.

그들은 실체가 없는 자신의 생각이나 욕망을 선택하여 자신이 소망하는 의도대로 분명하고 확실하게 구체적인 형태를 갖추도록 상상하고 설계하는 방법을 알고 있었다.

풍부한 상상력을 활용하여 실체가 없이 스쳐가는 하나의 생각, 충동, 욕망을 구체적이고 현실적인 사업이나 금전으로 전환시키는 '아이디어를 창출'하고 '설계도를 그리는 능력'을 갖고 있었다.

조금은 엉뚱한 상상이 형태를 갖추어 구체화된 것이 아이디어idea다.

인간의 상상에는 '비생산적인 유희적 상상'과 '생산적인 창조적 상상'이 있는데 창조적 상상력이 새로운 아이디어

를 창출한다.

창조적인 상상력은 때로는 기적을 낳는다. 불가사의한 현상을 실제의 현실로 경험하게 한다.

쓸데없이 떠도는 망상적인 상상과 의도적으로 선택한 계획적인 상상이 있다.

선택한 의도의 계획적인 상상력이 인간을 새롭게 변화 발전시키고 정밀한 설계를 통하여 꿈이 이뤄지는 기적을 낳는다.

동서고금을 불문하고 꿈과 비전을 일찍 선택한 소년소녀들은 자신들의 의도를 설계하고 주의하여 대통령이나 총리가 되었고 재벌이 되었으며 성인(聖人)이나 위인이 되기도 하였다.

한계 없는 상상으로 '의도한 설계'를 주의하고 실행하여 꿈을 현실로 창조한 사람들은 '시련은 있어도 실패란 없다'는 신념으로 어떤 어려움도 극복하고 실패도 '경험의 교훈'으로 삼으면서 자아를 실현하였다.

현명한 선택을 자신의 의도대로 정밀하게 설계하는 시기는 빠를수록 좋다. 선택하고, 의도하고, 설계하는 가장 좋은 때는 언제나 지금 여기다.

나와 당신의 미래는 자기 자신이 지금 여기에서 무엇을 선택하여 어떻게 설계하느냐에 따라 결정되고 경험된다.

나와 당신의 오늘이란 현재도 과거에 설계하고 선택한 것을 경험하는 순간이다.

그 사람의 생각과 감정과 의도를 선택하고 설계하는 것이 매우 중요하며 그 모든 선택과 설계의 책임 또한 지금 여기의 자신에게 있다.

타고난 선천적 자질이나 성품, DNA, 재능, 감성 등도 중요하고, 주어진 환경이나 시대, 문화, 관계 등도 중요하다. 그보다 더 중요한 것은 그 사람의 자유의지가 주도적으로 선택하고 설계한 꿈과 희망, 비전과 목표, 행동원칙과 사명선언서 등이다. 스스로 작성한 인생계획서와 사업계획서가 현실창조의 핵심이다.

원대하고 담대한 희망과 자신이 갖고 싶고, 되고 싶고, 하고 싶은 모든 것을 종합하고 정리한 드림리스트Dream List를 작성하는 것이 급선무다.

지난날의 잘못을 반성하고 잠재가능성을 개발하고 타성을 극복하고 거듭날 수 있는 새로운 '행동다짐서'를 작성하는 것도 중요하다. 자신의 분수와 능력에 맞춰 자아를 계발하고 자아를 성숙시켜 자아를 실현할 수 있는 지름길은 '비전선언문'이나 '사명선언문'을 작성하는 것이다.

이처럼 의도를 주의하고 설계를 성취하기 위한 다짐이나 계획서들은 종이에다 쓰는 것이 좋다.

자신이 써놓은 드림리스트, 행동다짐서, 비전이나 사명선언문, 시간관리 계획서, 사업계획서 등을 진정으로 믿고 소리 내어 읽으며 염념불망 주의하고 열정적으로 실천하면 선택한 의도를 현실로 경험하는 놀이를 즐길 수 있다. 성취의

기쁨을 누리게 된다.

자신이 상상하여 정밀하게 설계한 꿈과 희망, 비전과 목표, 실천계획, 사업계획 등을 자신의 열망대로 챙길 수 있다. 챙기는 횟수가 거듭되고 숙달되면 바로 챙김이 쉬워진다.

선명하게 깨어 있는 의식[正念]으로 선택하고 설계하여 주의하고 실천하면 우리 인간은 자신의 선택을 바로 챙길 수 있다.

8절 선택한 목표를 주의하기

행복하려면 우리의 삶에서 보편적이지만 소중한 것부터 **선택하고 주의하는 지혜가 필요하다.** 일상의 생활 속에서 우리에게 가장 소중한 것은 과연 무엇일까? 현명한 선택이 필요하다.

행복한 놀이를 즐기려고 우리는 이 세상에 왔으며 누구나 다 행복할 권리를 갖고 살아간다. 현재의 미래설계에 앞서 경험할 미래행복을 위해 현명한 선택에 대하여 좀 더 자세하게 살펴본다.

우리의 인생이 행복하려면 좋은 자질을 타고나야 한다. 자유를 누릴 수 있는 좋은 시대, 좋은 나라. 감사하며 수용할 수 있는 좋은 부모, 좋은 환경, 남보다 더 좋은 두뇌 용모 성품 재능 등을 잘 타고나야 한다.

이것은 타고난 자질이고 주어진 환경으로써 내가 선택할 수 있는 것은 아니다. 자아의지가 선택한 내용이 아니다.

우리에게 중요한 것은 스스로 선택할 수 있다는 특권인 자유의지가 있다는 것이다.

인간최고의 선은 자유의지에 의한 선택이기에 스스로 선택한 의도가 값지고 소중한 것이다. 스스로 선택한 자기창조가 의미 있고 즐거운 것이며 책임질 수 있는 것이다.

우리 인간에게 타고난 자질은 있다. 그러나 확정된 자질은 없다. 스스로 선택하여 성장 발전시킬 수 있는 자질이 있을 뿐이다.

운동하고 변화하며 현존하는 모든 존재는 유정물이든 무정물이든 고정되어 있는 것은 없다. 시시각각 분분초초 항상함이 없이 변화하고 있다. 진동하고 있다.

언제나 이것[因]과 저것[緣]이 주고받음하며 상호작용한다. 서로서로 자극하고 반응하며, 선택하고 수용하며, 간섭하고 공명하며, 창조하고 소멸한다. 새로운 것으로 융합하고 분열하며 진화한다.

비록 '노랑'으로 타고난 명운이고 환경이라도 '빨강'을 선택하면 '주황'이 되고 '파랑'을 선택하면 '초록'이 되는 것과 마찬가지다. 노랑으로 태어나서 빨강을 만나 주황으로 살아야 된다고 확정되지 않았다. 선택에 따라 변화한 것이다.

우리 인간의 자질 환경도 이와 같이 의도한 선택에 따라 다양하게 개발하고 개선하여 변화, 발전시킬 수 있다. 그 결과 행복할 수도 있고 불행할 수도 있다.

일상의 행복을 위해 선택할 수 있는 최선의 내용은 무엇일까?

그것은 '나는 누구와 언제 어디서 무엇을 하며 어떻게 왜 살 것인가'를 결정지을 수 있는 배우자와 친구. 지금 여기서 현재 직업과 인생가치관을 의미 있고 즐겁게 선택하는 것이 아닐까?

경험한 현실이 의미 있고 즐거운 놀이로 보상 받으려면 무엇보다 중요한 선택이 인연[배우자, 친구] 선택이고, 직업 선택이며, 인생가치관 선택이다. 지금 여기서 하루라도 빨리 선택하는 것이다.

하늘이 내게 부여한 사명[天職]과 지금 여기서 내가 마땅히 해야 할 역할[事業]인 직업을 self 선택하는 것이 무엇보다 중요하다.
직업을 가져야 의식주를 비롯한 생계유지가 가능하고 자아실현의 기쁨과 사회봉사의 가치를 구현할 수 있기 때문이다.

직업선택을 위해 자신의 타고난 재능과 자질을 관찰하고 점검하여 장점과 특성을 찾아내고 학습목표를 설정하면 학업에 주의를 집중하는 삶이 즐거워진다. 공부가 놀이가 될 수 있다.
직업을 통하여 자신의 신분을 상승시키고, 하고 싶은 대로 할 수 있는 권력power을 강화하기 위하여 신지식, 신정보, 신기술을 배움에 투철해진다. 무한가능성의 잠재능력을 계발하여 가족과 세상을 챙기는 수단이 올바른 직업을 self 선택하는 일이기 때문이다.

우주의 삼라만상은 근원의 하나가 둘로 나뉘어 '음과 양' 짝을 이루고 서로 주고받음하며 상생하고 화합한다. 때로는 상극하고 분열했다가 하나 됨으로써 새로워지는 놀이를 계속 이어간다.

우리 인생도 자기의 반쪽인 배우자를 선택하여 짝을 이루는 일이 중요하다. 서로를 닮아 나온 아름다운 아들딸을 사랑하고 양육하며 부모와 하늘의 은혜를 깨닫고 자신보다 더 새로워진 자식을 바라보고, 지켜보고, 기뻐하려면 배우자가 있어야 한다.

언제나 너그럽고 부드러우며 이웃을 배려하고 보듬으며 어른을 공경하고 섬길 줄 아는 좋은 성격의 배우자를 만나는 것은 선이다.

어려움을 참고 견디며 기다릴 줄 아는 배우자를 만나는 것도 선이다. 항상 친절하고 활발한 모습으로 자기의 맡은 바 역할을 충실하게 수행하는 건강한 배우자를 만나는 것은 선이다.

자신과 가족의 일상과 건강을 챙기는 성실한 배우자. 문제를 공유하고 대화로 해결하며 매사에 공감하는 사랑스러운 배우자를 만나는 것은 선이다.

내면의 비전과 열망을 의논하고 실현하는 유능한 배우자. 시간이 무료하고 가슴이 공허하지 않도록 서로를 보듬는 열정의 배우자를 만나는 것은 선이다.

서로의 부족함을 따뜻하게 감싸주고 메워주며 자질과 재능을 잘 살리도록 도와주는 배우자를 선택하는 것은 행복의 지름길이다.

성격 좋고 건강하고 사랑스러우면서도 항상 서로를 존중하고 신뢰할 수 있는 배우자를 선택하여 서로 같은 방향만을 바라보고 주의하는 삶이 가장 행복한 부부의 삶이다.

사랑하는 배우자와 결혼하여 동반자의 삶을 살면서, 서로를 닮아 나온 아들딸을 낳고 무조건의 사랑으로 바라보고 음미 감상하며, 훌륭하게 양육하는 삶을 사는 것이 지고지순한 일상의 행복 가정생활이 될 것이다.

다면지능(多面知能)과 다중인격(多重人格)을 지닌 다양한 인간의 인생관은 서로 다를 수밖에 없으나 인의예지신을 지향하는 내면의 본성은 서로가 똑같다.

어짊에 기초한 측은지심, 정의에 기초한 수오지심, 예의에 기초한 사양지심, 지혜에 기초한 시비지심, 믿음에 기초한 조절지심도 인생관 정립에 필요한 덕성이다.

나라에 충성하고 어버이께 효도하며 어른을 공경하고 일가친척을 은애하며 이웃을 신뢰하는 윤리도덕은 우리가 지켜야 할 기본적인 실천 강령이고, 내면의 비전과 열정, 양심과 규율도 가치 있는 인생관 정립에 꼭 필요한 필수조건이다.

스스로 좋아하는 일을 하고 자기가 하는 일을 좋아하면서 부와 풍요를 가꾸고 귀와 명예를 높이며 수와 건강을 지키는 인생관이야말로 최상의 인생관 선택이다.

정직에 기초한 원칙중심principle-centered의 삶을 선택하고 설계하는 것이 가치 있는 인생관 정립의 기본이 된다.

인생관은 사람에 따라 다음과 같이 다양하고 엉뚱하게 다를 수도 있다.

"아래로 기면서 어려운 사람들의 좋은 벗이 되겠다."

"가진 것을 놓아버리고 가난한 사람들의 밥이 되겠다."

"예(禮)와 인(仁)으로 세상의 길을 밝히겠다."

"모든 사람의 원죄를 사하고 영원한 생명을 얻도록 구원하겠다."

"온 누리의 고통을 없애고 상락아정(常樂我淨)의 세상을 만들겠다."

"죽음으로 외적을 물리치고 풍전등화의 나라를 구하겠다."

"조국의 자주적 독립을 위하여 임시정부의 문지기라도 하겠다."

"사랑하는 가족의 건강과 화목을 창조하는 해피메이커가 되겠다"는 것도 스스로 선택할 수 있는 인생관이 될 수 있다.

'원칙 없는 정치'를 하지 않겠다.

'노동 없는 부자'가 되지 않겠다.

'양심 없는 쾌락'을 즐기지 않겠다.

'인격 없는 교육'을 행하지 않겠다.

'도덕 없는 상업'을 행하지 않겠다.

'인간성 없는 과학'을 따르지 않겠다.

'희생 없는 종교'를 따르지 않겠다는 간디의 인생관도 우리가 선택하고 설계하여 경험할 수 있는 좋은 참고자료가 될 수 있다.

'원칙중심의 삶을 주도적으로 실천하며 살겠다.'

'끝을 생각하고 시작하며 항상 마지막을 준비하겠다.'

'미리 선택하고 계획한 소중한 일부터 먼저 하겠다.'

'최선의 방법이 승승(勝勝 win-win)이므로 공동의 이익을 도모하겠다.'

'먼저 경청한 다음에 상대를 이해[說得]시키겠다.'

'시너지 효과를 위해 경쟁상대와도 협력하겠다.'

'끊임없이 심신을 단련하고 쇄신하겠다'는 미국의 스티븐 코비Steven Covey의 성공한 사람들의 7가지 습관도 현대인이 선택할 수 있는 멋진 인생관이다.

"그 사람의 모든 것은 그 사람 자신이 스스로 만드는 것이다"는 영국의 명상가이면서 작가인 제임스 앨런James Allen의 말처럼 그 사람의 삶은 그의 자유의지가 선택하고 결정하며 창조하고 경험한다. 어떤 선택을 하고 어떤 행동을 하던 그것은 전적으로 그 사람 자신의 책임이다.

'오늘의 나'는 어제까지 내가 내린 선택과 행동의 결과물이요 '내일의 나' 역시 오늘 내가 하고 있는 선택과 행동의 결과물이다.

'오늘을 특별한 내일'로 만드는 것도 나의 선택이요

'오늘을 불행한 내일'로 만드는 것도 나의 선택이다.

'좋은 뜻'을 세우고 나를 달래고 설득하여 좋은 뜻을 주의하고 실행하면 원하는 뜻대로 이뤄진 미래의 현재를 경험하는 것 또한 당연한 나의 선택이다.

좋은 뜻은 자신의 사명과 역할이며 꿈과 비전이고 소원을 이루겠다는 다짐이다. 자기 삶의 목표다.

'현재의 미래를 선택하는 것'이 좋은 뜻이고 '미래의 현재를 설계하는 것'이 좋은 그림이다.

좋은 뜻대로 좋은 그림을 그리고 그 그림을 자기 삶의 목표로 삼고 한결같이 주의한다. 현실로 창조될 때까지 집중한다.

하나 됨의 경험을 할 때까지 몰입한다. 초지일관하고 정신일도 한다. 일의화행(一意化行)하고 일이관지(一以貫之)한다.

프라이머리 오리지네이션Primary Origination을 하는 것이다.

나와 연결되어 있는 우주의 모든 에너지는 내가 선택하고 주의하면 그 즉시 진동하는 에너지 반응이 나타나고 선택을 집중하는 주의력의 정도에 따라 무한성취의 창조력이 발현된다.

한뜻으로 주의하면 좋은 뜻을 현실창조로 바로 챙길 수 있다.

스스로 선택한 좋은 뜻이 그려 놓은 그림을 현실로 창조하여 음미하고 감상할 수 있다.

스스로 선택한 미래의 현재를 일념으로 주의하면서 상상으로 창조하고 경험하는 것이 매우 중요하다.

창조하고 경험할 꿈속의 그림이나 목표가 아니라 창조되어 경험한 현실 속의 그림이고 목표라야 현실창조의 시간이 단축된다.

그때 현실경험의 기쁨이 무한대로 확장된다. 선명한 의식

상태에서 선택하고 집중한 상상경험이 현실창조의 첩경이 기 때문이다.

주의attention하는 주체는 자아의식이고 주의하는 행위는 자유의지가 선택한 행동으로 인간 마음의 앎과 뜻이 함께 하는 창조행위다. 의식하는 앎이 모든 것을 최초로 창조하지만 흐릿하게 의식되는 앎은 의식권내로 받아들여지지 않기 때문에 우주에너지와 연결되지 않을뿐더러 현실창조로 연결되지 않고 소멸되고 만다.

오직 선명하게 의식되는 앎의 인상만이 의식권내로 받아들여져 우주에너지와 공명하기 때문에 현실창조로 연결된다.

인간의 감각기관을 자극하는 인상을 선명하게 지각하고 인식하는 의식작용을 우리는 주의(注意)라고 하며 그 주의로 얻어진 앎이 곧 창조로 연결된다.

주의(注意)는 우주에너지를 끌어당기고 자연에너지를 모으는 수단이다. 그것이 무엇이든 그것을 주의하면 우주지성과 삼라만상이 주시하게 되고 우주만유의 모든 에너지와 공감하며 리듬편승하게 된다.

'주의는 통일적으로 선명한 의식상태'를 말한다. 여러 가지 자극에 대한 인상과 의식 내용 중에서 의도한 하나의 자극을 선택하고 집중함으로써 다른 자극을 배제하기도 한다.

독서에 열중하고 있을 때 시계의 똑딱 소리가 들리지 않는다거나 친구와 떠들고 놀 때 부모가 가까이와도 모르는 경우와 같이 선명한 의식이 감각기관을 한 방향으로 이끄는 작용을 '주의의 통일성' 또는 '주의력'이라고 한다.

이 주의력은 선천적으로 타고난 것이 아니라 후천적인 노력에 의해 길러진다. 주의하지 않는 앎은 의식권에 수용되지 않으므로 그것을 현실로 창조하거나 현상할 수 없고, 오직 주의하는 앎이 그것을 현실로 창조하거나 현상할 수 있다.

앎은 주의를 필요로 하고 주의는 창조로 나타난다. 주의력을 기르는 것은 앎을 증진시키는 것이고, 선택한 의도와 하나 되는 것이며, 현실을 창조하는 창조력을 기르는 것이다.

주의는 창조요 주의력은 창조력이 되므로 선택한 설계를 현실로 창조하려면 반드시 그것을 한결같이 주의하여야 한다.

주의가 분산되고 집중이 산만하면 마음이 산란해져 자신의 생각과 감정, 의도가 현실이 되지 않는다.

뜻은 앎을 선택하고 조율하며 통제하는 인간의 의지로서 주의와 창조를 선택하고 조율하며 통제한다. 창조의식 앎과 창조의지 뜻이 하나 될 때 '온전한 창조'가 나타난다.

무의적 주의는 앎의 창조기본이고 의도적 주의는 뜻의 창조수단이 된다. 선택한 의도는 의도적 주의가 되고 선택한 의도가 정밀한 설계를 하면 '완벽한 주의'가 되므로 현실창조가 자연스럽다.

주의를 바꿔놓고 돌려놓기 함으로써 가난한 현실을 풍요로운 현실로 전환할 수가 있다. 미움을 사랑으로, 전쟁을 평화로, 질병을 치유로, 거짓을 참으로, 어둠을 빛으로, 절망을 희망으로, 불행을 행복으로 바꿔놓고 돌려놓을 수 있다.

'고요한 침묵이 흐르는 선명한 의식 상태'에서 자신이 선택하고 설계한 미래의 현재를 주의할 때 '선택한 의도가 이뤄진 것을 생생하게 느끼는 가슴 뭉클한 한 순간을 경험'하면 반드시 선택한 의도대로 창조된 현실을 경험하게 된다.

미래의 현재는 지금 여기의 '완벽한 주의'가 '온전한 창조'로 나타난 것이기 때문이다.

•••
9절 현재의 미래를 선택하기

꿈과 바람[願]은 텅 빈 고요 속에서 설레던 그리움이 피어 난 것이다. 드러나지 않은 것이 드러나려는 현묘(玄妙)한 것 이 바람[願]으로서 존재 그 자체의 원초적 생명에너지에서 비롯한 것이다.

원하지 않으면 우주도 자연도 인간도 실재하지 않는다. 인간이 지식하고 신념하는 정신도 물질도 운동도 생성되지 않는다.

원하는 순간에 의식하는 에너지 파동이 비로소 일어나기 때문에 존재하는 모든 실재의 근원은 바람[願]이다.

하고픈 바람, 갖고픈 바람, 되고픈 바람들이 모든 창조에 너지의 동기가 된다. 더 나은, 더 좋은 존재로 새로워지려는 것은 우주적인 바람이고 어린 싹이 무럭무럭 자라 꽃피고 열 매 맺으려는 것은 자연적인 바람이며 원하는 뜻대로 선택한 의도를 설계하고 주의하여 현실로 창조하는 놀이를 즐기려 는 것은 인간적인 바람이다.

존재하는 이것과 저것이 주고받음 하는 것도 서로가 하나 되려는 바람이고 서로가 동질성을 발견하고 공감하며 리듬 편승하고 공명하는 것도 서로가 닮아나려는 바람이며 서로 를 닮아 나온 것은 서로가 기뻐하려는 바람을 이룬 자연스 러운 현상이다.

기쁜 마음으로 바로 챙길 수 있는 것은 스스로 원하고 좋아하는 것이라야 한다. 인간은 좋아하는 것을 원하게 되고 주의하게 되며 더 열심히 얻으려고 노력한다.

나와 나의 이웃에게 꿈과 희망, 사랑을 줄 수 있는 사람은, 자기가 원하는 것을 바로 챙겨도 하늘과 양심에 부끄럽지 않다.

나와 나의 이웃에게 실망과 고통을 주는 사람은 이웃이 원하지 않는 것과 싫어하는 것을 선택하고 집중하기 때문에 좋은 것을 바로 챙김이 어렵다. 만약 좋은 것을 어쩌다 챙길 수 있어도 그의 양심은 부끄럽고 괴롭다. 스스로 원하는 것, 좋아하는 것이 아니면 바로 버려야 한다. 바로 버리지 않으면 챙길 수 없고 챙겨도 고통이 되기 때문이다.

'바로 버릴 것을 아는 것'이 '바로 챙길 것을 아는 것'이다. 부정적인 생각, 감정, 언어, 행동. 비생산적인 놀이, 교제, 참여, 오락, 투자, 잘못임을 알면서도 자신을 합리화시키는 모든 행위와 함께 가난, 무능, 실패, 고뇌, 분노를 자초하는 사고방식, 생활습관, 경제관점, 학습태만, 목표부재, 의욕상실, 게임중독, 애정방황, 직업짜증, 시간낭비, 자기학대, 일탈행위 등은 자신이 원하지 않는 것들이다.

'이것은 아닌데?' 하면서도 바로 버리지 못하고 이웃과 세상을 탓하고 원망하며 헤매는 사람은 비겁하고 무책임한 사람이다.

원하지 않는 일이나 싫어하는 행위를 계속하고 있는 사람은 헤매는 사람으로 불쌍한 사람이다.

자신이 한심하고 어리석은 줄 알면서도 바로 버리지 못하고 바로 바꿔 타지 못하고 길들여진 타성에 젖어서 '괴로운 배'를 타고 망망대해 험한 세상을 표류하고 있다.

한 가지 분명한 진실은 바로 버려야 할 것들을 가득 싣고 표류하도록 어느 누구도 강요하지 않았다는 것이다. 하느님이나 부처님, 가족이나 친구, 환경이나 상황이 강요하지 않았다는 것이다.

원하지 않은 것, 바로 버릴 것을 가득 싣고 표류하는 배에 탑승한 것은 자기 자신이다. 자기 자신이 그것들을 선택하지 않았다고 강변해도 지금까지 바꿔 탈 기회는 얼마든지 있었다.

자신의 의지와 상관없이 탑승하였을지라도 현명한 사람들은 신속하게 환승transurfing하였다. 그 배가 싫거든 스스로 바꿔 타라! 옮겨 타라! 스스로 원하는 것, 바로 챙길 것을 가득 싣고 희망에 부푼 '즐거운 배' '행복의 배'로 옮겨 타라! 무엇이 두려워 망설이고 주저하는가?

괴로운 배에서 즐거운 배로 바꿔 타는 방법은 쉽고 간단하다. 누구나 나와 세상의 현실을 바로 인식하는 선명한 의식으로 바꿔 타겠다고 결심하고 결행하면 된다.

원하지 않은 것, 싫어하는 것, 필요하지 않은 것, 중요하지 않은 것, 버릴 것들을 알아차리고 원하는 것, 좋아하는 것, 필요한 것, 중요한 것을 챙기면 된다.

생각의 전환, 감정의 전환, 언어의 전환, 행동의 전환을 통하여 지금 여기서 챙기면 된다. 꿈과 희망, 비전과 목표를 선택하면 된다. 부와 풍요, 귀와 명예, 수와 건강을 선택하고 설계하면 된다.

과거의 현재가 워킹푸어working poor일지라도 현재의 미래는 워크리더work leader로서 장차 노블레스 오블리주noblesse oblige의 삶을 살겠다고 결의하고 선택하라!

부와 풍요, 귀와 명예를 선택하고 설계하여 주문하면 된다.

스스로 버릴 것들을 종이에 솔직하게 적은 다음에 스스로 챙길 것들로 하나하나 바꿔 적으면 된다.

진정으로 좋아서 챙길 것들을 적은 다음에 오직 일념으로 좋아서 챙길 것만 주의하고 집중하면 된다.

우주지성의 에너지가 챙길 것으로 집중되면서 조화의 불꽃이 일어난다. 챙길 것을 선택하고 집중하면 '경험된 현실로 바로챙김의 기쁨'이 따르는 것이 우주조화의 법칙이다.

버릴 것과 챙길 것을 아는 것이 나와 세상을 바로 아는 것이고 바로 챙기는 일이다.

스스로의 주의를 챙길 것에 집중몰입 하는 순간 그는 괴로운 배에서 즐거운 배로 확실하게 바꿔 탄 것이다. 버릴 것을 깨끗하게 버린 것이고 동시에 챙길 것을 완벽하게 챙긴 것이다. 새로운 사람으로 거듭난 것이다.

바꿔 탄 순간 스스로의 의식권에서 버릴 것은 깨끗하게 사라지고 없다. 챙길 것만 선명하게 의식되므로 우주에는 챙기는 방향의 에너지만 진동하고 리듬편승하게 된다.

일정한 시간이 흐르면 그것과 하나 됨의 공명이 일어나니 스스로 챙긴 것을 현실로 경험하고 감사하게 된다.

좋아하고 원하는 것을 챙긴 글이나 문서를 〈드림 리스트〉 〈행동 다짐서〉 〈소망 주문서〉 또는 〈사명 선언서〉 〈비전 선언문〉이라고도 하고 〈인생계획서〉라고도 한다.

이와 같은 문서에는 〈현재의 미래〉 자기 삶의 방향과 목표를 명시함으로써 바로챙김으로 연결해줄 수 있는 의미 있고 즐거운 내용이 담겨 있다.

스스로 원하는 삶의 목표인 챙길 것이 정해지면 배움이 신나고 하는 일이 즐거워진다. 하루라는 시간이 짧다. 삶의 순간순간 매순간이 소중하고 재미가 있다.

자발적인 동기부여self motivation는 스스로 무엇을 어떻게 하겠다는 '행동 다짐서'에서 비롯하지만 그보다 더 중요한 것은 자신의 내면에 숨어있는 꿈과 바람을 찾아 삶의 목표로 선택하고 설계하는 것이다.

진정으로 갖고 싶고, 하고 싶고, 되고 싶은 '꿈과 비전 리스트'를 작성하고 스스로 잘할 수 있고 좋아 하는가를 검토

한다.

미래의 현재에도 유용하고 가치 있는가를 예측하고 분석한다. 그다음에 프라이머리 목표로 확정하고 종이에다 문서로 작성한다.

이것이 '소망 주문서요 사명 선언서며 비전 선언문이다. 자신이 선언하고 주의하여 현실로 창조하고 경험해야 하는 인생 계획서'다.

자신의 선택을 존중하고 신뢰하며 한뜻으로 집중함으로서 현실창조가 경험될 때까지 성심으로 실천해야 하는 인생 목표 계획서다.

1차적 삶의 목표는 하늘이 내게 부여한 사명mission이다. 사명은 자신을 미래로 인도하는 항해지도요 나침반이다. 자신의 존재이유요 존재가치다.

스스로 추구하는 바quest 소명calling이며 비전vision의 궁극이며 거대한 목적grand purpose이다. 담대한 희망이고 원대한 꿈이다.

타고난 분수와 열악한 환경 너머에 사명은 있다. 사명은 평생을 바쳐 실현해야 하는 목표다. 남에게 희생적이고 헌신적인 일만이 사명이 아니다. 부와 풍요를 누릴 수 있고 귀와 명예를 지킬 수 있고 수와 건강을 즐길 수 있으며 '내게도 이롭고 남에게도 이로운 사명'이 좋다.

훌륭하고 위대한 일이 아니라도 가족이 인정하고 세상이 후원하는 사명으로 내면의 양심과 파워가 살아나는 사명이

유익하고 가치 있는 사명이다.

올바른 삶의 길은 자신의 사명 안에 있다. 삶의 중심이 자신의 사명이 되므로 사명을 지닌 사람은 스스로 정직에 기초한 원칙중심principle-centered의 삶을 살게 된다. 원칙중심의 사명을 지닌 사람은 올바른 길을 간다. 자신이 가진 능력이나 기술을 발전시키는 데 주의를 집중한다. 언제나 희망과 신념에 찬 열정으로 자신의 삶을 주도한다. **열악한 환경의 악조건도 오히려 자신의 분발을 촉구하는 자극제가 된다.**

평소의 흥미와 소망과 재능을 끝까지 고무하는 자신의 원칙중심 사명과 열정이 일치하면 성취의 기쁨은 당연한 것이다. 사명과 목표는 자신이 오르겠다고 선택한 산이다. 등산 과정의 어려움과 괴로움을 이겨내고 **정상에 오른 기쁨은 스스로 정상에 오른 사람만이 느낄 수 있다.**

2차적 삶의 목표는 현실로 주어진 역할role이다. 역할은 지금 여기서 내가 마땅히 해야 할 일이고 내게 맡겨진 책임분담이며 당면한 중대사다. 오늘의 일상사다. 사명은 단순한 하나일 수 있으나 역할은 복잡한 여러 가지가 있다.

개인적인 역할, 가족적인 역할, 직업적인 역할, 사회적인 역할 등이 있으며 역할의 일부는 서로 중첩될 수도 있다.

가장 좋은 역할은 원칙중심의 사명을 실현할 수 있는 역할이다.

스스로 선택하고 결단하여 도전하고 변환할 수 있는 역할, 지금 여기가 의미 있고 즐거운 역할로서 감사하는 마음으로 실행할 수 있는 역할, 스스로 주도하되 이웃과 협력하며 상생하고 화합할 수 있는 역할, 현재의 미래를 생각하고 준비하며 풍요와 평온을 얻을 수 있는 역할이면서도 지금 여기서 언제나 자신을 알아차리고 바로 챙길 수 있는 역할이 가장 좋은 역할이다.

3차적 삶의 목표는 소원을 성취하는 것이다. 소망을 주문하여 획득하고 경험하는 것이 의미 있고 즐거운 삶이다. 소원을 성취하는 것이 가장 확실한 삶의 목표를 달성한 기쁨이 된다.

이루는 기쁨을 누리고 나누려면 먼저 바라는 바를 아는 것이 중요하다. 갖고 싶은 소원을 이루려면 꼭 지니고 싶은 물건이나 나누고 싶은 관계를 확실하게 알아차리고 챙겨야 한다.

하고 싶은 소원을 이루려면 꼭 해보고 싶은 일이나 잘할 수 있는 능력을 알아차리고 챙겨야 한다.

되고 싶은 소원을 이루려면 되고자 하는 자신이나 본받고 싶은 사람role model을 알아차리고 챙기는 것이 중요하다.

1년 후, 10년 후, 30년 후, 50년 후에 되어 있을 자신의 모습을 그려보고, 미리보고, 알아차리고, 챙기는 것도 중요하다.

알아차리고 주문하면 챙길 수 있는 것이 바로 챙김의 법칙이다.

소망 주문서를 작성하고 소리 내어 읽으면 그대로 현실이 된다.

4차적 삶의 목표는 자신의 인생 미래를 설계하는 것이다. 지식이나 신념, 사업이나 직업, 사명이나 역할, 비전이나 목표를 구체화시킨 인생계획이 의도한 설계design가 된다.

하나뿐인 목숨을 갖고 한번 뿐인 생애를 가장 효과적으로 살기 위해서 필요한 것이 자기 삶의 지도인 인생계획서요 자기가 의도한 인생설계도다.

인생계획에는 장기계획, 중기계획, 단기계획이 있고, 단기계획에도 연간계획, 월간계획, 주간계획이 있다.

현명한 사람들은, "나는 15세에 학문에 뜻을 두었고, 30세에 홀로 설 수 있었으며, 40세는 미혹됨이 없었고, 50세는 천명을 알았으며, 60세는 남의 말을 잘 들을 수 있었고, 70세가 되어서야 마음대로 행동해도 허물이 없었다"는 공자의 연령별 계획서처럼 자신의 인생사계 계획을 세우고 살아간다.

평범하면서도 비범한 삶을 사는 사람들은
1) 배움과 좋은 습관을 의도하고 설계한 초년 인생계획
2) 직업과 좋은 배필을 의도하고 설계한 중년 인생계획
3) 성공과 여유로운 풍요를 의도하고 설계한 장년 인생계획

4) 행복과 여유로운 나눔을 의도하고 설계한 말년 인생계획을 세우고 그것을 일념으로 실천하고 점검하며 산다.

계획적으로 자신의 삶을 경영하는 사람은 나이가 들어도 건강한 심신으로 다정한 친구와 넉넉한 재물을 쓰며 즐거운 시간을 자유롭게 즐긴다. 늙어서도 할 일이 있고 경제가 따라준다.

계획 없이 삶을 허비한 사람은 늙어서 자식들의 눈치나 보고 공원이나 배회하면서 외롭고 쓸쓸한 나날을 보낸다. 나이가 들수록 삶이 무료하고 재미가 없어진다.

세상을 원망하고 이웃을 비난하며 자신을 변명하는 사람은 인생을 계획하고 미래를 설계하지 않은 사람이다.

원하는 것을 선택하여 설계하지 않은 사람들은 열심히 살아도 가난하고 궁색하다. 사명이나 역할, 비전이나 목표를 의도하고 설계하여 주의하지 않으면 우주장의 창조에너지와 공명할 수 없기 때문이다.

삶의 의미와 즐거움은 현재의 미래를 예측하고 선택하는 것이다.

자기창조 과정을 음미하고 감상하는 것이다.

자기창조 놀이를 집중하고 책임지는 것이다.

자기를 닮은 창조를 바라보고 사랑하며 기뻐하는 것이다.

자기의 사명과 역할, 비전과 목표를 '종이에 문서로 작성'한 다음에 의도대로 현실로 창조하여 경험할 수 있다.

사명과 목표, 인생계획서를 작성하고 선언하면 현실로 이루어진다.

사명과 목표, 인생계획서를 선언하고 주의하면 현실로 이루어진다.

사명과 목표, 인생계획서를 주의하고 염원하면 현실로 이루어진다.

사명과 목표, 인생계획서를 염원하고 기도하면 현실로 이루어진다.

••• ◇ 바로챙김의 법칙 학습과제

과제 1. 바로 챙기는 드림 리스트

(1) 원하지 않은 것과 싫은 것은?
    - 바로 버리고 싶은 것들 -

(2) 원하는 것과 좋은 것은?
    - 바로 챙기고 싶은 것들 -

(3) 드림 리스트를 작성하기
    - 하나하나 예측하고 분석하고 취사선택 한다 -

과제 2. 나의 사명(使命)선언서(宣言書)

나의 사명

1. 나는 _____

2. 나는 _____

3. 나는 _____

나의 역할

1. _____

2. _____

3. _____

4. _____

5. _____

나의 목표

1. _____

2. _____

3. _____

4. _____

5. _____

년   월   일

sign

과제 3. 나의 목표선언서

1. _____
2. _____
3. _____
4. _____
5. _____
6. _____
7. _____
8. _____
9. _____
10. _____
11. _____
12. _____
13. _____
14. _____
15. _____

년   월   일

sign

과제 4. 나의 행동다짐서

나는 오래도록 타성에 길들여진 습관을 알아차리고
다음과 같이 새로운 행동다짐을 정하고 준수하겠다.

1. _____
2. _____
3. _____
4. _____
5. _____
6. _____
7. _____
8. _____
9. _____
10. _____
11. _____
12. _____
13. _____
14. _____
15. _____

년   월   일

sign

과제 5. 나의 소망주문서

1. _____
2. _____
3. _____
4. _____
5. _____
6. _____
7. _____
8. _____
9. _____
10. _____
11. _____
12. _____
13. _____
14. _____
15. _____

년   월   일

sign

과제 6. 나의 가족 사명선언서

1. _____

2. _____

3. _____

4. _____

5. _____

6. _____

7. _____

8. _____

9. _____

10. _____

11. _____

12. _____

13. _____

14. _____

15. _____

년   월   일

sign

과제 7. 나의 인생계획서

나의 초년 계획은

1. _____

2. _____

3. _____

4. _____

나의 중년 계획은

1. _____

2. _____

3. _____

4. _____

나의 장년 계획은

1. _____

2. _____

3. _____

4. _____

나의 말년 계획은

1. _____

2. _____

3. _____

4. _____

년   월   일

sign

과제 8. 나의 사업계획서

긍정적 시각의 대안시나리오

1. _____
2. _____
3. _____
4. _____
5. _____

부정적 시각의 대안시나리오

1. _____
2. _____
3. _____
4. _____
5. _____

통합적 시각의 대안시나리오

1. _____
2. _____
3. _____
4. _____
5. _____

년　월　일

작성자　　　　sign

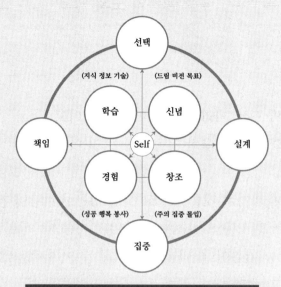

YOUR FUTURES START FROM YOURSELF

제4장·받아들임의 법칙

••• 1절 행복의 도와 덕

**행복의 도는 '바라는 것을 이루는 것'이고
행복의 덕은 '이룩한 것을 나누는 것'이다.**

자신이 바라는 것을 이루고 살면 성공한 사람이다. 바람, 즉 소원이란 인간의 소박한 욕구이고 이룸, 즉 성취란 인간의 순수한 기쁨이다. 바라는 바 욕구가 이뤄지면 남녀노소 누구나 기뻐한다.

바람을 이루며 기뻐하는 삶이 행복한 삶이다.

함이 없는 빔의 가능태 공간, 고요 속에서 저절로 설레며 피어난 것이 바람이다. 태초의 생명에너지 파동이다. 우주지성 내면의 파동이다.

드러나지 않은 우주지성이 삼라만상으로 드러난 것도 바람으로 말미암은 것이다. 무원(無願)의 원(願)이 이루어진 것이다.

바람은 갖고픔, 하고픔, 되고픔 등으로 모든 것을 창조하는 창조에너지의 동기가 된다. 그 사람의 목표가 되고 활력이 되며 생존의 의미가 된다.

바람이 없는 인간은 생존의 의미를 상실한 인간이거나 아니면 세속을 초월한 수행자다. 일반인은 누구나 바람이 학습동기가 되고 성공 동기가 되며 사랑동기가 되고 삶의 이

유가 된다.

부와 풍요, 귀와 명예, 수와 건강의 동기도 바람으로부터
비롯된다.

바람은 원초 에너지가 되므로 원력이 최초의 창조에너지다.

바람은 욕구다. 누구나 원하는 기본적인 욕망이다. 현대심
리학에서는 인간의 욕구를 다음과 같은 다섯 단계-(인본주의
심리학자 매슬로우의 주장)-로 나누어 설명하고 있다.

본능적인 생리충족을 위한 생리욕구.

자신의 안전보장을 위한 안전욕구.

사회적 소속감과 조화를 위한 사랑욕구.

자신의 보상과 우월성을 인정받으려는 명예욕구.

숭고한 차원의 초월과 의지를 경험하려는 자아실현욕구.

인간 뇌의 활동 특히 뇌내 모르핀은 인간에게 자아실현의
욕구를 달성하라고 원력을 촉구한다.

낮은 수준의 생리욕구보다 높은 수준의 자아실현욕구에
도달할 때 뇌내 모르핀이 훨씬 더 많이 분비되며 그만큼 정
신적 쾌감도 커지고 몸이 좀처럼 병에 걸리지 않으며 행복한
마음으로 오래오래 살 수 있기 때문이란다.

뇌내 모르핀은 바라는 것이 이루어진 가장 높은 단계인
'자아실현욕구를 충족한 삶이 인간최고의 기쁨'이며 동시에
항상 마르지 않는 행복을 느끼며 살아갈 수 있는 열쇠라고
가르쳐 주고 있다.

먹고 싶고, 자고 싶고, 안고 싶은 단순하고도 현실적이며 본능적인 생리욕구에서부터 그 일은 위험하니 하지 않고 편안한 쉼터인 집을 마련하겠다는 안전욕구, 사회적 조직이나 신앙단체에 소속되어 이웃과 어우러져 고락을 나누고 예술을 감상하는 여유를 즐기겠다는 사랑욕구, 더 나아가서는 명분 있는 사회사업이나 정치활동 같은 봉사직책을 맡아 많은 사람들에게 인정받겠다는 명예욕구, 참자아를 깨닫고 자기가 마음먹은 뜻대로 살겠다는 자아실현욕구까지 인간의 다섯 단계 욕구는 낮은 단계[형이하학적 욕구]에서 점차 높은 단계[형이상학적 욕구]로 한 단계 한 단계씩 발전한다.

자기의 욕구가 단계별로 새로워지는 과정에서 현실적으로 바라는 것이 이뤄지는 기쁨을 얻지 못하면 그 곳에 저항이 생겨나고 고통이 따른다.

고통이란 나에 대한 욕구로부터 생기는 것이기 때문에 그 고통으로부터 벗어나려면 나의 모든 욕망을 버려야 한다고 주장하는 사람들에게 인도의 요가 스승 마하리쉬 마헤시 Maharishi Mahesh는 그렇지 않다고 강력하게 부정한다.

"욕망 때문에 고통스러운 것이 아니라 그 욕망을 충족시키지 못하는 자신의 무능력 때문에 고통스럽다"는 것이다.

이루려고 바라는 욕구나 욕망 그 자체는 순수하고 소박한 것이나 그 욕구나 욕망이 이뤄지지 않으면 고통과 불행이 따르고, 반대로 바라는 것이 이뤄져 현실로 경험되면 기쁨과 행복이 따른다고 본 것이다.

고통과 불행을 부르는 충족되지 못한 욕구를 없애려면 '자신이 바라는 것을 이룰 수 없다'고 한계 짓고 체념하거나 포기할 것이 아니라 '이룰 수 있다고 신념하고 지속적으로 주의하여 경험하면 된다.'

　삶의 자연스러운 욕구나 현명한 사람이 선택한 의도는 지극히 당연하게 이뤄지고 경험된다.

　현실적으로 불가능하고 인류의 보편적 윤리관과 상충되거나 자연의 질서에 위배되는 욕구는 먼저 재조정되어야 우주지성과 하나 된 아름다운 현실로 창조되고 경험될 수 있다.

　이와 같은 상황을 마하리쉬 마헤시는 **"자아를 실현하는 사람은 자아의 필요에서보다는 오히려 상황의 필요에 따라서 행동한다"**고 설명하였다.

　바라는 것을 자신의 의도대로 충분히 성취한 사람은 자신만을 위하는 본능적 생리욕구나 소유에 치중한 안전욕구보다 더 높은 차원의 사랑, 명예, 자아실현욕구를 위하여 이웃과 세상을 생각하고 행동한다.

　'자신을 위해 무엇을 얻었으며 어떻게 하였느냐?'보다 '이웃과 함께 무엇을 나누었으며 어떻게 하였느냐?'를 더 중시한다.

　자신의 욕망이 피어나기 전에 그 욕망의 전 범위와 깊이를 충분히 인식한 다음에 선택하고 행동한다.

　성공이란 '바람을 이룸'이니 자신이 좋아하고 잘할 수 있는 것에 공을 들여 현실로 창조하고 경험하는 것이다.

일반적으로는 가정적인 화목, 사회적인 지위, 물질적인 풍요, 신체적인 건강, 정신적인 자유, 평정, 깨달음 등을 성공이라고 한다.

성공을 이웃과 함께 나누는 사람과 그렇지 못한 사람의 성공은 그 질적인 내용과 가치가 다르다. 성공의 목적이 다르기 때문에 성취의 정도나 크기도 다르다. **'나눌수록 커진다는 우주불변의 법칙'**이 있기 때문이다. 한 개인만을 위한 성공과 많은 이웃을 위한 성공은 같은 성공일지라도 그 성공의 무게가 다르고 그것을 나누고 즐기는 기쁨의 크기가 다르다.

성공과 행복의 필수조건은 이룸을 이웃과 함께 나누는 봉사에 있다.

성공이 나타난 바깥의 모습이라면 봉사는 감춰진 안의 본모습으로서 성공과 봉사는 불가분의 유기적 관계를 지니고 있다.

성공한 개인이나 기업 또는 그 집단이 이웃이나 그가 소속된 사회와 더불어 나누는 봉사를 하지 않으면 반드시 몰락하여 그 성공의 흔적조차 찾아볼 수 없게 된다.

성공하고 자기만 챙기고 이웃을 챙기지 않으면 혹독한 대가를 치르는 것이 주고받으며 상호작용하는 자연의 법칙이기 때문이다.

모든 성공의 지속성은 봉사에 있고, 진정한 행복도 이웃과 함께 나누는 봉사에 있다. 나는 너희 안에 있고 너희는 내

안에 있기 때문이다.

따라서 성공하기 위해서는 봉사활동이나 기부활동이 필요하며 봉사와 기부를 열심히 하는 사람은 반드시 사회적으로 성공한다.

자기 개체의 이익만을 위해서 봉사하는 사람은 아주 작은 성공을 거두고, 이웃 전체의 이익을 위해서 봉사하는 사람은 참으로 큰 성공을 거두게 된다. 이것은 지극히 당연한 '봉사의 보상법칙'이다. 사회의 정치, 경제, 문화, 예술, 종교, 기업경영, 개인영달 등의 모든 분야에 있어서 그 사람의 성공은 그 사람이 무엇을 어떻게 하느냐는 사회활동을 통한 봉사나 기부내용에 따라 좌우된다.

그것은 그 사람의 **봉사의 질** Quality과 **봉사의 양** Quantity과 **봉사의 정신** Spirit이라는 **QQS 삼요소**가 적절하게 갖춰지고 활용될 때 얻어지기 때문이다. 개인이나 조직의 성공은 언제나 QQS와 밀접한 연관을 지니고 있다.

성공의 정도 역시 QQS율과 비례된 결과로 나타난다는 앤드류 카네기Andrew Carnegie의 가르침을 나폴레온 힐Napoleon Hill이 그의 저서인 '거부가 되는 길'에서 다음과 같이 전하고 있다.

봉사의 질은 그 사람의 두뇌와 재능, 절제된 사고와 감정, 창의성 등의 능력을 의미하고,

봉사의 양이란 그 사람이 공들인 세월, 숙달된 경험과 습관, 열성을 바친 시간 등을 의미한다.

봉사의 정신이란 원만한 관계, 신뢰와 감동을 주는 친절과 명랑, 화목한 팀워크와 투철한 서비스정신 등을 의미한다.

오늘날 성공한 사람들은 한결같이 이웃에게 친절과 봉사로 자신의 능력을 좋은 값에 판매하여 그에 상응한 보상을 받은 사람들이다.

성공은 직업전선이나 일상생활 속에서 판매하는 봉사의 질과 양, 정신에 있다.

이 QQS 삼요소가 자신의 능력을 영구적인 시장에 만족할 만한 좋은 조건으로 비싸게 팔수 있는 기본이 된다.

적절한 봉사의 양과 질만으로는 자신의 능력을 영구적으로 상품화해 나가는데 충분하지 않다. 가장 중요한 상품가치는 고객에게 감동을 줄 수 있는 자발적인 자신의 봉사정신에 있기 때문이다.

봉사의 정신은 화합하는 정신이므로 화합하는 행동이 따라야 한다. 화합하는 행동은 친절하게 서비스할 수 있는 명랑한 성격을 지닌 사람들의 특징이다. 그들은 언제나 긍정적인 생각과 행동을 하는 사람들로 이웃이 반기는 사람들이다.

침울한 사람보다 명랑한 사람이 더 적극적 사고와 행동의 소유자로 성공한다. 침울한 사람이 성공하면 어딘가 불안하고 두렵다.

강철 왕 앤드류 카네기Andrew Carnegie는 신입사원 면접에서 이웃과 화합할 수 있는 명랑한 사람만 선발하여 직원으로 채용하였고 그들이 성실하게 따라오면 성공하여 부자가 될

수 있도록 이끌어 주었다고 한다.

봉사할 수 있는 재능 중에 가장 값비싼 재능은 널리 세상 사람을 이롭게 할 수 있는 아이디어를 창출할 수 있는 재능이다.

새로운 아이디어로 이웃에게 서비스할 수 있는 창의적인 사람이 부와 풍요, 귀와 명예를 확실하게 이룰 수 있는 훌륭한 봉사자다.

단순한 노무를 제공하는 것보다 좋은 아이디어를 창출하고 제공하는 것이 성공하고 행복할 수 있는 봉사의 지름길이다.

'나눔'이 행복의 으뜸 덕목이다. 행복하기 위해서는 바라는 것을 이뤄야 하고 이룩한 것을 나눠야 한다.

나 자신의 성공과 행복을 얻기 위해서 너희 이웃과 함께 나누는 것을 즐겨야 한다. 너희 이웃과 나눔이 의미 있고 즐거운 사람만이 스스로 소원성취한 성공과 스스로 선택한 행복을 오래오래 누릴 수 있다. 언제나 나는 너희 없이는 존재할 수 없기 때문이다.

나는 너희 때문에 성공한 것이다.

너희가 곧 나다.

● ● ●
2절 행복지성의 체·상·용

**행복지성의 체는 '소망으로 바라는 것'이고
행복지성의 상은 '믿음으로 이루는 것'이며
행복지성의 용은 '사랑으로 나누는 것'이다.**

인간은 자기가 바라는 뜻대로 살 수 있다. 스스로 학습하고 탐구하며 도전하고 성장발전하면 바라는 것을 이루고 살 수 있다.

Self 선택한 삶의 방향이나 목표를 심사숙고하고 집중몰입하면 자기가 되고 싶은 사람으로 새로워질 수 있다.

자기가 좋아하는 사람과 사랑을 주고받을 수 있다. 자기가 갖고 싶은 것을 바로 챙길 수 있고 자기가 하고 싶은 일을 언제든지 선택할 수 있다. 그것이 긍정적인 것이든 부정적인 것이든 자기가 되고 싶은 사람으로 거듭 새롭게 깨어나면 바라는 대로 이루고 경험할 수 있다.

무엇이든 바라는 것을 하고자 하면 할 수 있는 능력을 지닌 존재가 우리 사람이다. 비록 현재의 상황이 최악의 상황일지라도 그 상황을 받아들이고 살피면 자기가 바라는 방향으로 최악의 상황도 최선의 상황으로 개선할 수 있다. 심각한 상황을 행운의 기회로 전환시킬 수 있는 능력을 화신(化神) 인간은 가지고 있기 때문이다.

**선명한 의식으로 주어진 상황을 받아들이고 침착하게 생각하고 행동하면 상황을 호전시킬 수 있다. 상황을 바꿔 탈

수 있는 대안을 얼마든지 찾을 수 있기 때문이다.

행복을 소망하는 현명한 사람에게는 최악의 상황이 최선의 미래를 선택할 수 있는 운명전환의 출발점이다. 전화위복의 기회다.

의심, 불신, 두려움을 버리면 어른은 물론 어린이도 자기가 바라는 대로 보고 듣고 만지는 놀이를 즐길 수 있다.

호기심으로 두려움을 물리치고 새로운 놀이를 학습할 수 있다.

인간은 배우는 동물이다. 배움은 인간의 본성이기에 누가 가르쳐 주지 않아도 스스로 호기심을 발동하여 새로운 것을 학습하고 경험할 수 있다. 그 경험된 놀이를 통하여 세상을 알아차리고 자아를 인식하고 창조한다.

현실로 경험된 지식이 산지식이다. 그 산지식을 신념하면 그 지식이 자아가 되고 현재의 미래창조를 주도한다. 언제나 느껴 아는 놀이나 경험은 뇌가 기억하는 자아로 인식되고 자아와 동일시된다.

누구든지 의심 불신 두려움이 없는 선명한 의식 상태에서 한 생각 '바람[願]'을 일으키면 그곳에 우주자연의 모든 에너지가 모여든다.

나타나지 않은 빔[空]의 고요한 상태-무극(無極)에서 나타난 함의 움직임 상태-태극(太極)과 같은 경우가 바람이 피어나는 순간이다. 바람이 피어남과 동시에 에너지 파동이 시작된다.

'바람은 드러나지 않은 태초의 창조에너지'요, '말씀은 그 바람을 드러나게 하는 현재의 창조에너지'다.

바라는 것을 이루려면 자신이 원하는 것을 말씀으로 선언해야 한다. 선언하고 일념으로 주의해야한다.

인간이 이루고 누리려는 행복지성의 체(體)는 순수한 바람이다.

아름다운 소망이다. 바람은 생존을 위한 소박한 욕구다. 드러나지 않은 바람이 이뤄지고, 간절한 소망이 경험되고, 현존을 위한 기본욕구가 충족될 때 인간은 삶에 의미와 즐거움을 느낌으로 챙기고 행복하다.

순수한 바람을 이루려면 반드시 수고와 노력이 수반되어야 한다.

현실은 자기의 신념을 반영한다. 인간은 누구나 자기가 '선택한 신념'을 현실로 창조하고 경험하며 살아간다. 현재의 자아상은 자기의 앎이 바라고 신념한 그대로 창조된 것이다.

평소의 자기바람 그대로, 자기의 앎이 생각하고 신념한 그대로, 자기가 선택한 의도 그대로 창조된 것이 현재의 자기 모습이다.

이것은 내 모습이 아니라고 아무리 부정해도 소용이 없다. 보고 듣고 느끼며 지식한 신념 그대로 이루어진 것이 자아이기 때문이다.

순수한 바람, 간절한 소망, 기본적 욕구일지라도 그것을 이루려면 그것을 받아들일 수 있는 마음의 준비가 필요하다.

그 마음의 준비가 믿음이다. 현명한 선택도 그 선택을 신념하지 않으면 현실로 경험할 수 없다.

신념은 굳게 믿는 자기의 마음이다. 마음을 모으고 주의하는 것이 신념이다. 신념은 깨어 있는 의식[正念]으로 선택하고 집중하는 것이다. 초지일관하는 의도가 신념이다.

신념은 자신의 삶을 대변하고 때로는 자신의 목숨보다 더 소중한 가치를 지닌다.

신념체계에도 오류가 발생할 수 있으니 자기가 확신하는 신념이 〈참〉이 아닌 경우가 많다.

잘못된 관습이나 고정관념, 본능적 자아의 감각적 생각이나 행위에 의한 판단분별에서 생겨난 관점이 불변의 신념이 된 경우가 많기 때문이다.

사실 확인이 안 된 전언이나 교의주입, 힘들고 어려울 때 위로가 된 단순한 경험에 대한 맹신, 군중최면에 휩쓸린 맹목적인 광신, 단견(短見), 편견(偏見), 망견(妄見), 견취견(見取見 : 상대는 틀리고 자기편만 옳다는 견해), 왜곡된 지식, 사회적 시류(時流)나 주의(主義) 등이 그것이다. 인간지성이나 이성에 의한 객관적인 관찰능력이나 자신의 사유기회가 외면당하고 경험되지 않은 사실들이 감성적 신념으로 굳어진 경우다.

때로는 신념이란 집단최면에 빠져들어 직장도, 학업도, 사랑도, 가정도 다 팽개치고 보편적 자아를 상실한 채 그 조직이 요구하는 획일적이고도 비이성적인 삶을 사는 것도 자기의 신념이다.

도(道)다, 교(敎)다, 법(法)이다, 신앙이다, 무슨 주의(主義)다고 쫓아 다니다가 이미 많은 것을 잃고 깨어났을 때의 초라한 자신의 모습, 과거의 자기행위, 남의 말에 속았던 자신의 어리석음, 뒤늦게 수치와 후회로 통곡하는 경우도 다 자기신념의 한심한 결과다.

인간은 자기가 옳다는 신념의 돌담을 점점 높이 쌓으면서 신념 때문에 겪는 고통도 감사와 영광으로 받아들이고 당연시하는 어리석은 특성이 있다. 한 번의 감동이 평생을 맹신자로 살게 한다.

객관적이고도 합리적이며 실증적인 사실을 근거로 하는 과학도 생각하기와 따지기와 만들기에 전념하는 새로운 신념이다. 과학은 논리적이고 추상적인 신념과 맹목적이거나 주관적인 가상의 신념들을 부정하고 비판한다.

인간은 객관적 사실에 근거한 과학적 지식으로 교육되고 무장되어야만 이 세상이 문명사회를 이룩할 수 있다고 주장한다. 과연 그럴까?

어느 순간 어떤 계기로 말미암아 자기가 신념한 모든 것들이 허망해지고 자기가 옳다고 신념 했던 관점이 바뀌면서 새로운 시야가 활짝 열린다. 단편적인 '부분이 아닌 전체를 보

는 지혜'가 열리는 것이다. 새로운 진실에 눈을 뜨는 것이다.

'절대적 참이라고 믿었던 자기의 신념이 한계 지어진 자기만의 부분적인 앎이었다는 사실을 자각'한다. 그리고 깜짝 놀란다. 사랑도 치우치면 이와 같은 신념한계와 비슷하다.

우주적인 전체의식의 관점에서 자아적인 개체의식의 신념한계를 바라보면 이는 마치 태평양 바다의 한 방울 물과 같은 하찮은 것인지 모른다.

부분적으로 제한된 신념[평선 의식선상]의 미시적 관점에서, 전체적으로 무한한 신념[곡선 의식선상]의 거시적 관점으로 바뀌는 경험을 통하여 의식이 깨어나고 뜻이 바로 서는 깨달음을 얻는다. 거듭나는 것이다. 이럴 때 대개 소 울음이 터진다. 대성통곡한다.

이것에도 걸림이 없고 저것에도 막힘이 없으면서 어디에도 머물지 않고 이것이나 저것을 여의지도 않는다. 그 모든 것을 자기가 바라는 의도대로 지식하고 신념하며 창조하고 경험하는 신념의 정체를 깨닫게 된다.

신념은 성취능력이 있다. 자기가 그렇다고 신념하면 그것을 현실로 지어내는 것이 신념의 성취능력이다.

신념은 기적을 일으키는 신비한 마력을 지녔다. 그것이 참이든 거짓이든 신념하면 그 바람은 현실로 이루어진다.

성경도 '너희가 믿는 대로 되리라'고 신념의 기적을 가르쳐 주고 있으며 많은 교인들이 '믿습니다'를 외친다.

신념은 태산도 움직인다. 신념은 기적을 낳는다. 신념은 상상을 실제로 창조한다. 신념은 경험의 어머니다. 신념의 반영이 오늘의 현실이다.

신념은 욕구를 충족시켜주는 묘약이다. 신념이 기도와 결합하면 잠재의식과 직접적인 교류가 가능해진다. 신념은 지식을 활성화 한다. 신념을 경험하면 그곳에 새로운 자아가 출현[부활]한다는 등 신념의 위대성에 대한 말씀들이 많다.

올바른 신념은 인간정신의 지정의(知情意)가 지향하는 인생 가치인 진선미(眞善美)와 하나가 되어야한다.

참된 신념, 좋은 신념, 아름다운 신념은 정직한 신념으로 바라는 것을 이루어준다. 아름다운 신념은 아름다운 현실이 된다.

인간의 신념은 진선미와 위배된 신념일지라도 무한가능성의 힘을 끌어당기는 마력을 지니고 있다. 거짓된 신념, 나쁜 신념, 더러운 신념도 현실이 되는 경우가 많다. 사악한 존재의 그릇된 신념은 인간을 빛에서 어둠으로 타락시킨다.

그릇된 신념의 소유자들은 명랑한 신명인간(神明人間)을 우울한 무명인간(無明人間)으로 전락시키는 잘못을 범한다.

소망을 이루는 진정한 신념의 원천은 정직함에서 솟아나는 힘이다. 맹자가 말한 "스스로를 살펴보아 마음속이 광명정대하면 천 만 사람이 반대해도 나는 나의 길을 간다"는 그 확신이 호연지기가 솟구치는 올바른 신념이다. 하늘 앞에 부끄럽지 않고 스스로의 양심에 거리낌이 없는 신념은 정직에 뿌리 한 광명정대한 것이다.

외롭고 힘들다고 의지하는 신념이나 위로가 되어 좋다는 신념은 자신의 시간과 자립가능성을 빼앗아가고 무능화 시키는 최면제와 같은 경우도 있다. 그러나 소극적인 위안이 되기도 한다.

정직한 사람의 신념은 시대가 바뀌고 역사가 바뀌어도 변함없이 광명정대하므로 모두가 옳다고 인정한다.

정직하지 못한 사람의 신념은 시대와 역사가 조금만 바뀌어도 그릇됨을 비판당하고 그 부당함이 만천하에 드러나고 만다.

자신의 욕망과 자기편의 이익만을 구하는 이기적이고 독선적인 신념은 자신은 물론 선량한 이웃까지 괴롭히는 파렴치한 행적과 돌이킬 수 없는 과오를 남긴다.

이미 자신이 신념에 최면 되어 이웃의 선량한 사람까지 자기신념으로 최면 시키는 불쌍한 신념 인간들도 많다. 신흥교주들이 그들인 경우가 많다. 이상한 신념에 현혹되면 자각에 의해 깨어나기 전에는 약이 없다.

스스로 지식하고 선택한 신념을 일념으로 집중하여 현실로 창조하고 경험할지라도 '정직한 신념'이 아니면 무가치한 것이다.

'바람이 정직한 신념과 하나 된 이룸'이라야 그 이룸이 의미 있고 즐겁다. 남에게 금품이나 시간희생을 강요하지 않고 순수하고 정직한 자신의 **'신념이 이룩한 경험'을 이웃과 함께 나누는 것이 참되고 선하고 아름다운 행복지성의 상(相)이다.**

드러나지 않은 우주지성의 꿈과 바람은 자연우주의 삼라만상이 빛 가운데 서로 사랑을 주고받으며 화합하고 새로워지는 것이다.

우주지성은 그 꿈과 바람을 이루는 주인공으로 사람을 선택하였다. 헤아릴 수 없는 세월 145억년 이상을 무심의 사랑으로 사람을 기다렸다. 스스로의 자유의지로 진화하여 우주만물 가운데 으뜸존재가 되어 만물을 주관하라고 기다렸다.
드러나지 않은 우주지성의 꿈과 바람이 인간지성의 빛과 사랑으로 드러나기를 '고요히 미소 짓는 침묵' 속에 기다렸다.

우리 인간들이 지향하는 빛과 사랑은 우주지성의 꿈과 바람이다. 우주지성의 빛은 자연우주의 삼라만상을 밝히고 살리는 사랑이다.

존재의 근원은 빛이고 생명의 실상은 사랑이다. 밝게 밝히고 살리는 빛은 으뜸창조 에너지고 우주지성의 겉이다. 서로 주고받으며 위하는 사랑은 으뜸경험 에너지로 우주지성의 속내다.
인간지성의 빛과 사랑은 우주지성 그 자체다. 신(神)이다. 조화신이다. 조화 에너지다.

우리 인간의 본성이고 행복지성이며 우주만유 삼라만상의 본성이기도 하다. 빛과 사랑이 아름답게 피어나게 하는 것은 인간의 자유의지다. 자유의지는 신성(神性)이다.

인간의 자유의지는 어느 누구도 간섭하거나 침범할 수 없다. 인간을 비롯한 모든 존재의 자유의지는 가르치지 않아도 저절로 훤히 알고 능히 하는 자연지성이요 호연지기다.

존재는 저마다 신을 내재하므로 존재는 저마다 빛이다. 천신(天神)은 하늘이 빛이고, 지신(地神)은 땅이 빛이며, 인신(人神)은 사람이 빛이다. 산신(山神)은 산이 빛이고, 해신(海神)은 바다가 빛이며, 목신(木神)은 나무가 빛이다.

이와 같은 신들은 슬기로운 옛 사람들이 조심스러운 마음으로 자연을 사랑하고 경영하며 창조한 신들이었다.

인간사회의 다신관(多神觀)은 빛을 발하는 존재의 개별상에 대한 사랑의 이해였으며 일신관(一神觀)은 빛을 발하는 존재의 전체 상에 대한 사랑의 이해였다. 모두가 자연을 사랑하는 인간들의 소박한 마음이 창조한 신들이었다.

하나는 여럿이고 여럿은 하나[一卽多 多卽一]인지라 하나의 신은 삼라만상이고, 삼라만상은 저마다 하나의 신이다.

모든 존재의 빛은 다 하나의 빛으로서 저마다 참되고 선하고 아름다운 빛이고 사랑이다.

유(有)와 무(無), 영(0)과 일(1)을 아우른 우주지성은 하나로 크고 둥근 빛과 사랑이다.

드러나지 않은 고요 속 우주지성의 나타남이 '나'라는 사람이다. 지식하고 진화하며 새로워지는 앎의 신념체인 '나'

라는 사람은 본래가 하나의 빛이 화현한 화신이다.

어둠에서 빛으로 진화하는 사랑의 창조놀이는 우주지성을 대신한 인간의 삶이요 역할이며 인류의 역사다.

사랑의 창조놀이를 바라보고 지켜보며 음미하고 감상하며 기뻐하는 것이 드러나지 않은 우주지성이 드러난 원유(原由)이다.

'자유의지로 선택하고 설계하여 믿음으로 이룬 것'을 이웃과 함께 나누는 것이 **인간 행복지성의 용(用)이다.** 이웃과 함께 잘 주고 잘 받으며 화합하고 상생하는 것도 행복지성의 쓰임새다.

바람을 이루고 이룸을 나누는 것이 행복지성의 사랑이다.

3절 가짐의 여유가 선이다

서로를 위하고 서로를 챙길 수 있는 뜻은 저절로 이루어진다. 나와 너 우리 모두에게 이로운 좋은 뜻은 저절로 이루어진다. 지금보다 더 새로워질 수 있는 뜻은 반드시 이루어진다.

좋은 뜻은 자아실현의 목적선(目的善)이고 사회생활의 공동선(共同善)이다. 좋은 뜻은 천지자연의 우주선(宇宙善)이므로 이뤄질 수밖에 없다. 이것은 우주자연의 법칙이다.

좋은 뜻을 선택하고 신념하면 현실이 된다. 경험한 기쁨을 이웃과 나누는 것은 즐거움이다. 좋은 뜻은 세상을 밝히는 빛이고 사랑이어야 한다.

좋은 뜻은 정신을 깨우고 밝히는 동시에 물질을 넉넉하게 이루어 준다. 물질을 경시하고 정신만을 중시하는 뜻은 결코 좋은 뜻이 될 수 없다.

가난이 복이 될 수 없다. 가난이 미덕이 될 수도 없다. 결핍으로부터의 자유는 인간의 권리다. 우주지성의 바람이다. 가난은 죄악이 아닐지라도 고통이므로 선이 아니다. 인간을 제약하고 힘들게 하는 불편한 것이기 때문이다.

가난은 생명의 욕구와 자연의 질서에 위배된다. 적은 것에 만족하며 죽지 못해 사는 삶도 무능을 인정하는 행위다.

누더기를 걸치고 주린 배를 움켜쥔 채 나는 자유롭고 행복하다고 할 수는 없다. 부와 풍요, 여유가 선이다. 다다익선이다.

가짐의 여유는 좋은 것이다. 돈이 많아 부와 풍요를 누리는 것은 좋은 일이다. 부와 풍요를 바라는 것은 나쁜 일이 아니다.

능히 이룰 수 있는 부와 풍요를 외면하고 가난과 궁핍을 자초하는 것은 옳지 않다. 부와 풍요를 이루려는 소망은 소박하고 아름다운 소망이다. 그러나 그 방법이 광명정대하고 정직해야한다.

우주지성이 허락한 바 인간지성이 추구할 수 있는 당연한 일이다.

돈은 불활성 물질로 오관(五官)이 없다. 돈은 보고 듣고 느낄 수 없는 무생물이지만 성공의지가 확고한 사람을 알아보고 그를 좇아가는 괴물이다. 돈은 자기를 아끼고 바르게 쓸 줄 아는 사람에게 오래 머무를 줄 아는 신물(神物)이다.

돈은 이웃과 세상을 외면하고 자기와 자기편의 이익과 쾌락만을 추구하는 속물인간은 정확히 알아보고 떠나가는 영물이다.

돈이란 '쓰기'가 제일 어렵고, 다음에는 '지키기'가 어렵다. 그러나 의도하면 '벌기'는 의외로 쉽다. '돈을 벌기 위해 무엇을 어떻게 할 것인가? 그것이 문제다.'

선택한 돈을 얻기 위해 정밀하게 설계하고, 일념으로 신념하며 초지일관 주의하여 성심으로 전력투구 실행하면 의외로 벌기가 쉽다. 성공법칙을 알면 벌기가 의외로 쉽다.

돈을 사유재(私有財)나 낭비재가 아닌 공유재(共有財) 또는 우주재로 인식하고 절제하며 검소하게 살면 지키기도 어렵지 않다.

점차 돈이 모이고 부가 증가할수록 돈을 쓰기가 점점 어려워진다. 돈을 잘 버는 사람보다 돈을 잘 쓰는 사람이 더 훌륭하다.

돈은 항상 돈의 가치를 소중하게 인정하고 천하 사람과 천하 만물을 위하여 멋있게 쓸 줄 아는 사람을 기다리고 있다.

돈은 홍익인간 정신이 투철한 사람이 나타나 끌어당겨주기를 학수고대하고 있다.

좋은 뜻은 많은 돈을 끌어당기는 원동력이고 많은 돈을 오래도록 소유하게 하는 '지킴이'다. 나와 당신도 지금 여기에서 좋은 뜻을 세우고 많은 돈을 끌어당길 수 있다. 우주자연의 많은 돈이 나와 당신을 기다리고 있다.

"공손하고 검소하게 자신을 가꾸고[飾身恭儉], 학문을 닦고 일을 익히며[修學鍊業], 지혜를 열어 능력을 펼치고[啓智發能], 서로 힘써 이웃을 널리 이롭게 함으로써[弘益相勉], 스스로를 완성하여[成己], 어디에도 얽매임이 없으면[自由], 풍부한 물질을 열어[開物], 위아래 없이 더불어 나누고 누리

는 삶[平等]을 살 수 있다"고 뜻을 세우고 개물(開物)하는 방법과 원리를 우리 고조선의 단군3세 가륵이 오천년 전에 가르쳤다.

개물에 성공한 사람은 부가 증가할수록 세상을 보는 의식수준이 높아지고 생활수준이 향상된다. 인생의 가치관도 진화한다.

가짐에 여유를 누리는 풍요로운 사회에 사는 사람들과 가난에 찌든 빈곤한 사회에 사는 사람들의 가치세계는 서로가 전혀 다르다. 삶의 문화가 다르다.

돈을 주면서 땀 흘리고 고생하는 사람들과 돈을 벌려고 땀 흘리고 고생하는 사람들의 가치세계는 다를 수밖에 없다.

부가 증가하여 가짐에 여유를 누리는 사람들은

1) 자신의 삶을 즐긴다. 양보다 질을 좇는 고급스러운 문화생활을 즐기며 여행이나 쇼핑, 돈이 많이 드는 운동을 즐긴다.

부와 풍요, 수와 건강을 챙긴다. 쾌적한 삶의 질을 높이기 위한 지출이 늘어난다.

2) 이웃의 삶을 챙긴다. 이웃의 도움 없이는 부와 풍요를 이룰 수 없다는 진실을 깨닫고 자기와 가까운 이웃부터 하나하나 챙긴다. 곳간에서 인심난다고 자선사업을 한다. 사회봉사를 통하여 귀와 명예를 챙긴다.

이웃을 위한 지출이 늘어난다. 기부를 즐긴다. 기부가 성공의 초석이라는 것을 알고 실천한다.

3) **미래의 삶을 읽는다.** 현재보다 미래에 대한 관심이 높아진다. 미시적 사고에서 거시적 사고로 세상을 보는 관점이 바뀐다. 신지식 신기술 신정보 습득에 돈과 시간 투자를 아끼지 않는다. 미래를 학습하고 4차 산업사회를 준비하고 학습하는데 지출이 계속 늘어난다. 아낌없이 자기계발과 미래에 투자한다.

4) **계획된 삶을 보낸다.** 돈이 시간이라는 사실을 명심하고 시간 관리를 철저히 한다. 돈보다 시간의 가치를 중시하고 자투리 시간까지 살려 쓴다. 빈자는 시간을 주고 돈을 챙기며 부자는 돈을 주고 시간을 챙긴다. 시간을 벌기 위한 지출이 늘어난다.

5) **원칙적 삶을 지킨다.** 문제해결의 핵심이 원칙이라는 사실을 믿는다. 원칙을 지키는 정직한 사람이 자유롭고 행복하다는 삶의 방식을 고수한다. 무리한 위험을 자초하지 않는다. 원칙에 어긋난 투자는 하지 않는다. 선택을 살피고 이룸을 기다리는 지출이 늘어난다.

어느 누구든지 돈을 혐오하고 경멸하면 그는 반드시 가난의 고통을 겪게 될 것이다. 가짐의 여유는 좋은 것이다.

자신도 돈을 사랑하면 돈도 그 사람을 사랑하고 따를 것이다!

정당한 보수는 당당하게 요구하라! 언제나 돈의 노예는 되지 마라. 돈은 수고와 노력의 대가요 보상이다.

돈에 집착하면 인간의 진면목을 볼 수 없다. 인간관계를 돈이란 잣대로 재게 되면 결국 세상으로부터 고립을 자초하게 된다.

돈만 아는 저질인간은 이웃이 외면한다. 그때는 오히려 돈이 원수가 된다. 후회해도 이미 때가 늦다.

나와 당신도 가짐의 양면성을 경계하고 또 경계해야 한다.

많은 돈을 가짐이 도덕적으로나 종교적으로 비난받을 이유는 없다. 오늘날은 '가진 자의 부와 풍요'가 인류문화와 인류복지에 기여할 수 있다고 누구나 믿는다. 인류문명의 진화에 일반인보다 가진 자의 공헌이 더 크기 때문이다.

21세기는 '정념(正念)으로 격물(格物)'하여 돈을 제대로 쓸 수 있는 사람이 세상으로부터 돈을 이전받아 세상을 위해 돈을 바르게 써야 하는 시대다.

지금 여기서 의식이 깨어난 사람이 심사숙고하여 꿈꾸어온 목표를 집중몰입하며 '나도 할 수 있다'는 한 생각으로 초지일관하면, 물질우주에 가득한 부와 풍요를 자유의지로 얼마든지 경영하여 챙길 수 있다.

스스로 진지하게 부를 받아들일 마음이 있으면 우주지성이 나와 당신을 부의 정보장(情報場)으로 초대할 것이다.

나와 당신이 물질우주의 주인이 되게 도와줄 것이다.

부와 풍요는 세습되는 경우가 대부분이라고 포기하는 자가 많다.

그러나 누구나 스스로 꿈과 비전을 열정적으로, 창의적으로 선택하고 설계하며 주의집중 함으로써 자수성가하여 부를 누리는 경우가 더 많다. 나와 당신도 부와 풍요를 창조하여 경험할 수 있는 능력과 권리가 있다. 부와 풍요를 정당하게 누릴 수 있다.

스스로의 상품가치를 찾아내어 자신을 명품브랜드로 만들어라.

노력하여 구차한 가난의 장벽을 허물고 풍요의 길을 열어라.

나와 당신도 가짐의 여유를 즐길 수 있는 권리와 능력이 있다.

4절 미래의 현재를 집중하기

　오늘날은 **의식이 깨어나고 의지가 바로 선 사람들이 뜻을 이루고 홍익인간 할 수 있는 시대다.** 참된 앎으로 좋은 뜻을 세우고 정념으로 격물하면 목표를 달성할 수 있다.

　목표를 이루는 원리를 전수 받으면 누구든지 미래의 현재를 자신이 원하는 뜻대로 경험할 수 있다.

　미래의 현재를 집중하는 기술을 익히면 이 글을 읽는 사람은 누구든지 부와 풍요, 귀와 명예, 수와 건강을 현실로 창조하는 성공신화의 주인공이 될 수가 있다.

　미래의 현재를 자신의 의도대로 창조하여 경험하기 위해서는 미래의 현재를 집중하는 기술을 터득해야 한다.

　미래의 현재를 집중하기 위해서는

　1) 자신에게 맞는 현재의 미래를 선택하고 종이에 문서로 작성한다. 자신이 좋아하고 잘할 수 있으며 즐길 수 있는 선택을 위해 다양한 정보를 수집하고 그 정보들을 토대로 예측하고 분석한다.

　2) 스스로 선택한 사명과 역할, 비전과 목표, 소망과 믿음, 인생계획과 사업계획 등을 문서로 작성한다. 가능하면 긍정적으로, 창의적으로, 열정적으로 실현할 수 있는 내용을 선택하고 설계하는 것이 좋다.

3) 주어진 현실을 수용하고 과거의 현재를 혁신하기 위해 더 나은, 더 좋은 미래로 진화할 수 있는 목표를 문서로 작성한다. 지금 여기서 하고 있는 일을 통하여 주도적으로 실행할 수 있는 길을 선택하면 더 좋다. 그런 다음에

옛 조상의 지혜가 담긴 '천경신고(天經神誥)의 성기원도(聲氣願禱) 집중기술'을 활용하여 미래의 현재를 창조하고 경험하면 된다. '성기원도'법은 선택한 의도를 확실하게 성취하는 집중기술이다.

미래의 현재를 집중하여 창조하는 제 1법칙은 '말씀으로 선언하는 것'이다. 확정한 목표를 말씀으로 선언한다.

스스로 선택하고 설계한 자아실현의 목표를 확정한 다음 그것을 확실히 하기 위해 우주공간에 창조의 씨앗을 심는 엄숙하고도 진지한 행동이 말씀 선언이다.

스스로 선택하고 결의한 선언은 그것을 창조하여 경험하기 전에는 번복할 수 없으며 번복해서도 안 된다.

선언은, 자기와의 약속임과 동시에 우주지성과의 약속이고 자연에너지를 끌어당기는 강력한 수단이다.

소원을 성취하는 사람들은 '선언이 창조라는 우주법칙'을 활용할 줄 아는 사람들이다.

강철 왕 앤드류 카네기와의 만남에서 큰 영향을 받은 나폴레온 힐은 그의 저서에서 거부가 되는 방법을 여섯 단계로 제시하고 있다.

▷ 제 1단계: 자신이 원하는 돈의 금액을 구체적으로 확

정한다.

▷ 제 2단계: 원하는 돈을 얻기 위해 무슨 일을 할 것인가를 결정한다.

▷ 제 3단계: 원하는 돈을 언제까지 획득할 것인가를 확정한다.

▷ 제 4단계: 돈을 얻기 위한 실천계획을 세우고 바로 행동한다.

▷ 제 5단계: 실천계획을 정밀하게 설계하고 그 청사진을 제시한다.

▷ 제 6단계: 설계한 실천계획서를 매일같이 2회 이상 소리 내어 큰 소리로 읽는다.

자기 자신이 이미 그 돈을 소유하였다고 눈앞에 그려보고 몸으로 느끼고 마음으로 믿고 노력하며 감사하고 산다.

자기가 원하는 돈이나 목표, 불타는 욕망을 명확하게 구체화하고 **그것을 제1의 진실primary origination로 선언(宣言)한다.** 잠재의식의 저 너머 우주지성에게 이르도록 선언한다. 우주의 가장자리까지 울려 퍼지도록 선언하고 또 선언한다. **선언은 자기암시이면서 우주에너지를 부르는 신호다.** 그것을 의심하거나 불신하는 **제2의 망령secondary origination**이 일어나지 않도록 계속 선언하는 것이다. 언제나 간절한 소망을 소리 내어 선언하라! 확신을 갖고 선언하면 현실로 창조된다. 말씀은 조화주 신(神)이고 신은 조화력 말씀이기 때문이다. 말이 씨가 되고 현실이 된다. 선택한 꿈과 비전을, 확정한 목표를 종이에 써놓고 말씀으로 선언하라! 그리고 마음 속 깊이 각인한다.

미래의 현재를 집중하여 창조하는, 제 2법칙은 '일념으로 주의하는 것'이다. 선언한 목표를 신념하고 주의한다. 주의 는 창조다.

스스로 선택하고 선언하여 확정한 사명과 목표를 일념으로 주의하면 그것에 자신과 우주지성의 기운energy이 집중되어 창조와 진화의 불꽃이 일어난다.

선명한 의식 상태에서 집중하면 그것에 우주의 모든 에너지가 집중된다.

마음을 모으고 그것과 하나 됨이 주의다. 선택한 의도, 정밀한 설계를 깨어 있는 의식으로 알아차리고 주의하면 경험할 현실의 행복한 놀이가 된다.

주의가 분산되고 집중이 산만하면 선택한 의도, 사명과 목표가 경험할 현실로 창조되지 않고 물거품 사라지듯 소멸되고 만다.

선명한 의식으로 선택한 신념을 주의하고 집중하라, 몰입하라!

마음을 모으고 선택한 의도를 일념으로 주의하라, 집중하라, 몰입하라! 반드시 훤히 알고 능히 하는 대 자유인으로 창조놀이를 즐기게 될 것이다.

미래의 현재를 집중하여 창조하는, 제 3법칙은 '상상으로

염원하는 것'이다. 주의한 목표를 상상으로 창조한다.

염원(念願)은 잊지 않고 늘 상상하고 간절히 바라는 것이다.

마음을 다하여 염념불망(念念不忘)하고 용맹정진 하는 것이 염원이고, 지속적으로 체계적으로 반복적으로 생각하는 것이 염원이다.

스스로 지식하고 선택한 것을 염원하면 경험할 현실로 창조된다.

신념을 주의하고 염원하면 현실로 '경험할 행복한 놀이' 가 된다.

마음을 다한 최선이 염원이고 확고한 신념이 염원이며 상상으로 끌어당김이 염원이다. 상상하고 염원하면 그것이 무엇이든 현실이 된다.

잠재의식 세계의 우주지성과 가장 확실하게 하나 되는 방법은 자기의 염원을 심상화, 시각화, 각본화 하여 눈으로 읽고 소리 내어 선언하는 것이다. 자신의 뇌와 마음에 각인시키는 것이다.

염원하면서도 반신반의하거나 불안해하면 잠재의식세계까지 염원이 전달되지 못하고 차단을 당하게 되므로 그 염원은 현실로 창조되지 않는다.

염원할 때는 부정적인 생각을 지우고 긍정적인 생각으로 상상하고 신념한 것을 선언해야 현실로 창조되는 기쁨을 경험하게 된다.

물 한그릇 떠놓거나 촛불 하나 켜놓고 가슴 앞에 두 손을 모으고 비비면서 '비나이다. 비나이다'를 계속하던 우리네 소박한 옛사람들 어머니 할머니들의 염원행위는 더 나은 현재의 미래를 창조하고 경험하려는 순수하고 아름다운 염원의식이었다.

누구나 선택한 목표를 일념으로 주의하고 간절하게 염원하면 현실로 경험할 수 있다. 간절히 염원하는 순간은 인간의 뇌는 잡념을 여의고 행복해진다.

미래의 현재를 집중하여 창조하는 제 4법칙은 '간절하게 기도하는 것'이다. 이미 의도한 목표를 성취하였다고 감사하며 기도한다.

항상 나 자신을 올바르게 바로잡아 가지런히 챙기는 정제(整齊)가 기도요 조심하고 삼가는 경(敬)이 기도며 마음을 모으고 다하는 성(誠)이 기도다.

원하는 것을 이루고자 간구하는 것이 기도이고 원하는 것이 이뤄졌음을 감사하는 것이 기도다.

확실한 신앙의 대상을 가진 사람의 기도는 기적을 일으킨다. 그 신앙의 대상이 신불이든 산천이든 그것과는 상관이 없다. 얼마나 '간절한 일념'으로 기도했느냐가 현실창조의 관건이 되고 기적현상의 첩경이 된다. 그것은 기도하는 순간에 기도내용이 자아내면의 우주지성과 하나가 되기 때문이다.

순수 잠재의식의 무한 창조에너지와 하나 되면 기적이 일어난다.

밖의 마음[현재의식]이 기도를 통하여 안의 마음[잠재의식]과 교통하면 기적이 일어난다.

안팎의 마음이 서로 감응하여 하나 됨으로서 순수한 우주지성의 무한 잠재능력이 기적이란 현실창조로 나타나게 된다.

기도하는 것은 원하는 것을 상상으로 창조하여 경험하는 가장 쉽고 은밀한 수단이고 확실한 방법이다.

기도(祈禱)는 언제나 '이뤄진다'는 신념을 전제로 기도(企圖)하는 적극적인 실천행위다.

소원성취를 도모하는 가장 온건하고 합리적인 방법도 기도이다.

자기가 원하는 것을 상상하고 기도하여 간구하였을 때, 그것이 현실로 창조되었다는 '한 순간의 느낌'을 선명하게 의식하면, 그가 기도한 내용은 늦든 빠르든 반드시 현실창조로 경험된다.

이것은 만고불변의 진리이며 비밀스러운 창조법칙이다. 기도하는 동안에 이뤄졌음을 감사하는 마음이 뭉클하게 느껴지면 자신이 원하는 사명과 목표가 지금 이 순간부터 이뤄지기 시작했다는 신호다. 영적으로는 이미 이뤄진 것이다.

의식이 깨어난 사람은 자기 자신을 기도의 대상으로 삼아 스스로의 안팎마음끼리 대화하고 소통한다. 참회하고 부활한다. 축복받고 은혜 받는다.

무원(無願)하는 우주지성과 소원(所願)하는 자아지성이 은밀하게 주고받는 대화가 기도요, 자기 내면의 영혼을 느끼는 수단이 기도다.

누구든지 기도하는 순간은 순수해지고 아름다워진다.

기도생활은 신념생활로 이어진다. 기도를 많이 한 사람은 신념인간으로 자기인생의 확신을 갖는다.

기도보다 더 강렬한 자기암시는 없으며 우주지성과 공명하는 지름길은 없다. 기도는 미래의 현재를 지금 여기의 현재로 경험하는 창조놀이다.

● ● ●
5절 성장과 노화를 이해하기

　자아는 '욕망과 더불어 지식한 경험'이 창조한 것이지만 인간지성을 주재하는 우주지성이 선택하고 설계한 것으로 자연지성이 주도하는 생물학적 요소에 의해 성장하고 발달하며 노화의 과정을 거친다.

　자아는 푸른 지구인간에게 주어진 다양한 환경적 요소에 의해서 변화하고 적응하는 발달과정을 거치면서 성숙한다고 생물학자나 심리학자들은 얘기한다.

　관계 속에 존재하는 인간은 삶의 모든 단계에서 자기와 같은 환경에 존재하는 사람들과 주고받음 하는 상호작용을 통해 현재자아에 대한 사고와 개념이 형성되고 또 변형된다.

　자아개념은 한 개인이 가진 고유한 생물학적 속성[DNA 등]과 그 사람이 속한 사회 환경적인 속성, 그 사람과 사회적 환경 간의 상호작용을 총체적으로 반영한다.

　자아의 생물학적 요소는 인간의 의도가 지배할 수 없는 신체적 자연발달과정으로 인간의 성장과 성숙을 주도한다. 인간의 성숙maturation은 유전인자DNA의 프로그램에 따라 전개되는 유기체의 형태, 조직, 복잡성, 통합성, 기능상의 변화를 가리킨다.

　유전인자에 입력된 대로 자라면서 복잡하게 기능하고 발달하여 그 정점optimal point에 이르는 것을 성장growth이라고

하고 그 이후에 일어나는 변화를 노화aging라고 한다.

　자아의 생물학적 요소는 인간의 내부적 요소로 본능적 자아며 원초자아다. 원초자아id의 욕망은 생물학적으로 타고난 것으로 생존의 수단이다.

　성숙되지 않은 아동이나 미숙한 어른의 원초자아는 때로는 공격적이고 성적인 욕구와 순간 충동의 혼합체이므로 매우 본능적이라 통제가 어려울 때가 많다.

　현명한 인간은 성장과 노화를 받아들이고 조절하며 산다.

　자아의 환경적 요소는 인간의 성장환경인 다양한 터에 존재하며 삶의 각 단계별 관계맺음에서 새로운 앎[自己創造的 自我認識]과 선택의 기회를 부여하고 그 선택에 따른 책임을 요구한다.

　사랑 터의 가족이나 배움터의 학교, 일터의 직장이나 나눔터의 신행단체나 지역사회 같은 사회문화적 요소들이 인간의 발달을 이끌고 욕망의 충족을 자극한다.

　우리 인간은 성장환경의 터에서 학습learning과 사회화 socialization 과정을 거치며 성숙한다. 배우고 익히는 다양한 학습의 경험과 훈련에 의해 자아의 가치관, 태도, 품성 등을 형성하면서 기술을 습득하고 지식을 신념하며 정보를 활용한다. 개인이 가족, 신행단체, 학교, 지역사회, 민족공동체 등의 사회적 집단구성원으로 자연스럽게 동화되어 가는 과정에서 사회적 기대, 관습, 가치, 관계, 역할, 규범, 태도, 경쟁의식, 대중의식, 집단지성 등을 지각하고 인식하면서 인격자아로 성숙해 간다.

이와 같은 자아의 환경적 요소는 인간의 외부적 요소로 학습된 자아며 현재자아다.

현재자아ego의 욕망은 주어진 환경에서 학습된 것이므로 의도적이다. 현재자아는 원초자아의 성적(性的), 공격적, 본능적 충동을 조절하면서 심리적 활동을 지배한다.

아이는 성장하면서 원초자아로부터 현재자아로 분화(分化)한다. 점차 환경에 적응하는 판단분별력과 자주성을 갖게 되면서 도덕적 행동을 하는 절제된 모습을 보인다. 인격자아로 성숙해가는 것이다. 먼저 주어진 환경을 있는 그대로 수용하고 자아정체감을 확립한 다음에 점차 환경을 극복하고 지배하게 된다.

원초자아는 생물학적 프로그램에 의해 반사적 반응, 본능적 탐색, 호기심, 관찰, 수단과 목적을 연결시키고 예측하는 관찰력, 행동의 수정, '내 것이다. 내 자리다'라는 애착, 불안, 격리불안, 외로움, 두려움, 수치심을 느끼는 유아기를 거친다.

끊임없이 움직이고 끊임없이 말하면서 '아니다'고 거부하고 싫다고 반항하며 막무가내로 고집하고 부정하는 자기주장이 강화된 학령전기의 원초자아는 무엇이든 스스로 하는데 관심을 갖는다. 무엇이든 묻는다. 자의식이 분명하게 생겨난다.

대상이 눈앞에 없는 상태에서도 모방할 수 있는 능력, 정신적인 영상을 간직할 수 있는 능력, 상상 속에서 그리고 묘사할 수 있는 능력, 상상놀이를 일상에 적용할 수 있는 능력, 충동을 조정하고 통제하는 능력, 욕구를 전달하는 언어를 구사하는 능력, 언어를 통해서 자기의 감정기대치나 분노까지 다스리는 능력 등 다양한 기술을 습득하고 단편적인 기억을 한다. 그 기억이 현재자아가 된다.

　어린 시기에 가장 염려되는 것은 학대와 방치다. 방치된 아이는 학대받는 아이보다 더 성장발달에 장애를 받는다. 물론 어떤 이유로도 어린이는 학대받아선 안 된다.

　운동기능이 발달하여 도형을 정교하게 그릴 수 있는 아동기를 맞으며 **또래의식이 강화되고 호기심이 두려움을 극복하고 배움에 투철해진다.**
　미지(未知)의 것에 도전하고 가정 밖에서의 조직인 사회적 집단놀이를 즐긴다. 자극에 충동적으로 반응하는 원초자아가 점차 약해진다.
　모든 자극에 적합하게 반응하기 위해 배우고, 사고하며, 지각하고, 인식하며, 추리하고 분별하며, 선택하고, 결정하며, 기억하고, 행동하는 현실자아가 눈을 뜬다.
　모든 행동에 보상과 처벌이 따른다는 현실을 인식하고 이기적 시비와 사회적 질서를 이해한다.
　신체적이나 정신적으로 세상에 적응할 수 있는 현재자아

로 성숙하여 배우지 않은 것도 느껴 아는 경지에 이른다. 스스로 판단 분별한다. 자신의 감정을 다룰 줄 안다. 즐거움, 슬픔, 사랑, 원망, 미움, 분노, 질투, 좌절, 불안, 공포심 등을 알고 외부자극에 반응하는 충동적 요구, 사회적 요구의 균형을 잡을 줄 안다.

현실적 위험과 근원을 알 수 없는 불안으로부터 자신을 보호하기 위해 다양한 방어기제defense mechanism 행동이 나타나기도 한다.

부정, 분리, 투사, 합리화, 억압과 같은 **방어기제도 현재 자아의 생존전략이고 스스로 학습하여 터득한 현실적응 행위다.**

매우 중요한 이 시기에 가장 염려되는 것은 신체적 발달장애와 정서적 발달장애다. 주의력결핍 과잉행동장애ADHD로 말미암은 학습장애다. 학습장애는 뇌가 정보를 받아들이고 처리하여 사용하는 방식에 문제가 있어서 발생하는 증상이다.

언어문제, 시각과 인식에 관련된 문제, 운동장애, 집중력 부족, 과잉행동, 충동성 행위 등이 그것이다.

정상지능을 갖고도 학습장애를 일으키는 아동은 집중력 저하와 학습회피, 무력감, 수치심, 낮은 자부심, 열등감을 보이며 부모나 선생의 분노나 좌절감을 지켜보면서 자신의 무능과 실패를 내면화하고 희망을 포기한 채 문제아로 성장한다. 이때 이것을 지켜보는 부모는 절망하고 슬퍼진다.

어린이는 아동기를 지나 청소년기를 맞는다. 이 시기에 급속한 신체적 변화와 인지적 발달을 경험하며 자아정체감을 확립하고 성인생활을 준비하기 위한 여러 과제에 집중한다.

원초자아가 지배하는 아동기를 벗어났지만 본능적 자아의 욕망을 절제하고 성숙된 현재자아로 경제적으로 독립하기는 아직 이른 시기다.

신체적으로는 성숙하여 생식기능을 갖게되므로 오히려 성적에너지가 강력해지면서 오이디푸스 적 감정을 느끼게 된다. 스스로 끓어오르는 충동적 혈기를 다스리려고 격렬한 운동이나 오락게임에 몰입하기도 한다. 주체할 수 없는 성적 충동에너지를 방어하려는 현재자아와 원초자아와의 싸움과정이 치열하다.

나름대로 고군분투하고 있는 이때 주위로부터 공부하라는 압력을 받거나 전위하려는 놀이를 간섭받으면 신경질적으로 저항하고 반발한다. 이 시기에 모범생은 자기방어기제의 투사된 모습이거나 반항인 경우가 많다.

현명한 부모나 선생은 사랑의 미소를 머금고 성장 통을 앓고 있는 그들을 바라보고 지켜보며 의논해올 때를 조용히 기다려준다. 그들의 성장을 이해하고 받아들여야 한다.

청소년소녀기는 서로 이해하고 신뢰하고 경쟁하고 협력하며 수용하고 공유하는 또래집단을 선택하여 사회화, 성인화의 발달과정을 밟는다.

유유상종의 법칙에 따라 유사한 가치, 성격, 환경, 태도, 경험을 가진 또래와 어우러져 학습하고 놀이하며 이성교제도 하면서 현재자아를 확립한다. 함께 있으면 즐겁고 편안한 친구를 선호한다.

서로의 특성과 자질을 존중하고 좋아하는 친구를 가까이한다. 그 친구들이 현재의 미래 자기 모습들이다.

중 고등학교 과정을 거치는 청소년기에 가장 염려되는 것은 학생신분을 망각한 일탈적 태도와 사회적 규범을 벗어난 비행이다.

'때 아닌 때에 때의 것'을 탐하거나 해서는 안 될 일을 행하는 것이 비행이다.

가족과의 유대를 저버리고, 공부에 전념하지 않으며, 사회적 활동의 참여를 거부하고, 무엇을 하며 어떻게 살겠다는 삶의 목표나 자아의 정체성을 상실하고 헤매는 청소년이 문제의 비행소년소녀가 되기 쉽다.

'나는 누구인가? 무엇을 할 것인가? 나는 미래에 어떻게 될 것인가?'를 자문하고 사유하며 심각하게 고민하는 청소년 후기는 자아정체감을 확립하는 중요한 시기다.

진로를 확정해야 하므로 교양을 위한 학습에서 직업준비를 위한 전문화 과정의 학습이 요구되는 시기이기도 하다.

자기의 사명과 역할을 정립하는 것이 우선과제가 된다. 대학을 선택할 때 자기적성과 미래직업선택을 위한 학과선택이 아니고 학교위상을 보고 선택하게 되면 결국 청소년소녀의 대학생활은 허송세월이 되기 쉽다.

청소년시기에 부과된 핵심과제[사명과 역할, 신념과 가치]를 잘 선택하고 핵심역량을 키운 학생은 장차 성인이 되어 만족할 만한 보상을 받지만 그렇지 못한 학생은 불행하게도 사회적 소외나 냉대를 경험하며 고통스러운 청춘의 아픈 삶을 살게 된다. 그것이 자신의 선택 탓인데도 세상을 탓하는 경우가 많다.

배움에는 생물학적으로 민감한 시기sensitive periods가 있다. 사람은 저마다 신체적 성숙과정에서 새로운 지식과 능력을 배우는데 가장 잘 준비되어 있는 때가 있다. 이때에 배우지 못하면 나중에 배우기란 훨씬 어려워진다.

의미 있고 즐거운 삶을 사는 현명한 사람들은, 때를 읽고 터를 좇아 제때에 배우고 익히며 나아가고 물러선다.

평생학습도 중요하지만 제때에 배움이 무엇보다 중요하다.

청년기의 핵심과제는 직업을 갖고 결혼을 하여 가족을 챙기는 것이다. 청년기는 신체적, 인지적 측면에서 가장 정점에 이르는 시기로 사회적, 문화적 요소에 의해 현재자아가 삶을 주도할 수 있고 타인을 사랑하고 보살필 수 있는 능력을 갖는다.

청년기 이전의 모든 시기는 자아를 준비하는 시기이고 그 이후는 준비해온 자아를 실현하고 구체화하는 시기다. 이전 단계에서 스스로 의사결정을 할 수 있는 자아정체감을 형성한 청년은 이제 타인과의 상호관계를 집중할 수 있고 책임질 수 있다.

직업을 갖고 결혼을 하여 자녀를 낳고 가정을 이끌 수 있다.

청년기는 어린애 같은 환상과 그릇된 가정(假定)들을 버리고 자기신뢰와 자기수용을 선택하는 시기다.

부모의 의존에서 벗어나 자신의 삶을 책임진다. 자신의 현실을 받아들이고 자신의 생활을 설계하여 풍요로운 삶을 창조하고 경영해야 한다.

현실을 인식하는 사고방식이 합리적, 비판적, 분석적, 논리적, 목표지향적이 되어야 한다. 이 시기는 조금은 과장된 꿈과 희망, 비전과 목표를 냉엄한 현실과 정합할 수 있도록 코치해주는 지도자를 만나 삶의 지혜와 기술을 전수받는 것이 매우 중요하다.

설익은 비전과 목표를 공감하고 인정해주고 칭찬하고 격려하며 기술과 지혜를 제공하여 줌으로써 젊은이가 선택한 목표를 현실로 창조할 수 있도록 이끌어주는 지도자를 만남이 현재자아의 성공첩경이고 행운이다.

젊은 날에 멘토mentor를 만나는 것은 행운이다. 힘들고 어려울 때 한마디 조언은 천군만마를 얻은 것보다 더 큰 도움이 되기 때문이다. 스스로 변화와 발전을 간절하게 염원하면 어둠에서 빛으로 인도하는 멘토가 나타나기 마련이다. **준비된 제자에게는 반드시 훌륭한 스승이 나타난다.**

경험이 부족한 청년이 높은 수준의 사회적 성취를 경험한 부모입장의 지도자를 만나 서로의 세대 차이를 극복하고 동료적인 유대관계 속에 경험을 공유할 때 그 청년은 자신감을 갖고 활발하게 자율성과 성취능력을 발휘한다. 때로는 자신을 코치한 멘토를 앞지르기도 한다.

이때 자신이 준비한 전문적 지식과 기술로 자기의 사명과 역할을 완수하는 직업인으로 자립하게 된다. 가족을 부양하고 의도를 성취하는 기쁨을 누리게 된다.

오랜 세월을 자신이 선택한 배우자를 위해 헌신하며 친밀한 관계를 지속할 수 있는 자아정체감이 확립된 청년은, 성격이 다르고 문화가 다른 사람과 결혼을 하여 자식을 낳고 기르면서 자기진화의 기쁨을 누릴 수 있는 사회인이 될 수 있다.

헌신과 친밀한 관계정립이 귀찮은 사람은 사회적으로 고립되고 삶에 의미와 즐거움을 상실하기도 한다. 더러는 독신으로 살기도 한다.

결혼은 서로에게 자신의 모든 정보를 공개하여 동질성을 발견하고 공감대를 형성하며 가정과 사회의 역할을 분담하고 아름다운 조화를 모색하며 서로의 부족함을 보완하면서 주고받는 것을 즐길 수 있는 평생 동반자를 찾는 일이다.

물론 서로의 배경차이를 인정하고 대화소통으로 문제를 해결하고 서로를 이해하고 배려하고 격려하며 성장하고 노화하는 변화까지 받아들일 것을 다짐해야 한다.

부부가 되면 서로의 잘못을 덮어주고 용서하며 서로가 침묵 속에 바라보고 지켜보고 기다려주는 사랑의 관조 세월 역시 필요하다.

서로를 존중하고 신뢰하며 공감할 수 있는 배우자가 최선이다.

직업을 선택하고 집중하며 부모로부터 독립하여 결혼을 하고 자립하는 이시기에 가장 염려되는 것은 실직과 이혼이다.

청년이 직업을 선택하고 직장에 들어가서 그 직업이 요구하는 전문적 기술, 직장에 존재하는 권위적인 관계, 독특한 책무나 헌신적 요구사항, 산업재해 같은 위험, 협력하고 경쟁해야 하는 인간관계 등을 극복하며 능력을 인정받고 정년까지 근무하기가 결코 쉽지 않다.

성장과정에서 자립심을 기르지 못한 젊은이는 비록 명문대 출신의 수재일지라도 직장생활 1~2년 만에 냉혹한 직장현실을 견디지 못하고 이직하는 경우도 많다. 그 청년은 고시, 자격증, 박사공부 등으로 직업방향을 바꾼다. 공부를 핑계로 세월을 허비하다 결국은 캥거루족으로 전락하는 경우가 많다.

실직은 가족의 생계와 직결된 생존의 문제이면서 자신의 가치관 회의, 자신감 붕괴, 정체성 혼란, 무책임한 행위와 직결된다. 삶의 의미상실이다. 복직하는 그날까지 자기무능에 대한 자책, 자존감에 대한 상처로 일상의 즐거움을 잃고 괴로워하게 된다. 지난날 학창시절의 당당함이 오간데 없다.

오늘날은 황혼이혼을 비롯하여 모든 연령대에서 이혼율이 증가하고 있다. 세계적인 통계는 결혼 초기인 청년기에 이혼율이 가장 높다고 한다.

이혼은 당사자는 물론 어린 자녀들[결손가정 아이들]의 삶에 더 심각한 손상과 부작용을 일으킨다. 그들 모두가 이혼 전에는 생각지도 못한 다양한 고통을 겪게 된다.

이혼이 가져온 스트레스 때문에 애나 어른 등 많은 사람들이 병원출입을 한다. **부부는 이혼하기 전에 한 번 더 생각하는 지혜가 필요하다. 인내부족이 이혼의 핑계인 경우가 많다.**

잘하는 일이면서 좋아하는 일이고 좋아하는 일이면서 잘하는 일을 평생 직업으로 선택한 청년과 서로를 존중하고 신뢰하며 평생 아끼고 감싸며 함께할 배우자를 선택한 청년이 이 세상에서 가장 행복한 청년이다.

인생의 전성기에 해당하는 장년기는 현재자아가 가장 성숙한 시기로 다른 어떤 시기보다 부와 풍요, 귀와 명예를 성취하여 누릴 수 있는 시기다.
청소년기에 뿌린 황금의 씨앗을 청년기에 잘 가꾸었다가 장년기에 풍성하게 수확한다.
좋은 집에 살며 좋은 차를 타고 직장과 가정에서 주어진 역할과 책임을 다하는 시기다. 배움과 경험으로 터득한 지식과 신념이 돈이 되는 시기다.
무엇이든 선택하고 집중하면 현실로 창조할 수 있는 능력의 전성기다.

실직을 하거나 이혼을 하면 장년기에도 위기가 존재하며 사람에 따라서는 불행하고 우울한 전환기가 되고 암흑기가 된다.

장년기는 삼팔선, 사오정, 오륙도 등의 실직위기와 성의 정체성이 가장 많이 흔들리는 갱년기를 통과하는 시기다.

이혼위기가 언제나 도사리고 있다. 여자들은 일에 좇기는 남편 때문에 늘 외롭고 우울하다.

일탈하기 쉽고 가슴이 벌떡거리고 얼굴에 홍조현상이 생기는 폐경기를 맞아 슬프고 심란한 게 갱년기 여인이다.

남자들은 실패나 파산, 실직 등이 염려되고 가족부양이 불안한 중년의 위기가 장년기다. 자기절제에 소홀하여 과음, 과로, 여색에 빠지거나 업무나 인간관계로 스트레스에 시달리기 쉬운 시기다.

자칫하면 감당하기 힘든 질병을 얻는 시기도 장년기다.

안전, 공생, 해로, 독선, 횡재 등 여러 가지 가정(假定)에서 벗어나 **주어진 역할전도의 현실을 직시하고 변화의 진실을 받아들임이 장년기를 현명하게 사는 지혜다.** 부모를 부양하고 자녀를 양육하고 교육하는 재정적 부담을 흔쾌히 감당할 수 있어야한다.

육체적 파워보다 정신적 파워를 중시할 시기다. 성적인 욕구에서 점차 문화적 욕구로의 전환기가 장년기로써 자신의 신체적 변화를 수용하는 것이 현명하다. 문화생활을 위한 경제여유를 구축해야 한다. **자기중심의 현재자아가 점진적으로 타인중심의 초월자아로 성숙하고 변화한다.** 이웃에게 베푸는 봉사의 삶이 즐거워진다. 이룸을 나눔이 행복지성의 덕이고 인간의 도리이기 때문이다.

너희 없이는 내가 존재하고 성공할 수 없다.

장년기의 핵심과제는 성공을 위한 직장생활과 행복을 위한 가정생활의 균형과 조화에 있다. 직장에서 없어서는 안 될 꼭 필요한 사람이면서도 언제나 가족을 제일 먼저 사랑으로 챙기는 사람이 되는 것이다.

부모에게 효도하고 자녀를 은애하는 모범을 보여야 한다.

신체적 변화를 관찰하고 특히 성인병을 비롯한 디스크나 호흡기, 순환기 발병률이 높으므로 정기적인 검진을 받아야 한다.

자신의 건강이 가족의 행복과 직결되어 있기 때문이다. 건강해야 자녀를 보호하고 양육하며 수준 높은 양질의 교육기회를 제공할 수가 있다.

건강한 육체, 건강한 정신을 가져야 건강한 가정과 건강한 직장에서 우주지성의 바람을 이루고 홍익인간 할 수가 있다.

풍성한 가을이 가면 찬바람 부는 쓸쓸한 겨울이 오듯, 성취의 기쁨을 누리던 장년기가 가고, 노년기가 도래하는 것은

지극히 당연한 자연지성의 섭리다.

현대는 평균수명의 연장으로 노인인구가 급증하고 있다. 고령화 사회가 도래한 것이다.

일부 미래학자들은 앞으로 모든 인간이 120년을 살 수 있다는 트랜스휴먼Trans-human시대를 거쳐 영생에 가까운 삶을 살게 되는 포스트휴먼Post human 시대가 열린다고 예측하고 있다.

2050년경이면 세계가 석유 같은 광물에 의해 에너지를 공급받던 시대가 지나가고, 원자력이나 태양열 에너지 차원을 넘어 초고온의 플라스마 상태에서 바다에서 손쉽게 구할 수 있는 수소를 이용하여 무한량의 에너지[전기]를 생산해내는 핵융합 발전시대가 열릴 것이라는 전망도 있다. 그때는 푸른 지구환경이 녹색혁명으로 말미암아 지금보다 훨씬 살기 좋은 세상이 된다고 예측하고 있다.

오늘날 정보화 사회는 4차산업 혁명과 크립토 경제의 보편화로 IT를 기반으로 한 AI의 보조를 통해 더욱 자동화된 사회로의 전환이 이루어질 가능성이 높다.

그때나 지금이나 한결같이 심각한 문제는 점점 늘어나는 고령노인에 대한 문제요, 자동화 스마트 사회의 불평등 문제다.

은퇴 시기인 60~65세 이후의 노인들 대부분은 아직 건강하고 자주적인 생산 활동이 가능한데 사회 환경은 그들에게 일자리를 제공하지 못한다. 이러한 현상은 사회 시스템이 교육→일→은퇴의 3단계 삶의 구조에 따라 짜여져 있기 때문이라고 린다 그래튼Lynda Gratton은 얘기한다. 평생을 바쳐 획득한 '세상에 유용한 지혜와 기술'을 제대로 활용하지도 못하고 이웃과 세월의 망각 속에 묻히고 마는 것이 노인들의 현실이다.

이러한 문제에 대한 합의를 도출해야하는 기업과 정부는 3단계 삶의 구조에 맞춰 조직되어 있기에 변화하는 다단계의 삶에 맞추어 기민하게 반응하기 어렵다. 결국 답은 셀프self, 개인의 변화에서 찾아야만하는 상황인 것이다. 일부 지각 있는 노인들은 고령사회를 예측하고 평생 직업을 준비한 경우도 있다. 자기분야의 mentor가 되어 자신의 지식과 정보를 젊은이들에게 서비스하고 상담이나 저술, 택시운전이나 경비, 부동산 중개업 등에 종사하며 바쁜 나날을 보내는 노인들이 그들이다. **늙어서도 할 일이 있다는 것은 의미 있고 즐겁다.**

나이가 75세가 넘으면 신체적으로 더욱 약화되어 일상생활에서 가족이나 타인에게 의존적이 될 수밖에 없다. 75세가 되면 휴식을 취하고 있어도 심장출력은 30세 청년의 약 70%이며, 호흡능력은 30세 청년의 43%에 불과하다. 이때 질병문제, 가족관계나 재산상의 충격 등으로 스트레스를 경험하면 신체기관들의 효율성이 급격하게 감소된다. 이런 상황은 노인들을 쉽게 죽음에 이르게 한다. 점차 외부자극에 둔감하게 반응하며 단기 기억이 심하게 쇠퇴하여 건망증으로 이어지고 더 심화되면 치매로까지 발전한다.

살아 있는 80세 이상 노인의 4분의 1 이상이 건강문제로 대부분의 시간을 누워서 보내고 10% 정도는 외출마저 어렵다. 만성질환에 시달린다. 많이 편리해진 국가의 의료지원도 한계가 있다.

병마에 시달리는 것보다 더 슬프고 고통스러운 것은 자신을 존경하고 따르던 많은 지인들로부터 외면당하고 소외되는 것이다. 심지어는 자신의 전부를 다 바쳐 키운 자식들까지 멀리할 때 정말 암담하고 슬퍼진다. 이것은 실패한 노인들의 현실이다.

현실은 자기선택, 자기신념, 자기창조이므로 이 모든 부정적인 현실을 수용할 수밖에 없다. 누굴 탓하랴!

성공한 사람들의 노년은 그들이 젊은 날 왕성하게 활동하며 수입이 좋을 때 장차 사회적 역할의 축소에 따른 자신감의 저하, 소득감소, 질병으로 인한 의료부담, 고독과 소외로부터 품위유지, 여가활동 불편 등을 감안하고 예측하여 설계한 준비된 프로그램에 따라 살게 되므로 한결 낙관적이고 여유가 있다. 100세 시대를 대비한 지혜롭고 현명한 사람들도 많이 있다.

노후를 대비한 재무 설계나 인간관계 정립, 심신단련에 의한 건강관리는 하루아침에 할 수 없다. 젊은 날 100세 시대를 대비하여 꾸준히 계획하고 실천하여 습관화해야 가능하기 때문이다.

비록 자신의 현실이 실직자고 남편 잃은 미망인이고 기력이 쇠퇴한 할아버지 할머니일지라도 젊은 날에 노년을 준비하고 설계한 사람은 결코 불행하지 않고 당당하다. 골프나 여행을 즐기며 사회봉사 활동까지 한다. 이것을 두고 유비무환이라고 한다.

오늘날 슬픈 사회적 현실은 대다수 노인들이 준비하지 않은 노년을 맞이하고 있다는 것이다.

노후설계에 실패한 노인들은 젊은 날 성장발전을 즐기고 받아들였으나 노화를 인식하고 받아들일 준비를 하지 못했던 것이다.

소유만을 고집하는 이기적 현재자아 시절에 이웃을 사랑하고 사회에 봉사하는 이타적 초월자아super-ego로 성숙하지 못한 사람은 노후가 쓸쓸하고 초라하다.

참 소유란 지니는 것이 아니라 누리는 것이다. 젊은 날 얼마든지 누리고 즐길 수 있도록 노후를 설계하고 준비할 수 있었다.

잘못된 소유관점으로 말미암아 젊은 날 지님에만 집착한 사람들은 나누며 누리는 초월자아의 가치를 깨닫지 못하고 불행한 노후를 보내고 있는 것이다. 자기인생의 결산표가 노년의 자기모습이다. 스스로의 노후는 self 선택한 것이다.

하루하루의 삶이 자기 자신의 책임이다.

● ● ●
6절 인생사계 시나리오 쓰기

하늘의 운화 법도를 유가(儒家)에서는 원형이정(元亨利貞)이라고 한다. 원(元)은 만물이 소생하는 봄기운이고 형(亨)은 만물이 성장하는 여름기운이며 이(利)는 만물이 결실하는 가을기운이고 정(貞)은 만물을 수장하는 겨울기운이라고 본다.

사람의 성정 벼리는 인의예지로, 인(仁)은 봄의 성정인 어짐으로 측은지심의 근본이고 예(禮)는 여름의 성정인 지킴으로 사양지심의 근본이며 의(義)는 가을의 성정인 바름으로 수오지심의 근본이고 지(智)는 겨울의 성정인 슬기로 시비지심의 근본이다.

자연의 변화 절기는 춘하추동이다. 만물을 낳아 기르는 봄은 소생하고 발육하는 따뜻한 계절이고 만물을 가꾸고 키우는 여름은 성장하고 번창하는 더운 계절이며 만물이 열리고 여무는 가을은 결실하고 수확하는 서늘한 계절이고 만물이 움츠리고 감추는 겨울은 수렴하고 저장하는 추운 계절이다.

이와 같이 천지자연의 운동 변화는 4단계로 원(圓)을 그리며 운행하고 있다. 무한대의 공간 속에서 무한량의 시간을 천지자연의 4계 변화는 일정하게 운행하고 있다.

봄이 가면 여름이 오고 여름이 가면 가을이 오고 가을이 가면 겨울이 오고 겨울이 가면 꽃이 피고 새가 우는 봄이 어김없이 돌아온다. 이것은 자연의 순리요 순환의 법칙이다.

우주의 성주괴멸(成住壞滅), 인간의 생로병사 등과 함께 우주지성이 설계한 자연의 질서가 4계 순환성이다.

우주만유의 삼라만상은 이처럼 지속적으로 순환하면서 참신성을 갖고 보다 더 새로운 방향으로 진화한다.

그가 비록 성인이고 절대 권력자라 할지라도 자연의 변화, 4계절의 흐름을 막을 수는 없다. 생로병사, 흥망성쇠, 춘하추동 사계는 천하의 대도(大道)요 자연의 본령(本令)이며 인생의 생로병사다.

대도는 무정하고 무정하기에 공정하며 공정하기에 따름 수순(隨順)이 있을 뿐이다. 대도는 일정하게 순환하는 변화를 따라가는 것이다. 우리 인생도 봄철에 해당하는 초년이 있고 여름철에 해당하는 중년이 있으며 가을철에 해당하는 장년이 있고 겨울철에 해당하는 노년이 있다.

시시각각 변화하는 우리 인생의 초년 중년 장년 말년에 대한 인생4계 시나리오를 예측하고 대안을 작성하는 것은 매우 어려운 일이다.

본래 미래란? 공부할 수도 없고 예측할 수도 없다. 그러나 상상하고 꿈꿀 수는 있으며 대안적인 무엇인가를 선택할 수는 있다.

미래는 확정된 것도 없고 황당한 형태로 나타나기 쉬우므로 그것을 정확하게 통찰하기는 어렵다. 그러나 다양한 대안 시나리오를 직접 검토할 수 있다면 내가 좋아하고 희망하는 것을 가정(假定)할 수 있으며 획기적으로 새로운 발상을 통하여 새로운 대안을 준비할 수는 있다.

현대의 많은 미래학자들은 그 누구도 단일한 미래the future를 확정적으로 예측할 수는 없다고 한다. 예고는 진실성과 정확성을 담보로 해야 하기 때문이다.

하지만 미래학자들은 대안적인 미래들alternative futures을 예측할 수는 있다고 한다.

대안적 미래예측은 미래에 대한 논리적이고 유용한 설명들을 포함한 것이기 때문이다. 따라서 다가올 미래는 단일한 형태가 아닌 대안 시나리오를 포함하는 복수의 형태로 예측할 수 있다.

미래의 가능태는 성장growth, 몰락collapse, 절제discipned, 변형transformed의 범주에서 지속성과 순환성, 참신성이 작용하여 나타나는 것이다. 미래예측은 가상적인 현실이고 가상적인 대안 시나리오이다.

현명한 사람들은 그 대안 미래들 가운데 자신이 선호하는 것과 그 시대 그 사회와 부합되는 것을 찾아내어 자기의 인생설계에 반영한다. 가서 볼 미래의 현재를 예측하고 분석하여 하나의 가상적이면서도 대안적인 시나리오를 작성하여 선호하는 것을 선택하고 그 선택을 구체적으로 설계하고 계획함으로서 삶의 방향성을 정립하고 주의집중하는 삶을 사는 것이 보다 더 의미 있는 인생이다.

그 대안시나리오는 과거의 역사와 급변하는 현재의 실제

경험들이 교훈이 되면서 지속적으로 순환하면서도 참신하게 변화하고 성장할 수 있는 것이어야 한다.

　대안 시나리오는 그 지역이나 그 시대상을 기준으로 작성하는 것이다. 때로는 미래가 이미 예측했던 대안 시나리오와 황당한 격차를 보일 수도 있으니 그 점도 사전에 유의해야 할 것이다.

　다양한 정보와 지식들을 수집하고 융합하여 통합적으로 편집하고 작성하는 것이 유용하다. 다음에 4단계로 나누어 여러 가지 가상적 현실상황 정보를 수집하여 나열하니 자신의 가상적 대안 시나리오 작성에 참고하면 도움이 될 것이다.

　오늘 스스로의 아름다운 성공스토리나 업적, 추악함이나 실패 스토리도 다 스스로가 이미 예측했던 가상적 대안시나리오의 반영일 수 있다. 과거가 예측한 미래의 현재가 오늘이 되기 때문이다.

　자아계발의 인생 초년은 본능적 원초자아의 욕망을 느끼고 지식하면서 우주지성의 프로그램대로 성장하는 시기다.

　먹고 자고 세수하고 목욕하며 들고나면서 나아가고 물러서고 청소하고 접대하며 보고 듣고 느낀다.

　부정하고 분노하고 타협하고 절망하고 수용하고 안정하는 심리적 변화를 겪으면서 자아와 세상을 인식한다.

　제멋대로 내달리는 현재자아를 달개고 설득하여 미래의 현재를 위해 학습하고 인성(仁性)을 기르며 감정을 조율한다.

이 시기는 앎에 대한 호기심이 많은 시기로 자아를 계발하고 인격을 가다듬는 학습 시기다. **그 무엇이든 모르면 묻고 배우면서 앎을 확장시킨다. 그리고 자기의 앎을 자아라고 믿는 시기다.**

그냥 아는 것, 배워 아는 것, 느껴 아는 것이 모두 자기의 삶이 되고 자기의 모습이 된다.

충효와 예의, 자비와 은애, 원칙과 정의, 성심과 겸손, 인내와 노력 등의 인간 도리를 배우면서 자아의 정체성을 확립하게 된다.

이 시기는 학습하고 격물하는 시기가 되므로 사물과 생명의 이치를 궁구하고 경제와 생활의 편의를 연구하며 문화와 예술을 이해해야 하는 등 과학을 비롯한 학문 전반에 대한 기초지식을 갖추는 시기다.

배우고 챙길 것이 너무 많아 일분일초가 아까운 시기다.

무엇보다 중요한 것은 생물학적으로 배움에 민감한 이 시기에 자신이 타고난 성품과 자질, 재능과 취미, 습관과 행동, 강점과 약점을 정확하게 파악하는 것이다.

자기의 타고난 자질이나 길들여진 습관에 따라 길러진 자질적성과 재능을 알아차리는 것이 중요하다. 자기를 아는 것이다.

나를 알아야 세상에 나가 무엇을 하며 어떻게 살 것인가를 선택할 수 있기 때문이다.

나를 나보다 더 잘 아는 사람은 이 세상에 없다. 그러나 알다가도 모르는 존재가 또 나 자신이다. 아침저녁으로 변하는 것이 세상인심이 아니라 자기 자신의 마음이기 때문이다.

오죽 했으면 철학자 소크라테스도 '너 자신을 알라'고 하였겠는가.

자신의 자질적성과 재능, 강점을 살려 진로를 선택해야 하는 중요한 시기가 인생초년이므로 자신을 아는 것이 무엇보다 중요하다.

미래가치가 확실한 목표를 설정하고 그 길을 즐겁게 가려면 자신이 잘 할 수 있고 좋아하는 일이 무엇인가를 아는 것이 중요하다. 자신이 좋아하고 잘할 수 있는 적성을 알고 재능을 알면 그것에 알맞은 '현재의 미래'인 자신의 진로를 선택하기가 쉽다.

자신을 알면 자신을 챙길 수 있다. 자신을 알면 부와 풍요, 귀와 명예, 수와 건강, 심신의 평정과 일상의 평온을 누릴 수 있는 인생사계 시나리오를 작성하기가 쉬워진다.

만물이 소생하는 봄에 '자기에게 주어진 터'에 알맞은 씨앗을 제때에 뿌리고 여름에 땀 흘리고 가꿔야 가을에 풍성한 열매를 거둘 수 있듯이 **인생 초년에 '미래를 예측하고 준비하는 대안시나리오'를 작성하는 것이 무엇보다 지혜롭고 현명한 일이다.**

초년 학창시절에 미래의 문제를 예측하고 분석하여 대안시나리오를 준비해야 한다. 빠르면 고교시절에 늦어도 대학시절에 자신에게 알맞은 대안시나리오를 준비하는 것이 좋다.

'취업난과 박봉에 대한 대안'도 정립해둬야 한다. 조금은 고생스럽더라도 자아를 계발하고 연단할 수 있는 시나리오를 선택하고 설계하는 것이 초년시절의 제일과제다.

자신의 미래는 자신으로부터 시작된다.

자아성숙의 인생 중년은 이기적 현재자아의 욕망을 느끼고 수용하면서 주고받음 하는 인연관계의 상호작용 속에 성숙하는 시기다.

자기와 관계된 시대적, 사회적 배경과 환경을 이해하고 자기와 가까운 가족과의 관계를 배려한 다음에 자신이 선택한 학업과 직업진로를 심화시키는 시기다.

부모로부터 독립하여 '홀로서기'하려면 제일과제가 직업을 갖는 것이다. 자신이 선택하고 설계한 시나리오에 의해 주도적으로 전문지식을 습득하고 창의력을 키우며 시장가치를 고려하고 경쟁력을 키우고 생산능력[자금력], 경영능력[추진력], 판매능력[마케팅]을 키운다. 아울러 경제가치[수익성], 미래가치[지속성], 사회가치[공익성] 등을 실습하고 배양해야한다.

자신의 경제가치를 개발하여 자신을 점차 명품브랜드화 한다.

스스로 고수익을 창출하여 부와 명예를 누리며 홍익인간할 기틀을 마련한다. 사회조직과 세상이 꼭 필요로 하는 창의적이고 열정적인 직장인이 되고 사업가가 되는 것이다.

하늘이 부여한 사명과 현실이 요구하는 역할을 수행하기 위하여 직업을 선택하고 평생을 함께 친밀한 관계를 유지하면서 서로에게 헌신할 배우자를 선택해야 하는 매우 중요한 시기가 인생중년이다.

결혼은 서로에게 자신의 모든 정보를 공개하여 동질성을 발견하고 공감대를 형성하며 가정과 사회의 역할을 분담하고 서로의 장점을 살려 아름다운 조화를 모색하고 서로의 부족함을 보완하며 희로애락과 비전을 공유하면서 사랑을 주고받는 짝을 선택하는 일이다. 물론 그 대상이 **성격이 좋고 심신이 건강하며 자아가치관이 확립된 사람으로 경제능력이 있고 신뢰할 수 있고 존중할 수 있는 사람으로서 느낌까지 좋으면 최상의 선택이 될 것이다.**

많은 젊은이들이 배우자를 선택할 때 신뢰나 비전보다 느낌을 중시하는 경향이 있는데 느낌 위주로 배우자를 선택하면 결혼 초기에 금시 후회하는 결과가 나타나는 경우가 의외로 많다.

인간은 젊은 날 자기가 학습하고 지식한 신념의 범위 안에서 직업과 배우자를 선택한다. 자연의 여름에 해당하는 인생중년의 모든 선택은 자연의 봄에 해당하는 인생초년의 학습과 준비의 연장선상에 있다.

무엇을 학습하고 어떤 생활을 하였느냐에 따라서 어떤 수준의 직업과 배우자를 선택할 수 있느냐가 자연스럽게 결정된다.

봄이 지나면 여름이 오기 때문이다.

직업을 갖고 배우자를 선택하였다고 삶이 안정되고 행복이 보장된 것은 아니다. 땀 흘리며 만물을 가꾸고 키우는 자연의 여름처럼 **인생중년은 자아를 성숙시켜가는 새로운 출발점으로 많은 노력을 필요로 하는 시기다.**

직업을 갖고 결혼을 한 젊은이는 길러준 부모와 자신의 처자식을 부양할 책임과 의무가 있다.

주어진 현실이 조금은 고달플지라도 굳은 의지로 자신의 분수를 자각하고 보다 더 열심히 일하는 삶을 살아야한다. 절제하고 살아야한다.

자기 한사람이 흔들리고 헤매면 가족 전체가 흔들리고 헤매게 된다.

분수를 자각한다는 것은 자신의 처지를 깨닫는 것이고 자신의 사명과 역할을 인식하고 받아들이는 것이다.

인생중년은 건강한 젊음 때문에 넘치고 새나가려는 현재 자아의 이기적 욕망을 달래고 설득하여 '현재의 미래를 위해 절제하고 예의를 지키며 행동을 삼가는 시기'다.

보아서는 안 될 것은 보지 말고 들어서는 안 될 것은 듣지 않으며 행해서는 안 될 것은 행하지 않는 것이 예의를 지키는 일이다.

마땅히 행해야할 일을 행하는 것 역시 올바른 예의다.

진실로 그 가운데를 거머잡고[允執厥中] 의미 있고 가치 있는 중년인생을 살려면 오직 정밀하게 설계한 중년대안시나리오 가운데서 자신이 선호하는 것을 선택하고 한결같이[惟精惟一] 실행하면서 자기를 관리할 수 있어야 한다.

자아를 성숙시키고 자신이 '선택한 의도를 집중'하며 초지일관 목표를 정진하며 챙길 수 있는 대안시나리오를 수시로 점검하고 검토하여야 한다.

땀 흘려 가꾸고 키우는 인생의 여름 중년에 스스로 감동하고 실행할 대안시나리오[사전 계획서] 없이는 풍성하게 수확할 수 있는 인생의 가을, 장년기의 성공을 챙길 수가 없다.

그 사람의 성공여부는 그 사람이 작성한 대안시나리오 안에 이미 구비되어 있다. 대안시나리오는 자신을 성공과 행복으로 인도하는 길잡이다.

자아실현의 인생 장년은 성숙한 현재자아의 욕망을 느끼고 조율하면서 인간지성의 자유의지를 경험하고 실현하는 시기다.

인생의 봄 초년에 스스로 원하는 목표를 설정하고 미지(未知)를 탐구하며 학습한 것과 인생의 여름 중년에 목표를 주의하고 정진하며 여러 가지 위기를 극복하고 선택한 바람들을 인생의 가을 장년에 현실로 창조하여 경험한다.

자신의 선택을 굳게 신념하고 주의한다. 목표가 달성될 때까지 집중한다. 자신의 꿈과 비전, 열망과 목표가 현실로 개화결실 하도록 염원한다. **스스로 선택한 의도를 설계하고 집중하여 부와 풍요를 창조하고 귀와 명예를 경험하는 시기가 인생 장년이다.**

인생 장년은 마음을 모으고 의도한 하나를 집중하는 시기다. 의도한 뜻을 집중하면 서서히 재물이 증가하고 지위가 높아진다.

현장에서 체험으로 습득한 지식과 기술의 전성기가 도래한다.

자신의 지식과 경험이 돈이 되고 명예가 된다. 무엇이든 의도하면 챙길 수 있어야한다.

신체적으로는 45세 전후로 성장요인은 멈춰지고 점차 노화가 시작되므로 반드시 인생후반의 변화를 수용하고 챙겨야 한다.

인생 장년은 경제적으로 지출이 급격하게 증가하는 시기로 자녀의 교육비, 가족의 생활경비, 자신의 품위유지비와 노후설계비, 사회에 대한 봉사경비 등이 엄청나게 지불된다.

자칫하여 실직하거나 중병이라도 들면 감당하기 힘든 사태가 발생한다.

인생 장년은 성공의 정점이면서도 한편으로는 태풍전야

와 같다.

순식간에 닥치는 사회적 불황과 경제위기로 몰락할 수 있기 때문이다. 어느 나라를 막론하고 경제위기가 닥치면 실직과 이혼이 급증한다. 현재자아가 깨어 있는 의식[선명한 의식]으로 매사를 경영하면서 위기를 대비할 수 있는 대안시나리오를 갖고 살아야 한다.

이와 같이 수확의 계절 가을에 해당하는 인생 장년기에는 다양한 대안시나리오가 필요하다.

긍정적인 상황, 호황[풍년]에 대처하는 대안시나리오와 부정적인 상황, 불황[흉년]에 대처하는 대안시나리오가 각각 준비되어 있어야 한다.

농사짓는 농부도 춘하추동에 따른 영농 시나리오가 있다.

막연한 기대 속에 사는 일반인과 달리 성공한 삶을 사는 사람들은 인생사계에 대한 꿈과 비전을 담은 구체적인 시나리오가 있다.

장년기의 대안시나리오는 발전과 안정을 추구하며 불황과 위기를 예방할 수 있게 도와준다. 서서히 현역에서 물러선 다음의 노년에도 숨차지 않게 평생 뛸 수 있는 트랙을 준비할 수 있다.

대안시나리오가 없는 사람은 허둥대는 삶이지만 대안시나리오가 있는 사람의 삶은 언제나 여유가 있다.

자아초월의 인생 말년은 인간적 현재자아의 욕망을 느끼

고 통찰하면서 충동과 집착을 내려놓고 과거의 현재를 수용하고 책임지는 시기다.

참회하고 회개하는 시기다. 오늘의 자기모습은 과거의 자기지식과 자기신념의 반영이기 때문이다.

인생말년의 자기생활은 과거의 자기행위 결과이다.

현재의 자기모습 역시 자기창조다. 자기책임이다.

오늘의 현실이 외롭고 고달픈 것도 자기책임이다.

열심히 살았다고 인생말년이 의미 있고 즐거운 것은 아니다.

착하게 살았다고 인생말년이 복 받는 것도 아니다.

하루하루가 의미 있고 즐거운 말년의 노인들은 누구와 언제, 어디서, 무엇을 하며 어떻게 왜 하겠다는 구체적인 대안 시나리오를 마련하고 그대로 실천하며 살아온 사람들이다.

초년부터 일기를 하루도 빠짐없이 기록하며 자신의 삶을 계획하고 성찰하며 경영한 사람도 있고 중년부터 금전출납장을 기록한 사람도 있다.

어떤 현인은 초년부터 말년까지 연간계획을 세우고 일일부작(一日不作)이면 불식(不食)하면서 금전출납부를 기록하고 돈의 흐름을 관찰한 사람도 있다.

일일불선(一日不善)이면 불식(不食)정신으로 '이웃과 나눔' 생활일지를 쓴 사람도 있다.

이와 같이 자신이 선택한 시나리오대로 자신과 경제를 챙기고 자신의 마음과 이웃을 챙기며 살아온 사람들은 그 말년이 결코 외롭거나 고달프지 않다.

부와 풍요, 수와 건강을 자신의 의도대로 누리며 살고 있다.
아무도 돌봐주는 사람 없이 가난 속에 질병과 싸우며 외롭게 혼자 사는 노인들의 삶은 그들에게 젊은 날 학습시기와 선택시기, 집중시기를 현명하게 살 수 있는 그 어떤 대안 시나리오도 작성하지 않고 무계획적으로 살았기 때문이다.
노년이 여유가 있고 행복한 것은 자기계발 학습시기에 제멋대로 내달리는 마음과 몸을 스스로 달래고 설득하여 수고스럽지만 자신의 미래를 위한 대안 시나리오를 작성하였다. 자신의 적성을 파악하고 목표를 설정하였으며 타성을 경계하고 일념으로 학습하는 대안시나리오를 작성하였다. 그리고 그대로 실천하며 살아온 사람은 그 말년이 평화롭고 풍요롭다.
선택 시기에 자신이 지식하고 신념 한 의도대로 직업을 선택하고 감정에 휘둘리거나 속지 않고 현명하게 배우자를 선택하여 주의하고 사랑하면서 자신의 대안시나리오대로 자신을 관하고 성심으로 생활한 사람은 그 말년이 외롭지 않고 따뜻하다.

집중시기에 직업과 가족을 소중히 여기고 일에 몰두하며 챙긴 사람은 부와 풍요가 당연히 따라오고 사회적 지위와 존경을 받게 된다.
자칫 부주의하고 방심하면 주색이나 도박, 분수 밖의 확장, 안일한 대처, 무질서한 생활, 불성실한 대인관계, 착각 과욕 교만 등에 빠지기 쉽다.

오랜 세월 고생고생하며 일군 성공 탑이 하루아침에 무너지는 모래 탑이 된다. 대안시나리오가 없는 경영인은 그 노후가 허망하고 쓸쓸하다. 오늘 지금 여기의 현실은 다 자기 책임이다.

현명하게 사는 사람들은 젊은날부터 노후를 예측하고 준비한다. 자신에게 알맞은 경제, 친구, 건강을 미리미리 챙긴다. 그것이 현재를 사는 가장 현명한 방법이기 때문이다.

이기적 집착과 욕망을 절제하고 그칠 줄 안다. 나이가 들어 육신이 쇠약해질수록 정신은 더 지혜로워질 수 있다.

젊은날 치열한 삶의 현장에서 체득한 경험과 기술, 지도자로부터 전수받은 지혜들을 젊은이들에게 전수해주는 노인은 노후생활이 의미 있고 즐겁다. 결코 외롭고 허전하지 않다.

오히려 존경받는 말년이 된다.

인생사계 대안시나리오는 현재의 미래를 예측한다기보다 미래의 현재를 인식하는 것이다.

시나리오scenario는 사실fact로 이루어진 현재를 직시하고 다루면서 동시에 인식perception으로 이루어진 미래의 현재를 풍부한 정보와 상상력으로 다루는 것이다. 가상현실이다.

뇌가 상상한 영상작품으로 입체영상hologram이다. 가상시나리오다. 미래의 현재를 새롭게 인식하고 미래에 일어날 여러 가시 가정(假定)들을 현실로 미리 경험하는 통찰력을 얻는 수단이 인생사계 대안시나리오다.

불확실성과 예측불허의 위험이 도사린 미래의 현재를 가장 슬기롭게 대처하는 수단이다.

연극이나 영화촬영 등은 리허설rehearsal이 가능하나 우리 인생의 지금 여기 이순간은 생애에 단 한번뿐이다. 예행연습이 있을 수가 없다.

인생사계 대안시나리오는 현재의 미래인생을 미리 경험해보는 '인생 리허설'이다. 인생이란 한 편의 드라마drama 각본이다.

스스로 감독이 되어 연출하는 자신의 드라마 각본이다.

●●●
7절 과거의 현재를 성찰하기

  선택한 의도를 정밀하게 설계하고 일념으로 집중하며 대안시나리오대로 실천하는 삶을 살았다.

  선택한 의도가 현실로 창조될 것을 굳게 신념하고 기다렸다. 그런데 바람은 이뤄지지 않고 현실은 고단하기만 하다. 왜 그럴까? 내가 잘못 선택하였을까? 엉성하게 설계하였을까? 간절하게 염원하며 집중하고 대안시나리오대로 열심히 실천하였는데 무엇이 문제인가? 처음부터 불가능한 꿈을 꾼 것일까? 매우 답답하고 허망한 경우가 많다.

  자신의 꿈과 희망, 비전과 목표가 실현가능한 것인데도 경험된 현실로 창조되지 않는 경우가 있는가? 답은 있다. 왜? 무엇 때문인가? 그것은 자기 자신의 업karma때문이다. 업이란 원죄 때문이다. 업이란 장애 때문이다. 악업의 잔재인 업장 때문이다. 내면에 두려움을 갖고 살았기 때문이다. 과욕을 쫓고 살았기 때문이다.

  업은 스스로 지어 스스로 받는 것이다. 다 내가 지어낸 탐, 진, 치, 집착 등의 거품으로, 나와 얽혀 있는 나아닌 나인 것이다.

  내게 주어져 있는 세상의 모든 것이 다 업이다. 나의 창조

286

도구들인 생각, 언어, 행동, 인연, 지식, 정보, 성질, 분노, 육신의 부딪침 등 어느 것 하나 업 아닌 것이 없다.

내가 창조한 어느 것 하나 업 아닌 것이 없다.

업은 과거심이다. 지나간 수많은 생애[多生]에 습관으로 길들여지고 굳어진 의식, 관점, 의심, 자책, 가정(假定), 두려움, 죄의식, 열등의식, 패배의식, 집단의식, 오도된 신념, 잘못된 본능적 욕망, 굳어버린 전통, 사회적 거울 등 과거의 잘못된 경험들이다.

업은 장애에너지다. 저항이다. 번뇌 망상이다. 업은 정념으로 격물하며 살려는 나를 한계 짓고 제약한다. 나의 자유를 속박하고 억압한다. 나를 불신하고 의심한다. 나의 영성, 불성을 차단하고 우주지성과의 교류를 방해한다.

나와 공감하며 리듬편승rhythm entrainment하고 있는 우주에너지를 차단하고 자연지성과의 공명을 방해한다.

원초자아의 말초신경을 자극하고 초월자아의 훤히 알고 능히 하는 에너지를 고갈시킨다.

고요 속에 피어나는 창조에너지의 주파수를 교란시킨다.

업은 나를 무능하게 만들뿐 아니라 나의 행복에너지를 뺏어간다.

나의 자신감을 박탈한다. 할 수 없다고 단정하고 체념하도록 나를 항상 어둠으로 유혹한다. 업은 나의 길에 장애다.

업장(業障)은 나의 위대한 선택을 가로막는 어둠의 세력이다. 수치심, 두려움, 죄의식 같은 업장은 나를 어둠에 가두는 무시무시한 장애물이다.

불가에서는 끝없이 돌고 도는 것이 업이라고 한다. 몸의 부딪침과 입으로 하는 말과 생각하는바 뜻이 다 업으로 인연과 보의 씨[種子]가 된다고 본다. 그 씨가 근원의식세계에 함장(含藏)되어 업인(業因)으로 훈습(薰習)되었다가 때가 이르면 대연(對緣)을 만나 인연생기(人緣生起)하며 어둠 속에서 윤회한다고 가르친다.

드러나지 않은 본래의 우주지성 자리는 보고 듣고 만질 수 없는 무일물(無一物)자리였다.

우주만유가 드러나고 인간세상이 열리고부터 인간지성의 청정심경(淸淨心鏡)에 온갖 오물이란 때karma가 잔뜩 끼고 말았다.

의식이 깨어났다고 마음에 낀 때가 당장 깨끗하게 씻기는 것은 아니다. 정화시간이 필요하다. 정화노력이 필요하다.

업은 내가 아니다. 그러나 나의 창조다. 내가 책임져야한다.
내가 없으면 내가 책임져야할 나의 창조 업karma도 없다. 조용히 지난 세월을 돌아보고 잘 살펴보고 깊이 생각해봄으로써 업장을 소멸시켜야한다.

지난날의 잘못된 내 삶이 오늘의 내 업장이 되었기 때문이다.

업장소멸의 제1방법은 성찰하고 참회하는 것이다. 지난날 세상에 길들여져 무명의 미로를 헤매며 스스로 창조하고 번뇌하던 다양한 업장들을 진심으로 참회함으로써 업을 씻어내고 지우는 것이다. 반성을 통하여 깊이깊이 회개하는 것이 참회다.

망상, 수치심, 두려움, 죄의식의 인과를 반성하고 시정한다.

다시는 그 잘못을 반복하지 않는 것이 참회다.

탐, 진, 치로 말미암아 생겨나는 번뇌 망상을 제거하고 선근을 심는 것이 참회다.

뉘우치고 잘못을 고치면 청정한 본래의 제자리로 돌아가게 된다.

참회는 남을 원망하거나 탓하지 않으며 자신을 돌아다보고 가다듬는 마음이다. 언제나 삼가고 조심한다. 고요하게 가지런히 한다.

자신과 이웃을 용서하고 사랑한다. 참회는 언제나 미세번뇌까지 성찰하고 정념수행으로 정화하는 것이다.

참회하려면 용기가 필요하다. 업장이 많을수록 용기가 필요하다.

짐승으로부터 진화한 인간은 본능적 원초자아가 강하기 때문에 얼마든지 잘못할 수 있고 업장이 많을 수 있다.

업장이 많은 사람이 참회하지 않으면 마음의 평화와 얼굴에 미소를 지닐 수 없다. 마음에 번뇌 망상이 가득 차오르게 되므로 선택한 의도를 현실로 창조할 수 없다.

현재심이 의심, 불안, 두려움, 걱정, 번뇌 망상 등이 많은 사람에게는 축복우주의 창조에너지가 모이지 않고 파괴우주의 저주에너지가 집중되기 때문이다.

옛 성인께서 이르기를 작은 죄를 짓고도 참회하지 않는 자는 큰 죄를 짓고서 참회한 사람보다 더한 중죄인으로 구제하기가 어렵다고 하였다.

업을 지니고 참회하지 않는 사람은 구제받기가 어려울뿐더러 새로운 사람으로 거듭나기는 더욱 어렵다고 하였다.

반성하면 선근(善根)이 자라고 선근이 자라면 망심이 견디기 어려워져 참회에 이르러 소멸된다.

용감하게 큰소리로 '이것은 참이 아니다? 이것은 내가 아니다!'고 내면의 자신에게 묻고 또 물으면 깨달음이란 대참회의 순간이 소 울음 같은 대통곡과 함께 찾아온다.

엉엉 통곡하고 나면 업장이란 과거 심은 송두리째 무너지고 무엇이든 훤히 알고 능히 이루는 원만한 현재심이 선명하게 깨어난다. 이 순간을 견성(見成)의 순간이라고 하는 사람도 있다. 참회의 통곡을 경험한 자의 입가에는 저절로 깨달음의 미소가 피어난다.

업장소멸의 제2방법은 정시(正視)하고 선택하는 것이다. 뿌린 대로 거두는 것이 업이다. 우리의 모든 행위는 종자에너지가 되어 세상에 뿌려지고 나중에 그 종자에너지는 우리에게로 되돌아온다.

업은 원인인 동시에 결과다. 콩 심은데 콩 나고 팥 심은데 팥 난다. 선인선과(善人善果)요 악인악과(惡人惡果)다. 선업(善業)은 선복(善福)이요 악업(惡業)은 악화(惡禍)로 이어진다.

업장에 시달리지 않으려면 사물을 바라보고 인식할 때부터 정시하여야 한다. 두 눈을 부릅뜨고 보아야한다.

바른 것이 아니면 보지도 말고 듣지도 말고 느끼지도 말아야한다. 사람은 누구나 보고 듣고 지식하면 신념하게 되고, 신념은 저절로 창조행위로 연결되어 현실로 경험되고 업이 된다.

보고 행함에 있어서 무엇보다 중요한 것은 올바른 선택이다. 바르게 보고 바르게 선택해야 바른 행동으로 선업을 짓고 복을 받을 수 있기 때문이다. 오늘은 과거의 현재 선택이었다.

정시(正視)는 선명하게 깨어 있는 지금 여기의 의식 상태에서 바라보는 것이다. 정행(正行) 역시 '정념(正念)의 정시(正視)' 상태에서 행하는 것이다.

정시하고 선택한 행위가 선업인 사람은 업장이 따르지 않는다. 자신이 선택한 의도대로 현실을 바로 챙길 수 있다.

조건반사적으로 상황에 따라 엉겁결에 선택하거나 외부 자극에 따라 즉각 선택하는 것이 아니라 자신에게 묻고 또 물어본 다음에 선택하는 것이 현명하다.

1) 이 선택이 자신의 양심에 부끄럽지 않은가?

2) 이 선택의 결과는 무엇이며 어떻게 될 것인가?

3) 이 선택이 나와 남들에게 행복을 가져다 줄 것인가?

마음을 모으고 사유(思惟)하고 관찰한 다음에 선택하고 행동하라. 자신의 선택이 의미 있고 즐거우면 좋은 선택이 분명하다.

현명한 사람들은 선업(善業)을 선택하고 실행한다. 매 순간마다 제멋대로 내달리는 마음을 거머잡고 언제나 마음이 '흐뭇한 기쁨'으로 충만하려면 다음과 같이 선을 행하는 생활을 선택해야 한다.

사랑의 마음으로 자신과 이웃을 챙기면서 정심으로 정시하며 정행을 해야 한다.

악행하지 않고 선행하는 것이 자신과 가족 그리고 이웃을 위하는 삶이고 자신이 원하는 선택을 통하여 바로 챙기는 복을 짓는다.

삶이 붕괴될 때 빚어지는 고통을 깨닫고 느끼며
뭇 생명을 보호하고 사랑하는 방법을 챙긴다.
어느 경우든 살생하지 않고 살린다.
세상에서 일어나는 살상행위는 저지한다.

빼앗김과 억압으로 빚어지는 고통을 깨닫고 느끼며
뭇 생명을 인정하고 도와주는 방법을 챙긴다.
어느 경우든 도둑질하지 않고 착취하지 않는다.
나의 가짐은 나누되 남의 가짐은 존중한다.

부정한 성관계로 빚어지는 고통을 깨닫고 느끼며
이웃가정의 행복을 지켜주는 방법을 챙긴다.
어느 경우든 사랑이 없는 성관계를 맺지 않는다.

성으로부터 약자를 보호하고 그 가족을 지킨다.

망언으로 인해 빚어지는 고통을 깨닫고 느끼며
남이 동의하고 좋아하는 대화방법을 챙긴다.
어느 경우든 남을 속이거나 해치는 언어를 삼간다.
들어주고 이해하며 칭찬하는 대화를 나눈다.

지나친 소비에서 빚어지는 고통을 깨닫고 느끼며
깨어 있는 마음으로 절제하는 방법을 챙긴다.
어느 경우든 술을 생각 없이 먹지 않는다.
자신과 가족을 파멸시키는 술이나 과소비를 않는다.

업장소멸의 제3방법은 수용하고 정화하는 것이다. 이 세
상에 존재하는 삼라만상은 모두 다 음양 성을 지니고 존재
한다. 천태만상의 사건들도 다 양면성을 지니고 발생한다.
　**음양의 조화가 무엇보다 중요하다. 음양의 조화가 깨어지
면 업이라는 장애가 발생한다. 나와 다른 너를 인정해야 업
장을 예방할 수 있다.**
　나와 너, 이것과 저것, 음과 양은 각각 50 대 50으로 구성
되어 있다. 어느 한쪽이 100이 될 수 없다. 서로서로 잘 주

고 잘 받아 하나가 될 때 100이 될 수 있다. 너와 우리 없이는 내가 존재할 수 없다. 너희가 나다.

나 50%와 너 50%가 하나 되어 우리라는 온전한 100%가 되는 것이 우주법칙이다. 나는 너를, 너는 나를 인정하고 존중하며 수용하는 것이 무엇보다 중요하다. 더 나아가 내가 너고, 네가 나라는 것을 깨달으면 업장이 사라진다.

있는 그대로의 서로를 받아들이고 존중하는 것이 중요하다.

서로 다른 절반을 이해하고 받아들이지 않으면 업장을 소멸시킬 수가 없다. 반반으로 이뤄진 우주에서 상대를 인정하고 이해하고 배려하는 것이 업장소멸의 길이고 선택을 바로 챙기는 길이다.

그것이 무엇이든 상대를 인정하고 늘 감사해야한다. 상대를 인정하지 않으면 무엇이든 챙길 수 없다. 자기와 대립하는 상대를 받아들이고 감사하는 것이 업장소멸 방법이고 참나를 지식하는 방법이다.

과거의 현재를 있는 그대로 수용하는 것도 업장소멸의 방법이다.

지금 여기 이 순간을 있는 그대로 받아들이는 것이다. 타고난 나의 문제와 상황 그리고 주어진 주위환경과 인연사정까지 있는 그대로 다 받아들인다. 과거의 나의 실수, 잘못, 어리석음, 시행착오도 다 있는 그대로 나였다고 인정하고 참회한다. 모든 과거모습이 저절로 그래야하는 당연한 현재모습이 되어 업이 되었다.

자연지성의 여시(如是), 여시(如是)가 인간지성의 진여(眞如), 진여(眞如)이다. 당연히 참회하고 그것에 무주(無住) 무주(無住)하며 감사해야한다.

우주지성이 선물한 지금 이 순간 현재는 과거에 경험했던 순간들의 정점이고 미래에 경험해야할 순간들의 시발점으로 있는 그대로의 순간이다.

우주의 참모습은 지금 이 순간의 이와 같은 모습[如是相]이고 자아의 참모습도 지금 이 순간의 이와 같은 모습이다.

있는 그대로의 현재 이 순간밖에 자아와 우주의 참모습은 없다.

그것이 비록 스스로 지어 스스로 받는 업일지라도 자아와 우주의 참모습이다.

나는 과거의 현재에서 보고 듣고 느낀 모든 것을 부정하지 말고 감사히 받아들여야 한다. 고맙게 받아들여야 한다. 그것이 진실이기 때문이다.

인간은 업karma을 피해 도망갈 수 없다. 자기의 업에 맞서 싸우거나 저항하는 것은 전 우주의 에너지와 싸우는 것이고 자연지성의 창조법칙을 거스리는 행위다.

'과거의 현재가 창조한 업'은 겸허하게 받아들임이 좋다.

과거의 선택이나 경험은 그것이 비록 잘못된 선택이고 경험일지라도 받아들이고 책임지는 것이 우주자연의 법칙이다.

'현재의 미래'는 자아와 우주를 정시하고 지금보다 더 나은 선업을 선택할 수 있다. 이제 나와 당신은 이미 지은 과거의 현재 업을 원망하거나 자책하지 말고 겸허히 받아들여야 한다.

'과거의 현재' 업장을 변명하고 논쟁하며 그럴듯하게 합리화할 필요가 없다. 시간낭비다. 그냥 그대로 받아들이고 자연지성의 흐름에 맡겨라 그리고 기다려라! 저절로 망각곡선 저 너머로 사라질 것이다.

그 업을 교훈삼아 현재의 미래를 선택하고 집중하면 새로워진 '미래의 현재'가 나와 당신을 반갑게 맞아줄 것이다.

보다 더 의미 있고 즐거운 '미래의 현재를 경험'하기 위해서는 자신과 우주의 업들을 빛으로 정화하는 수행을 해야 한다.

바른 마음가짐을 통하여 우주지성과 인간지성이 서로 하나 됨으로써 1분1초도 쉬지 않고 무한으로 운화하는 자연지성의 모든 창조놀이karma를 나와 당신도 미소 짓고 바라보게 될 것이다.

판단 분별하지 않고 음미하고 감상하는 순간 업은 사라지고 없다. 사랑의 무심으로 바라볼 때 업은 사라지고 빛이 피어난다.

업장을 소멸하고 바람[願]을 이루기 위해서는 현재 상황을 수용하는 것도 중요하지만 자신의 심신을 가다듬는 명상법(冥想法)으로 업장을 정화하는 방법도 효과적이다.

오늘날은 인간의 의식이 진동하는 에너지 입자라는 사실이 상식이 되었고, 인간의 뜻[意識]이 가는 곳에는 우주의 에너지[氣]가 따라간다는 것도 일반상식이 되었다.

인간의 업karma도 의식이므로 운동하고 변화하는 에너지다. **업을 정화하고 소멸하는 가장 이상적인 명상법은 '의식하는 의식 현재의식'으로 우주지성의 빛에너지를 끌어당겨 전신을 빛으로 정화하는 방법이다.**

온살세포가 빛살세포로 바뀌게 하여 업장을 깨끗하게 정화시키는 수련을 하는 것이다. 이 수련을 하면 심식이 고요 속에 맑아지고 밝아져서 업장소멸은 물론 우주지성의 훤히 알고 능히 하는 능력을 엿보고 활용할 수 있게 된다.

생활 명상법은 시간과 장소에 구애받지 않는다. 허리를 반듯하게 세우고 수련할 수 있는 조용한 곳이면 어디라도 좋다. 행주좌와(行住坐臥)를 가리지 않는다.

《선명하게 깨어있는 의식으로 마음을 모으고 수련에 임한다. 마음에는 평화라고 의식하면서 숨을 서서히 5초 동안 들이쉬면 아랫배가 살며시 나온다. 얼굴에는 미소라고 의식하면서 숨을 부드럽게 5초 동안 내쉬면 아랫배는 살며시 들어간다.

이와 같이 심기신(心氣身)이 하나 되어 '기 수련을 5분' 정

도 계속하면 전신의 긴장이 풀리면서 마음이 고요해진다. 이
때 잡다하게 떠오르는 생각은 그냥 흘려보내고 의식이 선명
하도록 마음을 모은다. 자기근기(自己根機)에 따라 숨을 천천
히 깊이 5초~10초 동안 들이쉬며 우주에 가득 찬 생기를 마
신다고 의식한다.

　다음 단계는 발끝에서 어깨까지 생기가 차오른다고 믿는
다. 숨을 가늘게 멀리 5초~10초 동안 내쉬며 온몸에 가득
찬 탁기를 토한다고 의식한다. 어깨에서 발끝까지 탁기가 사
라진다고 믿는다. 이와 같이 〈몸 수련을 5분〉 정도하면 온몸
이 날아갈 듯 가벼워진다. 이때 미간(眉間)을 응시하고 가늘
고 길게 전신호흡을 자연스럽게 하면서 저 멀리 희미한 의식
아래 의식으로부터 하나의 빛이 내게로 비춰온다고 의식하
면 점차 그 빛을 느끼게 된다.

　영롱한 빛이 정수리[百會]를 통해 스며든다. 머리 내부가
빛으로 가득 채워진다. 머리 전체가 황금빛으로 빛난다. 빛
이 목을 통해 양쪽 어깨로 흘러내린다. 두 팔 손끝까지 빛이
가득 채워진다. 빛은 계속 가슴과 배로 흘러내린다. 머리에
서 아랫배까지 빛이 가득 채워진다. 배에서 두 다리 발끝까
지 빛이 가득 채워진다. 온몸이 영롱한 생명의 빛으로 찬란
하게 빛난다. 머리에서 발끝까지 전신이 황금빛으로 빛나고
있다. 오장육부와 전신세포가 빛나고 있다. 세포 하나하나가
빛으로 빛나고 있다. 영원한 생명의 빛으로 빛나고 있다. 욕
망도 업장도 사라지고 빛만 빛나고 있다. 질병도 고통도 사
라지고 빛만 빛나고 있다. 원망도 미움도 사라지고 빛만 아

름답게 빛나고 있다.

숨을 들이쉬면 사방팔방에서 빛이 내게로 쏟아져 들어오고 숨을 내쉬면 전신에서 영롱한 빛이 분수처럼 뿜어져 나와 사방팔방으로 확산된다. 우주의 가장자리까지 확장된다. 우주가 맑고 밝은 빛으로 가득 채워지니 나와 우주는 하나의 빛으로 영롱하다. **나와 우주는 사랑의 빛으로 아름답게 빛난다. 고요하고 평온하며 영원하다. 이 느낌을 30~60분 이상을 자기근기대로 느낀다.**》

생활 명상법은 누구나 쉽게 배울 수 있으나 선험자mentor의 지도를 받아야 수련의 깊은 뜻을 보다 더 완벽하게 배울수 있다. 본래 업장소멸을 위한 수련법이 아니라 심신을 건강하게 단련하기 위한 수련법이다.

이 수련을 계속하면 고요한 빔이 우주지성의 바탕이고, 있는 그대로가 자연지성의 모습이며 바람을 이루고 나누는 것이 인간지성의 쓰임이라는 진리를 깨닫고 나와 너 우리 모두가 우주지성과 하나 됨을 경험하게 된다. 빛과 사랑으로 충만하게 된다.

나와 당신은 업장을 벗어나 새로운 삶의 주인공이 된다.

•••
8절 현재를 감사하며 수용하기

지금 여기서 숨을 쉬며 살아 있다는 것은 기적이다.

하늘 위의 한 조각 흰 구름을 볼 수 있다는 것도 기적이다.

새소리를 들으며 오솔길을 걸을 수 있다는 것은 기적이다.

동무들과 떠들며 이야기할 수 있는 것도 기적이다.

꽃향기, 풀냄새를 맡을 수 있다는 것은 기적이다.

물 한잔에 목마름을 달래며 일할 수 있다는 것도 물위를 걷고 공중을 나는 것보다 더 기적이다.

놀기만 좋아하는 자신을 달래고 설득하여 공부하도록 변화시킨 것은 기적이다.

목표가 없이 헤매는 자신을 성찰하고 목표를 세운 것도 기적이다.

가족과 세상을 부정적인 시각으로 바라보고 갈등하며 저항하다가 긍정적인 시각으로 바뀐 것은 기적이다.

타성에 젖어 의존적인 삶을 살다가 자립적인 삶을 사는 것도 기적이다.

경험이 많은 지도자mentor를 만나 삶에 도움을 받는 것도 기적이다.

일상의 문제들을 스스로 선택하고 스스로 집중하여 해결하고 책임지는 삶이 산중에서 육신통(六神通)을 하고 득도하여 천하만사를 통찰하고 사는 것보다 더 기적이다.

숨쉬고, 보고, 듣고, 느끼고, 이야기하고 일할 수 있는 것이 다 기적이다.

내가 지금 여기에 살아 있다는 것은 기적중의 기적이다. 신비 그 자체다. 그저 살아 있다는 것에 감사하고 감사할 뿐이다.

진리를 깨닫고 천하만사를 통찰하는 도인보다 배고프면 먹고 피곤하면 자는 현재자아가 소중하고 아름답다.

물위를 걷고 공중을 나는 초능력자보다 가족과 이웃을 챙기는 현재자아가 고맙고 위대하다.

그 현재자아는 살아있음의 기적을 감사하고 또 감사하면서 스스로 묻고 답해야한다. 한 번의 기회뿐인 삶을 마음을 다해 열정을 태우고 뜨겁게 살려면 자문자답(自問自答)해야 한다.

스스로 원하는 꿈과 바람을 현실로 창조하기 위해 자문자답해야 한다. 현재를 의미 있고 즐겁게 살려면 자문자답하지 않을 수가 없다.

내가 갖고 싶은 것이 무엇인가?
내가 하고 싶은 일이 무엇인가?
내가 가고 싶은 길이 어느 길인가?
내가 되고 싶은 사람이 어떤 사람인가?

나는 갖고 싶은 것을 갖고 있는가?

나는 하고 싶은 일을 하고 있는가?

나는 가고 싶은 길을 가고 있는가?

나는 되고 싶은 사람이 되고 있는가?

나는 지금의 나인 것이 좋은가?

 나는 지금의 가족을 사랑하는가?

나는 지금의 이 일을 해야만 하는가?

나는 지금의 세상에 필요한 존재인가?

나는 어디로 가고 있는가?

나는 그곳에 어떻게 가려고 하는가?

나는 그곳에 갔다면 갔다는 사실을 어떻게 아는가?

나는 그곳에 가서 삶의 의미와 기쁨을 느낄 수 있는가?

스스로 묻고 스스로 답해야 한다. 현재하는 자아를 위해서 자문자답하며 성찰하는 삶을 살아야한다.

자문자답의 결과는 서서히 나타난다. 자문자답하며 사는 사람과 그렇지 않은 사람의'현재의 미래'는 엄청난 차이가 난다.

꿈은 아름답다. 바람은 소중하다. 꿈은 이상이다. 바람은 활력이다. 꿈은 지나간 과거를 회상하는 것이 아니라 돌아올 미래를 설계하는 것이다. 꿈꾸는 그 바람은 옛것을 지키는 것이 아니라 새로운 것을 이루려는 것이다.

꿈을 가진 사람은 상상을 한다. 상상은 꿈을 실현시키는 수단이다. 바람이 있으면 고생을 이겨낼 수 있다. 고생은 바람을 이뤄주는 동력이다.

존재의 본질은 사실 그 자체이며 자아의 본질은 상상 그 자체이다. 상상은 실제다. 사람은 상상력으로 만물의 영장이 되었고 찬란한 문명의 주인이 되었다.

상상으로 우주의 질서를 찾았고 우주지성과도 만났다.
꿈은 이루어진다. 꿈을 상상력으로 구체화하면 이루어진다. 꿈은 믿으면 이루어진다. 꿈은 구체화하지 않고 믿지 않으면 이루어지지 않는다.

젊은이가 원대한 꿈을 선택하고 설계한 다음 일념으로 주의하고 집중해야 그 꿈을 이룬 위대한 사람이 된다.
생존의 진실은 고생의 연속이며 성공의 진실은 고생의 보상이다.

현재자아의 생활도 고생의 나날이다. 사람은 그 무엇이든 수고하지 않으면 얻을 수 없다. 고생을 이겨낸 사람의 이야기는 모두에게 감동을 주는 인생스토리다.

바람은 이루어진다. 바람을 주의하고 고생스러워도 도전하면 이루어진다. 바람은 고생을 결심하고 지속적으로 도전하면 이루어진다. 바람은 고생이 두려워 노력하고 도전하지 않으면 이루어지지 않는다. 그 어떤 담대한 희망도 고생하며 구하지 않으면 이루어지지 않는다.

고생을 이겨낸 감동스토리가 있는 사람은 경쟁에서 이길 수 있다. **성공한 사람들의 이면에는 고생을 이긴 감동스토리가 있다.**

사랑하는 자녀에게 줄 수 있는 가장 큰 선물은 젊은 날에 고생을 시키는 것이다. '초년 고생은 돈 주고 사서라도 해야 한다'는 속담은 진리다.

꿈과 바람은 상상으로 구체화하고 고생하며 이루는 〈땀의 결실〉이다. 희망의 결실이다.

아침마다 미소지으며 일어나 좋은 하루를 살 수 있기를 희망한다.

점심마다 내가 원하는 뜻대로 의미 있는 일하다가 쉴 수 있기를 희망한다.

저녁마다 기쁜 마음으로 귀가하여 하루의 삶을 감사하며 잘 수 있기를 기도한다.

가족을 아끼고 사랑하는 가운데 그들의 마음에 서운함이 없기를 희망한다.

이웃과 이해하고 협력하는 가운데 그들의 마음이 다치는 일이 없기를 희망한다.

직무를 수행하며 살아가는 가운데 세상의 정의를 저버리는 일이 없기를 희망한다.

주고, 받지 못해도 또다시 줄 수 있기를 희망한다.

주위의 고통을 외면하는 일이 없기를 희망한다.

용서를 구할망정 용서할 일이 없기를 희망한다.

NO와 STOP을 분명히 할 수 있기를 희망한다.

부족함을 수용하고 만족할 수 있기를 희망한다.

보이지 않는 곳에서도 잘못이 없기를 희망한다.

넘치거나 새는 일로 후회하는 일이 없기를 희망한다.

항상 반성하고 참회하는 일이 없기를 희망한다.

주어진 현실을 받아들이고 감당할 것을 희망한다.

가슴이 답답하고 쓰라린 일이 없기를 희망한다.

신념이 흔들려 헤매는 일이 없기를 희망한다.

모든 사람이 풍요롭고 건강하기를 희망한다.

모든 사람이 자유롭고 행복하기를 희망한다.

지금 여기서 살아갈 수 있는 공간이 있는 것에 감사한다.

생각할 수 있는 시간이 있는 것에 감사한다.

먹고, 자고, 앉고, 서고, 걷고, 뛸 수 있는 건강함이 있는 것에 감사한다.

심각할 수 있는 문제가 있는 것에 감사한다.

감당할 수 있는 시련이 있는 것에 감사한다.

원망할 수 있는 대상이 있는 것에 감사한다.

사랑할 수 있는 가족이 있는 것에 감사한다.

꾸중하시는 부모가 계시는 것에 감사한다.

말썽부리는 자녀가 있는 것에 감사한다.

늘 탓하고 다투는 배우자가 있는 것에 감사한다.

다투며 토론할 수 있는 친구가 있는 것에 감사한다.

경쟁할 수 있는 동료가 있는 것에 감사한다.

투덜대며 일할 수 있는 직장이 있는 것에 감사한다.

부족하나 생활할 수 있는 살림이 있는 것에 감사한다.

아파할 수 있는 육신이 있는 것에 감사한다.

좋아하며 싫어하고, 미워하면서도 사랑할 수밖에 없는 이 세상이 있는 것에 감사한다.

불평하는 마음이 감사하는 마음으로 바뀌는 순간, 현재자아는 이 세상에서 가장 행복한 사람이 된다. 분노와 절망도 살아 있기에 느낄 수 있다. 어떤 상황도 한 생각 돌이키면 감사할 수 있다.

현재자아가 모든 문제를 있는 그대로 받아들이면 삶을 감사하며 살 수 있다.

살아 있음이 가장 고맙고 감사하다.

이 세상 모든 것은 항상 운동한다. 순간순간 찰나찰나 운동한다.

세상 모든 것은 항상 변화한다. 시시각각 분분초초 변화한다.

존재하는 것은 운동하며 변화한다. 운동하고 변화하지 않으면 생존할 수 없고 존속할 수 없다.

모든 것은 운동하고 변화하므로 제반현상은 〈늘〉이 없으며 〈나〉랄 것이 없다. 물론 〈내 것〉이랄 것은 더더욱 없다.

모든 존재와 생명은 그저 변화하고 있을 뿐이다.

변화는 존재의 진실이고 인생의 순리다.

현명한 사람들은 성장과 노화, 생로병사, 만남과 이별, 흥망성쇠 등의 변화를 담담하게 받아들인다.

신(神)이 선물present한 현재present에서 오늘을 감사하며 산다.

모든 것이 변화해도 지금 당장 변화시킬 수 없는 것이 있다. 그것은 자신의 과거사와 타인의 문제점이다.

자신의 과거는 쉽게 변화시킬 수 없다. 타인의 문제도 쉽게 변화시킬 수 없다. 변화시키려다 오히려 갈등하고 고뇌할 뿐이다. 다만, 놓아버리고 지켜보는 것이 좋다. 성찰하고 받아들이는 것이 좋다.

부모님의 사고방식 관념도 쉽게 변화시킬 수 없다.

배우자의 성격 관습도 쉽게 변화시킬 수 없다.

자식들의 관점이나 문화도 쉽게 변화시킬 수 없다. 다만, 서로를 인정하고 받아들이는 것이 좋다. 무조건 이해하고 침묵하는 것이 좋다.

'나'를 위해 세상은 변화하지 않는다.

세상의 변화를 읽고 내가 변화하고 현명해지는 것이 더 쉽다.

나를 위해 내가 변화할 수 있다. 과거와 타인을 이해하고 수용하며 스스로 깨어나고 변화할 수 있다.

새로운 모습으로 변화하는 자신과 세상을 받아들이는 것이 참 삶이다.

9절 빛과 사랑은 당신으로부터

존재의 근원은 하나의 빛이요, 생명의 실상은 사랑이다. 사랑이 있는 곳에 빛이 있고 빛이 있는 곳에 사랑이 있다. 빛은 사랑이요 사랑은 빛이다. 빛과 사랑은 불가분의 관계다.

빛과 사랑이 있는 곳에는 어둠의 질병과 재난, 업장과 좌절, 미움과 원망, 갈등과 고뇌가 무력해진다. 오직 자유와 평화, 화해와 상생, 성장과 발전, 성공과 행복이 자란다.

자유의지로 자신의 삶을 창조하고 경험할 수 있다.

빛은 신(神)이다. 하나의 빛은 하나의 신이다. 일신(一神)이다.

빛은 우주만유와 삼라만상을 창조한 조화주다. 우주지성은 일신(一神)이고 삼라만상은 만신(萬神)이다. 역사는 빛으로 나아간다.

존재를 생명으로 인도하는 조화신(造化神)이다. 주는 사랑의 근원이다. 빛 가운데 사랑을 주는 사람은 행복하다.

빛은 빔이다. 빛은 진공(眞空)이다. 진공은 제5의 물질이다. 완벽한 고요다. 빛은 원만소통이다. 비었기에 무엇이든 걸림 없이 통과한다. 빛이 통하면 밝기에 좋다. 선하다. 빛이 통하지 않으면 어둡기에 나쁘다. 소통장애다.

빛이 통하면 만사가 형통이요 빛이 통하지 않으면 만사가 불통이다. 빛을 사랑하면 무엇이든 창조를 비울 수 있고 또 새로운 재창조가 가능해진다.

빛은 힘이다. 빛은 대력(大力)이다. 빛은 에너지다. 무한에너지다. 빛으로 통하는 전력, 전기, 전자, 전화, 통신, 인터넷 문화, 가상현실, 증강현실, 스마트 세상, 가상대안시나리오 등이 빛을 연구하여 이뤄낸 빛의 문명이다. 빛은 미래를 비춰준다.

빛을 탐구하고 몰입하면 빛에너지와 하나 되어 훤히 알고 능히 하는 파워가 생긴다. 사물을 통찰하는 직관력이 생긴다.

디지털의 IT문화가 빛 문화다. 아름답고 편리한 세상을 만든다.

빛은 의식(意識)이다. 의식은 생각이다. 의식에도 입자가 있다.

의식과 빛은 보이지 않고 느낄 수 없을 정도로 빠르게 진동하고 이동한다. 시공을 초월한다. 시공에 걸림 없이 왕래한다.

견고한 제1물질[고체인 철 등]이나 고루한 생각[망상과 집착]들은 걸림 없는 빛과 의식의 장애가 된다. 생산적인 의식에너지는 언제나 빛을 타고 흐른다.

빛은 자연을 낳고 기르는 생명의 어머니다.

인간을 비롯한 자연우주의 삼라만상은 빛에너지가 생장의 근원이다. 빛과 사랑이 있으면 만물은 저절로 자란다. 빛과 사랑의 에너지가 점차 고갈되면 그 생명력은 저절로 쇠퇴한다.

인간은 사랑의 힘으로 빛에너지를 얼마든지 충전할 수 있으며 명상운동으로도 빛에너지를 보충할 수 있다.

빛은 신통력(神通力)이다. 인간이 빛과 하나 되면 무엇이든 해낼 수 있는 불가사의한 에너지와 파워를 갖는다.

오늘날 정보화 사회도 빛의 문화다.

앞으로 제4의 물질을 이용하여 인류의 문명에너지를 해결할 핵융합(核融合) 발전(發電)이나, 제5의 물질을 연구하여 인류가 신인합발(神人合發)하여 이심전심(以心傳心)시대를 개막하는 것도 빛의 미래문화다.

새로운 창조화 사회가 빛으로 열린다. 앞으로 4차 산업도 빛의 문명이다. 블록체인망도 빛의 네트워크이다. 빛의 신통력은 무궁무진하다. 우주지성으로부터 시작된 빛은 인간지성에 의해 아름답게 꽃피고 열매를 맺게 된다.

나와 당신이 진정한 빛의 파워를 제대로 이용하기를 우주지성은 원하고 있다. 빛은 우리 인간을 위해 밝아오고 있다.

나와 너, 우리가 빛을 사랑하고 선용(善用)하여 삼라만상을 밝히고 살려야 한다. 빛으로 푸른 지구를 사랑하며 푸른 생명우주건설을 다짐해야한다.

마음을 고요히 하고 오로지 하나의 의도를 주의하고 몰입하면, 바로알기가 가능한 완벽한 고요의 경지에 이르게 된다.

마음과 몸이 제5물질상태의 고요한 빔[眞空]에 이르면 우주지성과 하나가 된다. 이때 우리 인간은 빛의 주인으로 거듭나게 된다.

훤히 알고 능히 하는 신의 파워를 이끌어다 행사할 수 있다.

학습하는 학생이 마음을 모으고 공부에 몰입하고 또 몰입하는 세월이 어느 정도 흐르면 빛의 신통력이 폭발하여 우등생이 된다.

대업을 꿈꾸는 사람이 '일만 시간을 한뜻으로 몰입하고 또 몰입'하면 빛의 신통력이 폭발하여 의도한 대업이 현실이 된다.

누구나 꾸준히 지속적으로 반복하여 노력하면 된다.

빛의 신통력은 스스로 한만큼만 나타난다.

언제나 비전과 열정이 분명하고 언행이 광명정대한 사람은 빛의 신통력을 얻어 자유롭게 행사할 수 있다. 신통력은 사랑이 충만한 사람이면 누구나 행할 수 있다.

사랑이 충만 된 사람은 누구나 기적을 행할 수도 있다. 빛이 있는 곳에 사랑이 있고 사랑이 있는 곳에 빛이 있다.

어둡고 두렵고 칙칙한 것은 사랑도 빛도 아니다.

인간지성은 빛과 사랑으로 완성된다.

사랑은 인(仁)이다. 측은지심에서 피어나는 어진 마음이다. 공자도 논어에서 인을 사랑이라고 가르쳤다. 하늘의 으뜸성정이 인이다. 만물도 인에서 생하고 자란다. 드러나지 않은 근원우주가 물질우주로 드러난 것도 인이 발단이요 물질우주가 생명우주로 새로워진 것도 인의 조화력이다. 인(仁)은 언제나 빛으로 통한다.

인(仁)이 예(禮) 의(義) 지(智) 신(信)을 낳아 기른다. 인(仁)이 우주지성의 자성(自性)이고 근원이다. 빛과 사랑도 인(仁)이다.

사랑은 정(情)으로부터 시작된다. 아끼고 위하는 어진 마음이다.

벗이나 짝을 그리워하고 함께하는 마음이다. 주고 또 주는 마음이다. 애환을 나누며 울고 웃는 것이 정이다. 감각적인 육체의 욕정만이 정이 아니다. 긍휼히 여기고 구원하는 측은지심이 정이다. 행복도 인정에서 싹트고 자란다.

사랑은 빛이다. 빛은 신성(神性)이다.

박애나 자비는 존재나 존재자의 사랑이고 빛이다.

존재는 언제나 어둠에서 빛으로 나아간다. 생명의 희망이 빛이다. 아름다운 존재의 가치가 빛과 사랑이다. 현존재의 하나로 크고 둥근 빛이 사랑이다.

사람이 나랑 너랑 우리랑 어우러지는 것은 하나의 사랑이다.

사랑은 놀이다. 주고받는 놀이다.

서로 다른 존재가 '잘 주고 잘 받으며 하나 되는 놀이'다.

상대를 이해하고 끌어당기는 놀이다.

주고받는 상호작용 속에 화합하고 번성한다.

둘이 하나로 합성하여 가정을 이루고 여럿이 하나로 합성하여 조직을 만드는 놀이다.

사랑의 힘이 놀이를 주도한다. 창조놀이도 사랑이고 진화놀이도 사랑이다. 놀이 중에 최고가 사랑놀이다.

사랑 없이 산다는 것은 숨을 쉬고 살아도 이미 죽은 것이다. 사랑이 떠나버린 삶은 불행하고 사랑이 차오르는 삶은 행복하다.

인생은 사랑놀이다. 사랑놀이는 생존놀이다.

인간행복의 제1조건도 사랑이다. 우주지성이 우주를 창조한 것도 사랑의 기쁨을 느끼려고 창조한 것이다. 사랑이 있는 곳에 자아가 있고 애환을 나누는 이웃이 있으며 생명이 있고 즐기는 행복이 있다.

사랑이 인생의 전부는 아닐지라도 인생에 마지막 남는 것은 사랑이 전부다.

이 세상에 제일 불쌍한 사람은 사랑을 받지 못한 사람이고, 더 불쌍한 사람은 평생 사랑을 주지 못한 사람이다.

사랑은 본래 주는 것이다.

사랑은 만드는 것이다. 동질성을 가진 사람끼리 공감하고 공명하며 저절로 하나 되어 만드는 것이 사랑이다.

나 닮아 난 것이 가장 아름다운 사랑의 기쁨이다.

나와 너, 우리의 바이브레이션vibration이 사랑이다. 사랑은 스스로 만든다. 사랑의 근원지는 나와 너, 우리들이다. 사랑은 자명(自明)이다. 사랑은 스스로 밝히는 빛이다.

사랑은 스스로 책임지는 것이다. 세상과 이웃을 사랑하고 우주와 자연을 사랑하는 사람은 언제나 나와 너, 우리들이다.

오늘을 사랑하는 사람도 나와 너, 우리들이다. 오늘을 사랑할 수 있는 나와 너, 우리들은 행복할 수밖에 없다. 모든 사랑은 나와 당신, 자신으로부터 시작된다.

Love Myself! Love Yourself!

신통력을 지닌 빛과 사랑은 모든 것을 받아들일 것을 원하고 있다. 자신과 이웃을 판단분별하지 말고 수용할 것을 원하고 있다.

잘나고 못난 것을 가리지 말고 삼라만상을 포용하라고 한다. 우주의 팽창과 수축도 포용하였다. 자연의 풍운조화도 수용하였다.

우주자연의 그 어떤 변화도 있는 그대로 머물지 않고 받아들였다. 우리 인간도 자신과 세상의 변화를 받아들여야 한다. 그리고 책임져야한다. 보듬고 따라가야 한다.

미래세계의 급변현상도 받아들여야 한다. 조금은 황당한 새로운 창조화 물결이 세계를 휩쓸어도 그때그때 받아들여야 한다.

앞으로 트랜스휴먼Transhuman시대를 거쳐 영생에 가까운 포스트휴먼Post human시대가 도래하여 인간이 유기체로서의 역사를 마감하고 AI와 동행하는 새로운 종으로서의 황당한 시대가 찾아오더라도 슬퍼하거나 분노하지 말고 받아들여야한다.

장차 미래에 우리의 자손들이 로봇과 결혼하고, 또 결혼을 하지 않고 자식을 만들어 키우는 세상이 오더라도 받아들여야 한다.

　　단일민족을 부르짖던 우리 대한민국도 점차 이민족의 이민자를 받아들여야 한다. 출산율은 급격하게 떨어지는데 노인인구는 급증하고 노동인구의 생산성은 급감하는 현실을 인정하고 개발도상국이나 후진국의 이민을 적극적으로 받아들여야한다. 그 길만이 장차 노인사회의 노동문제를 해결할 수 있기 때문이다.

　　젊은이들을 해외로 진출시켜 다민족(多民族), 다문화(多文化)를 배우도록 해야 한다. 다민족을 수용하고 다문화를 이해하는 국제사회의 현실을 받아들여야한다.

　　'다양한 현실과 다양한 미래'를 받아들여야한다. 세상과 미래는 급변하고 있다. 4차 산업을 통해 자동화된 스마트 사회도 받아들여야 한다.
　　제4, 제5의 신물질 연구에도 앞장서야한다. 우리의 상상을 뛰어넘는 미래가 웅장한 파도처럼 밀려오고 있다. 그토록 어마어마한 미래도 결국은 나와 너, 우리로부터 시작된다는 사실도 알아야한다.
　　나와 너 우리의 미래는, 나와 너 우리인간의 빛과 사랑의 크기와 정도에 따라 결정된다. 현재의 미래선택은 오직 자신의 몫이다.

우주지성의 빛과 사랑, 자연지성의 빛과 사랑을 우리의 인간지성이 수용해야 한다.

그때 드러나지 않은 무한 잠재가능성이 현실창조로 드러나게 될 것이다. 빛과 사랑이 충만한 사람은 전지전능하고 대자대비한 사람이다.

'그 사람의 모든 것은 그 사람 자신이 만드는 것이다'는 제임스 앨런James Allen의 말처럼 나와 당신의 모든 것도 우리 자신이 만드는 것이다.

이제부터 나와 당신이 근원이다.

당신의 미래는 당신으로부터 시작된다.

Your futures start from yourself.

◇ 받아들임의 법칙 학습과제

과제 1. 자기창조를 위한 핵심기술

(1) 자아발견과 학습하는 기술

(2) 자아성숙과 선택하는 기술

(3) 자아실현과 집중하는 기술

(4) 자아초월과 책임지는 기술

(5) 자아완성과 절제하는 기술

과제2. 자아실현을 위한 핵심역량

(1) 동기부여와 자기혁신 역량

(2) 학습탐구와 기회포착 역량

(3) 관계증진과 상생협력 역량

(4) 조직관리와 문제해결 역량

(5) 시간관리와 자기경영 역량

과제3. 인생사계를 위한 핵심문제

(1) 초년에 해야 할 일과 주의사항

(2) 중년에 해야 할 일과 주의사항

(3) 장년에 해야 할 일과 주의사항

(4) 말년에 해야 할 일과 주의사항

(5) 모두에게 감동을 줄 수 있는 스토리의 원천은?

과제4. 자기완성을 위한 시스템 구축

(1) 자기성찰시스템 구축하기
   - 세상을 살피기

(2) 자기자각시스템 구축하기
   - 자신을 깨우기

(3) 자기제어시스템 구축하기
   - 생각을 키우기

(4) 자기비전시스템 구축하기
   - 목표를 세우기

(5) 자기창조시스템 구축하기
   - 성공을 가꾸기

(6) 자기책임시스템 구축하기
   - 천하를 다루기

(7) 자기문화시스템 구축하기
   - 일상을 즐기기

과제5. 명상으로 자화상을 그려보고 느껴보기

(1) 현재자아를 그려보고 느껴보기
- 현재의식으로 머리끝에서 발끝까지 현재모습을 느껴보기

(2) 과거자아를 그려보고 느껴보기
- 현재의식을 종착점으로 하여 출생 전까지 과거모습을 느껴보기

(3) 미래자아를 그려보고 느껴보기
- 현재의식을 시발점으로 하여 사망 후까지 미래모습을 느껴보기

(4) 우주지성을 사유하고 느껴보기
- 근원의 실상자리 일원상을 느끼고 하나 되기

(5) 자연지성을 사유하고 느껴보기
- 존재의 운화기운 사계절을 느끼고 하나 되기

(6) 인간지성을 사유하고 느껴보기
- 인생의 생존모습 생로병사를 느끼고 하나 되기

(7) 원만미소로 바라보고 느껴보기
- 근원의 자리에서 충분히 좋은 자아를 느끼면서 하나 되기

〈신선우 Self 진로선택〉 교육안내

'Self 진로선택 One-Day Program'의 목표는 참여자들이 자신을 성찰하고 자신에게 알맞은 진로를 Self 선택하여 자아를 실현하고 목표를 현실로 만드는 능력을 갖추도록 돕는 데 있다. 꿈을 갖고 더 밝고 새로운 사람으로 깨어나서 자존감을 세우고 자신감 있게 살 수 있도록 인도한다. 스스로 의미 있고 즐겁게 살 수 있는 방법을 찾게 된다.

Self 진로선택의 제 I 장 자기성찰 코스는 정직한 시각으로 '나는 무엇이며 누구인가'를 살펴보고 '나는 내가 좋은가. 이대로 사는 것이 좋은가' 점검하여 자신의 현재를 느껴보고 '나는 제대로 가고 있는가.' '나는 사람답게 살고 있는가.'

질문을 던져 자신의 문제와 미래 계획의 필요성에 대해 알아본다. '나의 문제는 무엇인가?' '나의 관점과 습관을 어떻게 고쳐야 하는가?'를 자문자답하며 자신을 새롭게 바꿔보는 방법을 찾는다.

Self 진로선택의 제Ⅱ장 진로선택 코스는 자신의 특성이나 소질, 장단점, 재능, 의식수준, 성향 등을 점검하고 자신이 좋아하고 잘할 수 있는 진로를 탐색한다. 오래된 습관이나 타성에서 벗어나 인간의 도리를 지키며 대인이 되도록 스스로를 이끄는 배움의 방향성을 제시한다. 이어서 꿈꾸는 의도를 이루기 위한 리더의 길과 그 실현을 위한 방법론을 알아본다. '나는 무엇을 하며 어떻게 살 것인가'에 대한 답을 찾는 과정에서 자기의 사명과 역할, 비전과 직업을 명확히 하는 미래대안 시나리오를 스스로 작성한다.

Self 진로선택의 제Ⅲ장 자아실현 코스는 자신의 진로에 대해 현명한 Self 선택을 위한 방법을 알아보고 그 선택을 현실로 창조하고 경험하기 위한 계획서를 작성함으로써 의도한 목표를 정밀하게 설계한다. 그것을 선언하고 주의를 집중하여 성취하는 기술을 배우고 자신이 창조하여 실현한 목표를 스스로 책임지면서 사람답게 사는 길을 깨닫도록 돕는다.

Self 진로선택의 제Ⅳ장 참고정보 코스는 자아탐구와 두뇌활용, 진로직업 탐색 등의 정보나 자료를 발췌한 내용으로 셀프진로선택에 대해 매우 유익한 참고자료를 제공해 준다.

저자 : 신선우 010-9741-1363
홈페이지 : www.happyview.co.kr